国家社科基金重大项目

我国自然资源资本化及对应市场建设研究（15ZDB162）

FORGE CREATIVE MODE OF CHINA
构建中国创新模式

○主编 刘纪鹏　　○副主编 杨 杰

人民东方出版传媒
东方出版社

图书在版编目（CIP）数据

构建中国创新模式/刘纪鹏 主编. —北京：东方出版社，2020.5
ISBN 978-7-5207-1468-6

Ⅰ.①构…　Ⅱ.①刘…　Ⅲ.①技术革新—中国—文集　Ⅳ.①F124.3-53

中国版本图书馆CIP数据核字（2020）第034347号

构建中国创新模式

（GOUJIAN ZHONGGUO CHUANGXIN MOSHI）

主　　编：	刘纪鹏
责任编辑：	袁　园
出　　版：	东方出版社
发　　行：	人民东方出版传媒有限公司
地　　址：	北京市朝阳区西坝河北里51号
邮　　编：	100028
印　　刷：	北京汇瑞嘉合文化发展有限公司
版　　次：	2020年5月第1版
印　　次：	2020年5月第1次印刷
开　　本：	710毫米×1000毫米　1/16
印　　张：	15.75
字　　数：	196千字
书　　号：	ISBN 978-7-5207-1468-6
定　　价：	48.00元

发行电话：（010）85924663　85924644　85924641

版权所有，违者必究

如有印装质量问题，我社负责调换，请拨打电话：（010）85924602　85924603

目录

序　言　　新时代大国金融梦　// 1

郭凡生　第一篇　劳动与资本共享，在实践中构建中国模式　// 001

洪　磊　第二篇　中国基金业现状、问题分析与展望　// 027

贺　强　第三篇　中美贸易战背景下的国内外形势分析
　　　　　　　　——中国到底需要什么样的股市？　// 065

刘永好　第四篇　从新希望集团的成长历程看民营企业在中国模式中的重要性　// 099

周放生　第五篇　利润共享走出企业改革创新之路　// 125

黄　平　第六篇　中国道路
　　　　　　　　——过去、现在和未来　// 157

王忠民　第七篇　信用成为金融血脉的场景与逻辑　// 175

房　宁　第八篇　中国政治改革的历程与逻辑　// 201

姜　昆　第九篇　幽默与情商在商学中的运用　// 225

序言　新时代大国金融梦

一、探索通向金融强国之路

党的十九大报告提出中国特色社会主义进入了新时代。深刻领悟和准确把握金融在中国特色社会主义市场经济中的地位和作用，是新时代理论工作者、政策制定者和道路实践者的重要使命。恰逢改革开放40周年之际，我们有必要在回溯中国金融改革的历史进程中总结经验，为我国建立高效、公平的和谐社会，跨入新时代提供金融工作指南。

关于金融在现代经济中的地位和作用，邓小平1991年就给出了科学判断，并深刻地揭示了现代经济与金融之间的辩证关系："金融很重要，是现代经济的核心。金融搞好了，一着棋活，全盘皆活。"① 改革开放以来，中国经济经历了从起步到腾飞，GDP总量居全球第二位；从单纯的货币金融发展到多层次资本市场的建立，资本金融蓬勃发展，境内外金融资产达人民币200万亿元以上，未来5年将达人民币400万亿元以上，已经成为名副其实的金融大国。但中国离金融强国还很远，有专家研究指出，衡量一个金融强国的标准主要包括：(1) 金融市场规模足够大，可以影响全球的资金流向；(2) 有竞争力的金融服务体系；(3) 在相当大程度上能够决定国际市场资产价格；(4) 金融产品创新能力强；(5) 本币成为国际主要货币；

---

① 《邓小平文选》第3卷，人民出版社1993年版，第366页。

（6）具有对国际金融规则的制定、修改和解释权。结合中国的金融发展现状来看，第一，多层次资本市场发展还很缓慢。股票市场规模虽然大但存在问题多，金融衍生品市场、票据市场、外汇市场、债券市场等资本金融市场发展缓慢。第二，金融机构缺乏国际竞争力。第三，市场化程度和定价能力低，产品创新能力和机制薄弱，产品单一，缺乏竞争力。第四，高端金融人才匮乏，控制金融风险和应对金融危机的能力不足。第五，国际金融规则的制定权和解释权不足。第六，人民币国际化道路还有很长的路要走。

金融是一国配置资源的枢纽。随着全球经济、金融一体化的发展，资本、人力、技术与信息等生产力要素的全球流动与配置都与国际金融的发展相连，一国金融的强弱决定了其在全球范围内的资源配置能力。中国经济经历40年的高速发展，已经成为经济大国，但并不是经济强国，需要从根本上转变经济增长模式和转型经济结构。与此同时，需要建立一个高效、稳健、开放的金融强国金融体系。金融强国是经济大国可持续发展的根本保障。

资本市场是中国崛起的重要保障，建立强大的现代金融体系，实现大国金融梦是实现"中国梦"的一部分。中国政法大学有一批专家学者长期关注、研究金融和金融法治的理论与实践，笔者基于长期的研究和实践，提出了资本金融的新概念，将现代金融划分为货币金融和资本金融两大分支，并对资本金融理论体系进行了系统的研究和论证。通过整合中国政法大学的法学等优势学科资源，借助一批校内外既懂法律又懂金融的专家资源，为中国金融立法和金融发展提供科学理论依据，解决中国金融体制改革和资本市场发展中的法律与金融结合当中的实际问题，探索实现金融强国的路径。

实现金融强国要做好以下工作：一是发展和完善多层次的资本市场，尤其大力发展资本金融。资本金融发展到今天，已经成为现代金融在量的增长上的主力。[①] 二是调整市场结构，提高市场的统一性。三是完善金融市场基础环境，推动金融市场化改革，包括金融产品的市场化、利率市场化、汇率市场化等。四是提高金融市场的效率、金融产品的创新能力和金融机构的治理能力。五是改革金融监管体系，建立与金融市场发展相适应的监管体系和监管制度，维护好公平和正义。

二、培养金融强国高端人才

实现金融强国离不开高端人才的培养。2015年6月18日，在王健林、张大中等知名企业家的赞助下，中国政法大学组建了我国第一家资本金融研究院——中国政法大学资本金融研究院，刘纪鹏教授担任首任院长。研究院的建立很好地体现了三个结合，即法律与金融的结合、理论与实践的结合、校内与校外的结合。研究院将发挥资本市场智库作用，为中国金融立法和金融发展提供科学理论依据，解决中国金融体制改革和资本市场发展中的法律与金融结合当中的实际问题。同时，研究院作为研究资本市场法治化发展的学术平台，旨在培养复合型的人才。

研究院成立伊始，就在法律硕士（非法学）专业招生中设立了"资本金融法律实务"方向，在经济法学科下设立了"法律与资本金融"方向，每年培养既懂法律又懂金融的法律硕士、法学硕士、法学博士等20余名复合型研究生。在教学模式探索上，采用"校内与校外""金融与法律""理论与实践"结合的双导师制，重点培养精通法律与资本金融的复合型人才。为国家培养金融法治所需要的金融监管、金融审判、金融仲裁和金

[①] 刘纪鹏：《资本金融学》，东方出版社2017年版，第16页。

融法务方面的复合型、应用型与创造型高端人才。

目前，笔者同时担任中国政法大学商学院和资本金融研究院院长，提出了法学要和管理学结合，即法商结合，互为补充。将资本金融研究院和商学院资源、学科融合，即"两院"融合，相辅相成，把管理学、法学和金融学结合起来，在两结合、三结合甚至多结合的进程中，走出一条培养人才的创新之路。

三、举办智库型高端法治金融论坛

蓟门法治金融论坛源于资本金融研究院承担法律硕士（资本金融法律实务方向）的一门课程——资本金融法律实务，该课程为一门讲座课程。为了打造好这门课程，笔者下了大功夫。首先，将该课程升级为论坛，并命名为"蓟门法治金融论坛"；其次，聘请国内外顶尖的资本市场监管、理论和实务人才担任主讲人，同时邀请2—3名相关领域的知名专家担任评论嘉宾；最后，加大校内外宣传力度，并将论坛放在学院路校区的学术礼堂。在这样的精心筹备下，论坛场场精彩，场场爆满，吸引了大批校内外听众。

目前论坛已经持续举办了7个学期，每学期10讲左右，完成了60多讲，邀请的主讲人包括刘伟、周渝波、贾康、乔良、洪磊、巴曙松、潘明忠、杨凯生、金岩石、赖小民、姜昆、蒲坚、段永朝、蔡洪平、祁斌、吴晓求、周明、彭华岗、王国刚、银温泉、余永定、陈兴动、刘俊海、向松祚、蔡鄂生、孔丹、邵宁、卢周来、王梓木、黄海洲、何帆、王湘穗、宋志平、张红力、范恒山、冯仲平、洪崎、崔之元、曹和平、郝叶力、李正强、林义相、章百家、申毅、王建、温铁军、郑万春、郭凡生、贺强、刘永好、周放生、黄平、王忠民、房宁、姜昆等，讲座的内容涵盖宏观经济与金融安全战略、全球货币体系格局、金融业改革与创新、公司金融与新金融、国企改革、"一带一路"与中国企业海外投资等。论坛在校内外产生了巨大影响：在校内已经成为研究生通选课程，成为中国政法大学的一个品牌；在校外也产生了良好声誉，远播京城。蓟门法治金融论坛从一开始就得到了学校领导的大力支持，胡明书记、黄进校长、时建中副校长、于志刚副校长、李树忠副校长、常保国副校长等多次到论坛致辞或参加点评。为了传播该论坛的讲座内容，黄进校长多次强调将这些讲座整理并出版，经过努力，"金融强国之路"第一辑（论坛第1—17讲）于2017年2月在东方出版社出版，第二辑（论坛第18—28讲）于2017年5月出版，第三辑（论坛第29—37讲）于2018年2月出版，第四辑（论坛第38—46讲）于2018年5月出版，第五辑（论坛第47—56讲）于2019年4月出版。

"蓟门法治金融论坛"会一直持续下去，"金融强国之路"系列也会一直出版下去。在这里，要感谢各位主讲专家，点评专家，校领导、教授，以及东方出版社的袁园编辑与其他单位、媒体和专家的大力支持！一并致谢！是为序。

刘纪鹏
于蓟门桥畔·中国政法大学研究生院科研楼

第一篇
劳动与资本共享，
在实践中构建中国模式

蓟门法治金融论坛第 57 讲

主讲：郭凡生　慧聪网董事局主席

主持：刘纪鹏

时间：2018 年 9 月 19 日

地点：中国政法大学蓟门桥校区

点评：冯仲实、周放生

纪鹏荐语

改革开放 40 周年（2018）之际，中国迈入社会主义市场经济新时代，继续深化改革，如何实现劳动和资本的有效结合是经济理论研究和政策制定的重中之重。它既是民企改革问题，也存在于国企改革，不仅是中国问题，更是世界难题。

传统股份制符合市场经济方向，但没有解决劳资和谐共享的问题。西方股份制理论将劳动和资本视为此消彼长的矛盾对立关系，片面强调股东利益，忽视经营者和劳动者的权益，往往引发劳资冲突。同时，员工领取的工资与企业的利润并不挂钩，造成了企业经营过程中侵占企业财产、铺张浪费严重、创新动力不足等诸多问题。

在这个背景下，可以尝试打破所有权占有、使用、收益三个完整环节，把所有权中的收益权拿出来探索共享分润制，即经营者和企业骨干在不拥有股权的情况下获得合理的利润分红，实现经营权与所有权的适度结合。

郭凡生是 30 多年前提出"共享分润制"的第一人，除了理论建树，他还创办了慧聪公司，在实践中帮助上千家企业实现了飞跃。共享分润制不需要劳动者拿出大量资本，也不涉及复杂的所有权转让，将个人收入最大化建立在企业费用最大化基础上的现状扭转为建立在企业利润最大化基础上，进而把劳动与资本的对立关系变成共享统一的关系，实现职工利益和企业利益有机结合。共享分润制也绕过了"私分国有资本"的难题，给混合所有制改革以落地的思路，可以说是实现了中国国情和西方股份制的完美对接，是真正的中国模式。

我和郭凡生是同龄人。20 世纪 80 年代有三个赫赫有名的研究机构——体改所、发展所、开放所，1989 年，作为中国改革重要尖兵的三大机构解散，体改所的郭凡生下海创办慧聪公司和慧聪书院，我则从中信国际研究所进入了荣毅仁同志批准创办的北京标准咨询公司。我们在不同的领域为国企、民企的发展改革探索前行，他的慧聪集团目前已经在香港成功上市。

郭凡生擅长理论、实践结合，长期为国家改革和西部开发积极献策。他在语言表述上更是极为突出，其演讲气势磅礴，语言犀利，充满激情，具有罕见的震撼力，深受企业界、学术界的推崇，被誉为"中国家族企业的管理大师和思想教父"。

2018年9月19日晚6点30分，蓟门论坛邀请郭凡生董事长主讲《劳动与资本共享，在实践中构建中国模式》，同时邀请了两位点评人：一位是中国企业改革与发展研究会副会长——国务院国资委企业改革局原副局长周放生，他长期研究国企改革，周放生和郭凡生两人殊途同归、珠联璧合；另一位是北京市高界律师事务所合伙人——法学专家冯仲实律师，冯律师是慧聪公司的首席法律顾问，有着丰富的企业股改上市经验，同时也是我们法大的校友。

在总结改革开放40周年之际，我们会聚一堂，探索劳动与资本结合的中国模式。相信这场讲座一定会在理解中国未来发展的思路上，给大家极大启发和震撼。

致　辞

刘纪鹏：今天是2018年秋季论坛的开坛之讲。论坛最大的特点就是学以致用，因此在改革开放40周年之际，要谈一谈中国改革是干出来的还是说出来的。中国政法大学商学院理事会是由一批最优秀的企业家组成的，理事会对我们商学院上届会议最重要的指示就是要学以致用，要请企业家上讲堂，因为企业家必须将中国改革开放和市场经济发展前沿的东西结合起来，才能生存，才算成功。所以，从这个意义上来讲，今天的讲座正是在这个背景下发起的，开讲的主题是"劳动与资本共享，在实践中构建中国模式"。

今天我们就谈一谈未来国企、民企这个构造中国模式微观主体的大话题，主要讲的是民企某种观点的改造比国企还重要，因为中国的民企对中国的经济发展做出了巨大的贡献。其中，劳动跟资本的关系怎么协调？这是市场经济中存在的一对矛盾，也是今后市场经济中讨论的主题之一。传统的所有权包括占有、使用、收益、处置，所以能不能创造一种新的模式，把占有、使用、收益、处置当中的一个收益权拿出来共享，使得企业员工在劳动过程中就能分享利润，这是一个世界性的话题，我们的理论将围绕着这个展开。

因此，今天请来了一位这样的人，他已经干出来了，并且总结了一套模式，他曾邀请我和周司长去看，就看他怎么干。目前，几百位民营企业家一个一个鲜活的案例采用了他的这个模式，并且都取得了巨大的成功。他不仅有中国传统文化——山西票号的身股跟银股的探讨，也有现代股份制当中期权职业经理人、保姆和主人关系的最新理论。

此人叫郭凡生，我先介绍一下他为什么能干成这事，这不是偶然的。我和他的年龄差不多：他1955年出生，我1956年出生；经历也一样：我们都在政府部门干过，他在内蒙古研究室，我在中国社科院和体改委下面的部门。之后我们又都到了研究所，我到了中信国际研究所，他到了中国体改研究所。当时中央围绕着改革、发展、开放三个问题成立了三个所，即体改所、发展所、开放所。

1989年后"三所"解散，之后我们俩又有相同的经历。我办了中国证券市场研究设计中心，设计中国的股票交易所。由于需要进行股改，所以就成立了一家股份制咨询公司，由荣毅仁同志批准我去做董事长，算官办的。而郭凡生在1992年之后，随着两个定向问题、规范意见、私营企业注册法的推出，在中关村办了慧聪网以及之后的慧聪书院，他兼做咨询，所以他是纯民营的背景，慧聪集团如今已经在中国香港上市。他自己的企业发展得这么好，靠的是什么呢？和今天的主题有关。他自己创造了"共享分润"这一套理论，并且付诸实践，给其他企业家做指导，实现了经济效益和社会效益的共同增加。实践证明，这样能挣出钱来，社会承认，又符合改革方向。

常保国：尊敬的周放生局长、郭凡生先生，各位老师、各位同学，大家晚上好。今天是中国政法大学商学院蓟门法治金融论坛第57讲，这个论坛对政法大学毕业生未来的成长一定会有所帮助。它的贡献可能不是现在，若干年之后，同学们找到工作，一定会感受到它深刻的影响。一个大学完整的教育包括两个课堂：第一个课堂拥有系统的、专业的训练和教授，第二个课堂就是讲座、学术竞赛、读书活动。这两个课堂都各有特点，不能相互替代。

对政法大学来讲，蓟门法治金融论坛已经将近60讲。我前几天还说这个论坛对政法大学尤其对研究生来讲是非常必要的，因为我们政法大学虽然号称是一个多学科的大学，但总体来讲还是一个以法律为主的单科型的文科大学。同学们受制于知识这样一种局限，发展起来很受限制，这是我们在对很多毕业生的追踪调查过程中了解到的。他们有一个共同的看法，就是感觉自己的知识结构单一。所以，这个论坛确实应该感谢商学院，感谢资本研究院，它们对学校研究生做出这样一个特殊的贡献。

今天研究的主题是"劳动与资本共享，在实践中构建中国模式"，对这个问题我没有研究。但是有一点我是知道的，我们评价社会主义不以它的所有制性质为标准，而是把共同富裕作为社会主义的一个根本特征。邓小平当年提出来，我们搞改革就是要先富带后富，最后实现共同富裕，没有共同富裕，我们就不会有社会主义。但是如何走向共同富裕呢？其实多年来我们进行了很多理论和实践方面的探讨，现在仍在进行。按照中华人民共和国的历史分期，其中，1949—1956年这几年是一个特殊的历史时期，这时还不算是成熟的社会主义社会，这个时期又分了两个阶段：1949—1953年叫新民主主义社会时期，1953—1956年称为过渡时期。有的学者提出来，我们20世纪70年代末启动的改革，实际上就是在向新民主主义路线回归，至少在经济上是非常相似的。

在新民主主义阶段，我们有四重所有制：国有的、集体的、个人的、资本家的，当时中国的领导阶级是四个阶级：工人阶级、农民阶级、资产阶级、小资产阶级，我们建立的政府也是叫联合政府，民主党派占到了政府人员的一半，最高法院院长是民间的沈钧儒，所以这个时期确实是中国一个很特殊的历史阶段。党的七届二中全会指出，新中国经济政策是公私兼顾，劳资两立，城乡互助，内外交流，当时叫"八方政策"，其中公私兼顾和劳资两立与今天讲的劳动与资本共享可以说是异曲同工。

郭先生不仅是个成功的企业家，还是青年创业的楷模，另外也是一个很有思想的企业家。所以我们今天这个讲座不仅要分享他的思想，也要从他的创业、发展过程中获得教育。他是个知青，是个官员，是个企业家，也是一个思想家，我想他今天的讲座，一定会让我们受益非常大。

一、私有企业存在的问题

我今天讲的主题是"共享再造私企，公私交融的所有制思考"，是今天的题目《劳动与资本共享，在实践中构建中国模式》的更加具体的解读。私企需不需要再造？我就是私企的老板，这个问题其实是中国改革最深层次的一个问题。在改革开放初期，我们提出的基本命题是产权必须人格化，私企是实现了自己产权的人格化，那是不是就没有问题了呢？如果按照产权人格化以及私有财产神圣不可侵犯的原则走下去，人类是否就可以走向光明？今天中国的最大问题不是改造国企，国企解决的就业不到20%，却拿走了大量的资源，中国的崛起是靠私企，私企过去40年拿到的国家投入仅20%多，却创造了80%以上的就业，所以将私有企业做好才是中国经济发展中核心的问题。

"耕者有其田，商者有其股"，前半句是孙中山先生说的。后半句是我说的。我觉得在当前的市场经济环境中，"商者有其股"比"耕者有其田"更有现实意义，为什么呢？因为"商者有其股"可以让中国的经济走向强大，"耕者有其田"只是让中国的老百姓不至于饿死，这两句话事实上讲的就是中国改革开放之本。中国的改革开放就是从所有制改革开始的，农业的包产到户就是一次不彻底的所有制改革，仅实现了农民有了田。而1992年开始实行"商者有其股"，我、冯仑、牛根生、李国庆和陈东升等，我们这些人开始拥有企业的股份,这也是一次重要的所有制改革。这个"商者有其股"对我们很重要,正是这次所有制改革推动着中国往前走,才有了中国的今天。但走到今天也已经走不动了,为什么呢?因为只是老板有公司股份是不行的,员工没有股份,这就出现了劳资矛盾。西方社会为了解决劳资矛盾,实行转移支付,产生了大量的靠补贴维生的人,这批人叫作低保贵族,正侵蚀着西方现代社会的劳动生产力。西方的工会规定,每一个工人干活儿不能干多,不能干多就意味着限制了劳动生产力的提高,就不利于企业的发展。因此,"商者有其股"要讨论的问题就是,在私营企业里,如何从老板有股变成老板和员工一起有股,把劳资对抗的双方变成劳资一家。这是一个制度,不是一个分配关系的改变,它是一个产权制度的改变。

包产到户和建立私企,改革开放 40 年所有的成功均源于这两次带有恢复性的产权制度变革。中国未来经济的成长,正在期待一次伟大的所有制变革的推动,没有一次所有制变革的推动,中国未来的强大是不可能的。经济学研究三大问题,即为谁生产、生产什么和怎样生产。为谁生产的问题讲的是财富的分配规则,生产什么和怎样生产的问题研究的是管理的效率问题。其中,为谁生产的问题不是一纸文件就能解决的,产权制度决定着生产、分配、交换、流通等领域的所有特征。所以,我们必须从产权的角度,深入研究中国未来第三次产权革命。前两次是恢复性的,是向别人学习,而第三次会发生在 40 年以后,它将是人类产权制度的一次创新。

下面我来讲商业模式与商业制度的问题。商业模式是什么?商业模式什么都不是,仅有商业模式不可能形成企业的核心竞争力。开饭馆的不就是把菜做得香点,让别人来吃吗?商业模式最简单,拿风投的时候如果你十分钟说不清楚,就没人给你投钱。我们现在往往比较崇拜商业模式,认为有了好的商业模式就拥有了一切。全错了,因为商业模式只解决怎样生产和生产什么的问题,为谁生产的问题是商业模式解决不了的。

而在包产到户的商业模式下，同样的一亩地从原来只打 200 斤上升到了 400 斤，农民开始不挨饿，能够吃饱饭，农民开始有钱，可以买轻工业品了，这就带来了中国改革开放的第一次进步。这个时候有什么东西变了吗？老牛、农民、土地都没变，变的是商业制度。制度变了，劳动者对劳动的态度的改变是最重要的。我来问大家，定工资的时候老板想往高定还是想往低定？肯定是低！如果这个活儿两个人能干，三个人也能干，那么老板会怎么想呢？肯定是让两个人干。定工资的时候，员工想往高定还是想往低定呢？肯定是往高定。员工是想几个人干这个活儿呢？员工一定想 8 个人干。这是什么？这是亚当·斯密在《国富论》、马克思在《资本论》中深度解剖过的一个基本矛盾，即劳资矛盾。

我跟很多老板讲如何把公司办好，第一，重要的是你身边有能力的人一个都不离开你；第二，公司里的每一个员工干公司的活儿都能像干他们家的活儿那么努力。这来自什么？和企业文化没关系，而在于"耕者有其田""商者有其股"，"我在为自己干"，这就是我们讲的商业模式与商业制度。现在中国的私企首先面对的不是商业模式的问题，而是商业制度的问题，所以私企改制变成了我们这个时代必须解决的问题。

首先，我们先了解一组官方的数据，改革开放 40 年来对国企的投资份额占 80%，私企只占 20%；而私企却创造了 65% 的新增 GDP，83% 的就业。可以想一想，如果过去 40 年我们对私企的投入不是两成，而是四成，那么中国今天的 GDP 将会多大？这说明国有企业 100 块钱干不了的事，到了我们私企 20 块钱干成了，而且干得非常好。当年欧洲人输出他们工业文明的时候，用的是血与火，他们用野蛮的方式进入中国，进来就把中国抢了。而私企让"中国制造"走遍世界，未动一兵一卒，这说明中国私企的发展不但创造了物质文明，也为人类创造了新的精神文明，使人类变得更善良，它们做出了伟大的贡献。

那么今天我们遇到的问题是什么？是企业问题。很多老板想过没有，优秀员工不走，企业会有多大？为什么培养的人才总在流失？开10个店赚钱，而开20个店就赔钱？1992年我做慧聪的时候就是一个街边店，2003年慧聪在中国香港上市，现在我有几千名员工。走这条路，靠的不是商业模式，而是制度红利，靠的是员工跟我一条心，帮着我共渡难关，这是最重要的。所以商业制度的创新是未来中国模式中核心的部分，就是通过共享制，让员工和老板分享企业的利润。一些企业发展不起来，其问题的核心就在于商者无股。

现代企业制度是经营权和所有权分离，这对吗？其实是不对的。经营权和所有权分离会出现劳资的巨大矛盾，老板和员工会分心分家。目前中国私营企业面临的一大问题就是冗员。如果一家私营企业进行股改，基本能裁掉1/3的冗员。比如，我们在指导一家五星级连锁酒店进行整改时，身股改造将3000人变成了2000人；5年以后进行银股改造，2000人直接变成了1500人。这家酒店的冗员率是多少？50%。如果能拿掉50%的冗员，中国的人口红利就会再现，中国企业的成本会大幅度降低，我们就能让中国在效率上战胜对手。

二、私有企业如何进行改革？

下海前我做了8年的研究。1982年一毕业，我就到内蒙古党委研究室开始做研究，研究的是企业的产权制度。当时以承包制为主，但我们认为，承包制的包期一到，企业就会出问题，因为它是短期的，所以我们当时提出了职工集资入股，试图通过职工的集资入股来解决国有和集体企业产权非人格化与产权跟劳动者无关的问题。目前中国还处于社会主义的初级阶段，因为我们的人均GDP排在世界100多名，我们的社会主义是初级阶段的，那么它的生产关系构成的核心是什么呢？是它的所有制形态。初级阶段的社会主义意味着所有制形态也是初级的，意味着国有企业和集体企业必须进步，否则社会主义就不可能走向成熟，这个问题我是从十三大时开始研究的。

1987年我从内蒙古党委研究室被调入了国家体改委，研究的依然是企业制度问题。我当时拿到一个重要的课题，叫"中国西部与民族地区改革的综合研究"，我组织了一帮人沿着所有制思路开始研究，包括所有制变革根本性历史命题的提出、完善社会主义公有制的伟大实践、股份制的实证研究、理性创造的轨迹、推进股份制变革的超前实践和股份制推进研究的真理与谬误等研究。但不幸的是，这样的研究成果很难出版成书。当时的研究已经很难进行下去，我认识到必须用实践证明我的研究是对的。

于是我带着这种理论下海创建了慧聪书院。20世纪90年代，只要是IT制造生产研发的人一定知道慧聪商情，当时慧聪商情在IT行业的使用比今年百度搜索都普遍。在创业的时候，我就把共享劳动股份制的理论变成了公司的章程，我们5个出钱的股东的分红总额不超过总额的30%，我们每年都把70%的利润分给公司的员工，这就是一个创新，用自己的行为来创新。

当年的月工资水平为：处级120元，局级150元，省级200多元。可我们给公司市场部的主管分了3000块钱，他拿着这么多劳动分红却夜不能寐，第二天辞职走了。我问他为什么要辞职，他跟我说："老板不会跟我们这么分钱，你算错账了，我辞职了，你就不能把分错的钱再要回去。"这证明，一种超前的理论连受益者都不相信，但正因为这样，慧聪拿到了巨大的制度红利。比如，当时我们正和一个公司竞争，我们第一年跟对方实力差不多；第二年对方能干的走了四个，我们公司能干的走了两个；第三年对方能干的走了六个，有四个到我们公司来了。正因为存在巨大的制度红利，慧聪第三年就成为中国最大的商务信息服务商，这个位置一直保持到今天，而且我们成功地把纸上的B2B变成了互联网的B2B。当时纸媒这一行业的企业有千万家，如各种晚报、日报以及专业杂志，可是在互联网转型过程中很多都倒闭了。而慧聪书院成功地实现了转型，其中一个重要的原因就是我们企业实行的是共享制和劳动股份制。互联网是知识经济，也是共享的，这一点和我们在制度上是对接的，也正因为这一商业制度，慧聪在后来的发展中不仅实现了快速增长，而且在商业竞争中处于不败之地。

慧聪书院在上市前我又进行了银股改造，2003年在中国香港上市的时候，创造了126个百万富翁。那时候100万元能买3套房子，国家还给贴息贷款。比如，中国政法大学的冯律师，虽然当时在公司还不是顶级高管，但冯律师在北京有两套房子：一套在西客站附近，一套在国贸附近；在上海徐家汇也有一套房子；在三亚还有一套房子。那个时候100万元如果变成房子，现在能值几千万元，可以说我的员工是相当有钱了。

在境外或境内上市的私营公司中，我们公司是第一家向社会公告有多少员工跟企业共同致富的。后来其他公司也都跟我们慧聪学，比如，周鸿祎的公司在美国上市时说，老郭，我们现在有126个百万富翁，还全是美元。我说，对，我创的纪录，你破的纪录，我创纪录的目的就是让你破纪录。这也说明慧聪建立了一种制度，这个制度和一般的制度不一样。从2003年到2018年，我们公司上市已经有15年了。我们不断地发期权，员工这些年在期权上的收入，按照中等水平来行权股价，总收入超过了30亿港元。这就是我们讲到的劳动股份制和共享制，不是老板一个人发财，而是大家一起发财。126个人跟我没有任何血缘关系，不是亲人，却胜似亲人。而代理制讲所有权和经营权分离，两权分离，员工和老板就会分心分家，劳资矛盾造成的损失比私营企业的利润还多。

在代理制背景下，企业利润的收益权归了所有权。但在共享制背景下，把收益权拿出来，让收益权被经营权和所有权共同分享，而且经营权要有条件占大头。

今天我们可以看到大量的互联网企业是干活儿的人拿大头，投资的人拿小头。我当年有2000万元的净资产，IDG投了我3000万元人民币，后来又追投了1000万美元，就只拿了20%的股份，这说明资本已经开始承认知识与劳动本身的重要作用。我们讲私人财产神圣不可侵犯，讲的就是有形资产和部分无形资产，在工业化社会里，资本是短缺物，所以资本一股独大是对的。但是当我们进入信息社会，已经不是资本经济，而是变成了知识经济，就必须承认劳动者本身的态度和他们在知识能力方面的创造，这比有形资产更重要。认识到这一点非常重要，慧聪实行劳动股份制的时候，也就是在尊重知识和劳动，本身就已经取得了成功。

建立共享制的基本：身股、银股与期权。以身为股，你只要到我这里干活儿，我就给你分股，根据你的贡献和职务给你。慧聪上市前实行了8年身股制，上市后才转成银股，所以共享制的第一个特点就是身股在先，身股为大。没有身股就进行所谓的股改，就只是在代理制的基础上修修补补，跟劳动者没有任何关系。银股是出钱注册的股份，拥有继承权和转让权，但是一个企业如果光有银股，就是典型的代理制公司，规模大了一定会产生劳资矛盾。很多企业现在讲的股改就是改出一批新的银股股东，那就是解决资本家自己的问题，解决不了劳资矛盾的问题。比如，我有200万元利润，三个银股股东扩充到五个，还是资本为大。如果我那200万元利润作为基数超过的部分，其中60%给员工劳动分红，结果就不同了，这个劳动分红最后几年会让员工拿到五成以上的利润分配，这就解决了劳资冲突，可以让劳、资一家人共同生活。

我和张维迎原来都是体改所的，有一次张维迎请我去光华讲课，我讲的也是今天的劳动股份制的事情，他的一段话让我明白了一件事情。他说："老郭，你今天讲的劳动股份制，如果你不在了，它就没有了，那只是一个善良人美好的想法，但如果你不在了，还有千千万万个企业来学习这种制度，并取得了巨大的成功，那么这就是一次伟大的制度革命，它的意义不会低于英国的工业革命。"我把他的话琢磨了挺长时间，觉得自己摸到了人类进步的脉搏，我知道我刚好站在一个什么样的位置上，这件事情纯教授是做不出来的，再好的教授也做不出来，纯老板也做不出来，这件事情一定是一流的老板加上一流的学者才能做起来，我正是这样的人。

当年我写的反梯度理论那篇文章在 1985—1987 年有 100 多家媒体转载，是当时中国刊物转载率最高的文章。我又找到了当年的感觉，仿佛摸到了历史前进的脉搏。当时我就决定不再做慧聪的 CEO，我从慧聪退出后坚决不再做公司的经营者，公司事务就不管了。一年只参加了四次董事会，经营团队同意的事我都赞同，2017 年更是辞去了董事长一职，只做一般的董事会成员。慧聪实行劳动股份制，我把上市公司交出去的时候是十几个亿的市值，后来做到了一百多个亿，这是制度的成果。2008 年我又开始归队研究，就是我从一个老板重新成为学者，这中间有一个重要的变化，我这个学者可以不向权贵低头，更可以不向金钱低头，这就决定了慧聪书院研究的客观性。

我在钓鱼台国宾馆讲共享制企业股权激励的课程，已经讲了 11 年，共 76 期，有 1 万多个老板来听过课，单上市公司的老板就有好几十个人。我在我的书院大殿两边写了两句话：一句话是"当金钱与道德背离时，我们选择正义"，另一句话是"当学术与利益冲突时，我们坚持真理"。十几年来我做到了，有些企业让我们做股改，我们进企业调查，对方要付 100 多万元。我进去后，老板不尊师，不听我们的，我们把钱甩给他扭头就走。从慧聪书院开始我就找到了一种感觉，就是有钱的人做学问，和穷人做学问是不一样的。因为坚持，我们在理论和学术上取得了许多重大的突破，也取得了一些好的效果。比如，有一个珠宝店进行股改后，阳江台风来了，导致大水漫街，店长带着员工在店里坚守了一天一夜，损失甚小。但是旁边的店基本都被刮光了。他们为什么要这么干？因为他们是在给自己干。

三、小放牛餐饮企业的股改实例

2011 年到现在（2018），我们一直在对小放牛这个餐饮企业进行股改，8 年时间，小放牛的门店从 5 个扩张到了 20 个，利润从 382 万元涨到了近

3000万元，比很多A股创业板上市公司的复合增长率还要高，8年达到38.00%的利润复合增长率。如果中国的上市公司能达到小放牛复合增长率的1/3的水平，那么中国的股市市值早就比美国股市市值高了。8年时间，小放牛的人均利润从6000元涨到2.2万元，说明它在人均效率上是良性的。从管理效率来看，小放牛过去是35个人管641个人，现在是37个人管1223个人，不但人均效率较高，管理效率也是良性的。我们对于未进行股改的大量私营企业做了分析，多数企业都是营业额、利润增长得不错，但是人均效率下降，管理效率下降，这样的公司的成长事实上是非良性的。

小放牛是一个典型的中小企业，它初期只有5个店，营业利润只有300万元，制度红利使它取得了快速成长。

那么，企业给员工分多少利润合理呢？我们通过大量实践和研究得出了一个重要理论，即五五分的黄金分割线。至此之后，股改就有理论了。我们再回到小放牛企业股改上，它的分红比例是25.4%的时候，利润是382万元，人均利润是6000元，当它的分红比例达到47.49%的时候，利润总额是2687万元，人均利润是2.2万元，人均利润涨了将近4倍，一半老板拿，一半员工拿，老板拿到的利润比上一年增长一倍，企业管理费占总额的比例，由6.95%降到了4.68%，降低几百万元。我们可以看到，当员工分红比例越来越高的时候，员工的人均效率也越来越高，管理成本会越来越低，说明这个制度能带来劳动生产力的大幅提高。而且小放牛过去是一个人当老板，一个人富，现在产生了一大批富人。

发达国家在解决贫富问题上，更多的走的是转移支付的道路。转移支付就是把富人手里的钱拿过来，贴到穷人身上，这种转移支付在美国已经达到了财政收入的40%以上。转移支付对不对？对，因为穷人太穷，连医疗保险都买不起，但是转移支付也产生了一大批"低保贵族"，转移支付越多，穷人越不干活儿。在今天的中美贸易战中，最后谁胜谁败，从管理和经济学的角度来看，我们中国企业生产一个东西需要1块钱，美国企业生产同样一个东西需要2块钱，这意味着我们产生了巨大的制度红利。这样的制度红利的推广，让千千万万个民营企业、私营企业在实行私有化之后又开始实行共享的制度，这就是对私营企业，对私人所有权的一次重要改革。这个改革过去有经济学家讲，很多人都讲过，但是讲的是理念和理论，不是科学。什么叫科学？科学就是用事实和数字可以论证。从小放牛公司的报表来看，我们的共享制就从理论走向了科学。我拿这张报表说服了千千万万个企业家，他们都开始这样做，当千千万万个企业实行共享制改革的时候，我们就可以改变天下，这一定会变成一次伟大的企业制度革命。

四、股改黄金分割线理论

四季民福黄金的分红比例是49∶51，永形状源的分红比例是57∶43，大方元的分红比例是40∶60，某珠宝销售企业的分红比例是38.9∶51.1，北京朗惠的分红比例是31∶69。目前有大量的企业正在顺着这个路走，为什么呢？因为你可以不改，但是你旁边的企业已经改了，你对面的企业也改了，如果你不改，你这个企业则可能会倒闭。以前我们为北京一个卖家具的公司进行改制，他卖的进口家具是非常好的，300人的公司，年底员工共分了1000万元，分红大会上老板就喊我去了。我去了说："不对。万总，你后面来那十几个人一看就不是你公司的人。"他说："对呀，这都是居然之家、红星美凯龙等竞争对手的店长。"我问万总叫他们来干什么。万总说叫他们来听听。我说你就差五六个店长，叫人家十几个人来干什么？他说我就留5个，其他8个人我不要，让他们回去跟他们老板谈股改，如果他们老板不进行劳动股份制改革，他们就不干活儿了，他那个店就被我打败了。这样的例子比比皆是。

同样，共享制、劳动股份制改革不仅在小企业中进行，上市公司同样也有。比如，冯律师做的一家上市的制药公司，就由他来说说这家制药公司如何进行的股改。

五、某大型制药公司的股改实例

冯仲实：某药业公司是广州的一家制药企业，是一个集研发、生产、销售为一体的技工贸大型企业集团，企业的董事长和 CEO 都是军人出身，而且董事长是将军。这个企业做得很好，但是代理制的企业，大股东是港资，董事长和 CEO 实际上是职业经理人。他们到我们股改班听完课以后，我们就进入这家制药企业做股改指导。做了股改以后，企业连续 5 年的利润增长率都在 15% 以上，特别是股改落地一年以后直接推动了公司的上市。

对这家公司的股改是怎么做的呢？我们为这个公司的销售体系设计了经营团队拿超额利润大头的方案，对于两种产品我们锁定了前三年的利润，并经过调研我们确定了一个合理的基数。比如 A 产品，假设前三年的基数是 180 万元，那么超过 180 万元的部分，60% 给经营团队（就是销售体系）。这两个产品线，我们做了股改以后，老将军有点不托底，就把 A 产品的 43 个地区中的 35 个落地了，而另 8 个地区没有落地，说看看效果再说。结果到了 2012 年上半年股改地区的利润增长 29%，没股改的增长了 12.7%。而 B 产品的 28 个销售地区中有 16 个参加了股改，12 个没参加，结果是，参加股改的地区利润增长了 39.3%，没参加股改的地区利润负增长 4.2%。老将军非常懊悔，当时我跟郭总正在深圳做一个印刷公司的方案，老将军带着 CEO 从广州开车找到了郭总，一进门就是检讨，说他自己犯了个大错误，他后悔不应该把股改方案变成二元体制，而应当全部落地。

在销售的领域，把超额利润的大头给销售团队，那么对于银股股东，就是拿了存量利润的 100% 加增量利润的 40%，比原来的 100% 的存量还要大。正因为员工拿了 60%，银股股东才不仅保住了存量的 100%，还获得了增量的 40%。而大型企业的销售体系是有连锁特征的，因此每一个销售单元，虽然在增量当中拿的是小头，但是因为能够实现夫妻店的效率，对于股东来讲，就会产生类似沃尔玛的规模性收益，这是销售体系。

生产体系股改应该怎么做呢？我们用比较成本降低的方式来做激励的基数。例如，今年生产一吨青霉素花了8000万元，明年还生产一吨青霉素，如果只花了7500万元，那么省下的500万元的70%分给生产团队的人，用以激励，这就是制造业的一个基本特征。制造业的基本特征就是，你的比较成本如果比竞争对手低，那么全世界的制造都可能是你的，你的竞争力就在这儿。

对于研发队伍我们就要采取激励科技人的方式，因为这类企业属于技术驱动型，创新能力和创新团队的激励尤为重要。对于科研人员的激励是，科研人员研发出的新产品在上市后的18个月内或者是24个月内所产生的利润的5%作为团队激励。根据研发团队的立项项目做深度研究，只要项目上市并产生了利润，利润的5%就给研发团队，这样研发团队的创新能力和研发能力就会有空前的提高。

用了上述三种激励方式，该制药公司顺利上市，并且利润还保持了高速增长。

虽然目前股改可以说比较成功，但是这个股改有一个大的问题，就是在上市前我们已经提醒该制药公司的负责人，要给公司的管理者、优秀的经营团队发期权，也在说明书当中披露了要发10%的期权，但是遗憾的是，在上市前董事长忘了发。这个问题出现以后，当时郭总还在美国度假，这个董事长就打电话给郭总拜年并说公司上市了，但是期权忘记发了。当时郭总的第一感觉是要出问题，这对未来的增长一定有影响，会导致团队稳定性变得不强。因为没有发期权，没有做三年的锁定，最后出现的问题就是有一部分高管拿到小银股以后，把股票变现后就辞职，一辞职就不受三年锁定的限制了，因此会导致公司流失一批骨干，导致该公司的利润增长不如股权激励刚落地时那么强劲。

这个问题总结起来就是说，股权激励是一个连续的、不可逆的制度，如果实行了股权激励制度，中间想停了或者未来的激励程度不够大了，激励的效果就会出大问题。因为失民心者失天下，当银股股东失信于广大员工的时候，队伍就难带了，这是一个教训。

六、对共享制、劳动股份制的思考

郭凡生：这家制药公司上市的时候拥有一个亿的利润，到现在已经有将近四个亿的利润，但是股票价格还是6块6，就不涨，为什么？因为股权激励制度改革不到位，伤了资本市场的心。

资本劳动与企业利润是经典的经济与法学的思考，私人财产神圣不可侵犯，财产人格化也是必须坚持的。国有企业最大的问题就是产权不能人格化，不能人格化的时候，劳动者就是在给产权的所有者干活儿。马克思在《资本论》里讲过什么叫公有制，公有制就是劳动者直接占有生产资料，并通过这种直接占有去获取最大的经济利益和政治利益。但是，国有企业是劳动者直接占有生产资料吗？不是，是间接占有。所以，国有企业是社会主义初级阶段的公有制形式，它有它的历史作用，但是公有制要成长，必须实现劳动者直接占有，并且通过直接占有来实现自己最大的经济利益和政治利益。

小放牛公司股改的初期，有两句话鼓励了员工：当好员工，争当股东；买车买房，接来爹娘。小放牛的股东是店长、厨师长，只要当了店长、厨师长，就能拥有劳动分红了，一般员工是没有劳动分红的。小放牛现在的店长可以拿六七十万元的分红，四季民福的店长可以拿到100万元以上。买车买房，接来爹娘，和打土豪分田地有异曲同工之味道，但是要比那个善良，我们不是分老板的钱，老板原来的钱还是在那儿放着，增加出来的钱由老板和员工共享，这就是我们讲的共享制，它在人性和人文上是更加先进的。

前两天股改班在钓鱼台开讲，我们把小放牛的总经理请来讲课。他们现在的口号变了，变成了"当好员工争当股东，换车换房二胎敢想"。我觉得最后4个字太露白了，不太适合在大学讲，就改成了"儿女成双"。真的是这样，一个制度的伟大在于让一群普普通通的人能够干一番惊天地泣鬼神的事业，这就叫制度。我觉得共享制度一定是这样的，我们要改变充实完善私有财产的概念，私有财产重要的核心的东西已经不是有形资产，不是矿山、机械、车床，而是劳动者对劳动的态度以及劳动者在劳动过程中的知识创造和发展，要把这些东西带进去，来重新定义私有财产神圣不可侵犯。

大家都应该好好想，私人产权该怎样保护，必须让私人产权产生巨大的收益和增值才是保护它，如果没有增值，怎么保护呢？说国有资产流失是罪，那么国有资产浪费不是罪吗？我们要仔细地想，马克思在《资本论》里讲了一个重要的观点，叫异化。什么是异化？马克思认为人是劳动和社会的主体，我们人通过自己的劳动创造商品和资本，但我们反过来又对商品和资本顶礼膜拜，主体变成了客体，这就叫异化。这是从黑格尔开始的一个重要的哲学概念，马克思把它带入了经济学。今天的中国就是这样，改革开放这些年来，我们创造了资本，创造了财富，但是今天千千万万的人跪在资本的面前对它顶礼膜拜，这说明这个社会是有问题的，这种社会是不可能产生巨大的进步和本质性的成长的。

那么如何解决上述问题呢？共享制可以解决这个问题，因为共享制强调"身股在先，身股为大"，强调以劳动为主的产权制度的时候，我们就让跪在资本面前的劳动者挺起胸膛，好好做人了。一定要这样做，不能让一个社会在进步过程中总是少部分人得志，大部分人失落，这是不行的。

什么叫共同富裕？共同富裕有两条路。一条是西方现在实行的转移支付，其实转移支付不可能创造共同富裕，只是让穷人维持低水平生活，而且这样把大量的社会财富和效率给损失掉了。亚当·斯密在《国富论》里就讲过，当我们追求效率的时候往往会失去公平；当我们追求公平的时候，效率又被损害了。他认为公平和效率在社会的成长中是两个很难协调的矛盾。我们今天讲效率，改革开放就讲效率，没有效率还是会饿死人，但怎样讲公平呢？如何实现效率和公平的统一呢？就比如小放牛公司股改案例一样，我们不是把小放牛公司的税拿走去给那些不干活儿的人，而是小放牛的老板搞了股改，20个门店的店长一年收入六七十万元，跟老板一样成了富人，这个财富的分配和效率的提高，就变成了一种正向原则，这是人类社会进步的根本。

现在人类解决公平主要的方式是转移支付，转移支付只是让一些穷人不挨饿，但是绝对创造不出一代富人，因为转移支付正在扼杀人类的勤劳和智慧，以及他们努力工作的精神。社会进步的根本不是在一个点上解决问题，而是让这种进步被千千万万人通过他们的呼吸和思考理解到，小放牛的一千多名员工，慧聪的几千名员工，百度、腾讯、360 几万名员工，都得到了这种制度给予他们的巨大利益，他们在拿到巨大利益的时候，贡献了自己的勤劳和智慧，这就叫劳动股份制，这就叫共享制。

中国现在最落后的不是经济学和管理学，而是法学。如何定义财富？如何定义私人财产？如何定义在私人财产神圣不可侵犯的条件之上的劳动和知识的优先分配权？没有规定。现在大部分大学生都喜欢研究金融，研究股票，因为那玩意儿挣钱，但是，挣不来荣誉和信念。股改中我们经常遇到挑战，很多老板说都给员工分了利润以后自己怎么办？我们给老板要讲一堆话，跟员工要讲一堆话，但是一个历史和潮流的到来，谁都无法抵抗，共享制一定会走向成功的明天。

点　评

刘纪鹏：商者有其股，劳动与资本共享，刘强东说共产主义这一代我们能见到，很多经济学家痛斥他，说他要回到旧体制，但我想可能未必，那马云为什么也这么说？说可能要重回计划经济了。从这里面大家可以得出一个结论，刘强东和马云都在表达一个道理，今后人工智能时代，机器人把很多工作都干了，人去干什么？马云也在讲大数据、区块链把每一个产品、人类的每一个需求都算得非常精确，为什么不可以计划呢？中国跟西方的体制之争说来说去不就是你是政府计划，我是大公司计划吗？哪个大公司没计划呢？所以说，凡生从商人到学者，做的事和做的研究都在表明他在为社会，甚至不仅仅是为中国的社会创造一种新的模式。

周放生：2008年国务院国资委出台了一个139号文件，是关于国有企业职工持股投资的规定。文件当中明确写道，符合条件的企业制的国企可以实行利润奖励，利润奖励就是共享利润，这跟郭凡生讲的共享制异曲同工，但是非常可惜，这个文件出台后未能推广。而凡生在民营企业进行了实践和创造，我也去很多企业调查，结果令我非常震惊，我觉得目前不论是国企、民企还是外企，共同的问题就是劳动和资本的矛盾。共同的问题是什么呢？就是国企、民企、外企中没有主人，大家可以说国企的主人是国资委，或者是政府，再往后就是13亿人民，隔得太远了。民企谁是主人呢？是老板，员工不是主人，外企同样如此。那么一个没有主人的企业能搞好吗？自然不能。而共享制把这个问题解决了，共享制让员工与老板共同成为企业的主人，员工不再仅是给老板干活，而且是在给自己干活，所以说郭凡生的这个探索和实践是一个伟大的创举。

关于市场经济，有的国家实践了300年，一直在研究委托代理这个问题，一直在研究如何更好地解决委托代理。方法很多，像公司治理、股东会、董事会、监事会、独立董事、股票期权、第三方评价等一系列措施，都是在力图解决委托代理的矛盾，但是我认为至今没有找到根本的解决办法，都是在不断地修修补补。共享制在制度上是一个创举，正如郭凡生讲的那样，它的来源是300年前的山西晋商票号，就是身股、银股，身股为大的制度。那个时候我们老祖宗用了这么简单的办法就把这个矛盾解决了，因为当时票号就是银行，票号要在全国各地办分号，派出去的行长怎么能忠于票号呢？怎么不干坏事，怎么不贪腐，怎么不投机耍滑呢？这个问题没法解决，而且那个时候没办法监管，当时就用这么简单的制度就解决了。根据我看到的历史资料，当时的坏账率为千分之一，现在全世界能做到吗？汇丰银行做到了吗？花旗银行做到了吗？没有做到，我们的银行根本不用说了。现在郭凡生在组织全国的民营企业所做的事，可以说是在继承和发扬300年前老祖宗创造的共享制，这样制度红利就出来了。所以我认为，应该给我们的老祖宗授予诺贝尔经济学奖，因为这么多诺贝尔经济学奖得主谁解决这个问题了吗？都没有解决，而我们的共享制解决了。当然，现在共享制还需要完善，不过黄金分割线郭凡生总结出来了，太棒了！

但是，现在还存在问题，就是我们社会没有形成共识，需要我们用各种形式、各种方式，尤其是实践的案例来说服人，来不断地传播这样的理念和方式，因为这是我们中国老祖宗创造的，把它发扬光大，首先受益的应该是中国的老百姓。什么是共产主义？刚才他们提了这个命题，我的观点非常简单，共享制就是共产主义，所有的老百姓共享自己创造的财富难道不是共产主义吗？

今年（2018）是改革开放40年，这40年最重要的一点经验是什么呢？经验有很多条，最重要的一条就是给点阳光就灿烂，给点自由就发展。什么意思？当年农村改革不就是让农民能够自主种地了吗？种地的收益归农民自己了吗？这就是给了农民点自由，给了农民点阳光，从吃不饱到吃不了，一年两年就解决了，国家什么都没给，就是给了点阳光，给了点自由，就解决了问题。

城市改革也一样，我是从计划经济的企业走过来的，我们那时候的计划经济"死"到什么程度你们难以想象，我下次再讲。后来，就是给了企业一点阳光、一点自由，放权让利，企业就发生了巨大的变化。给自由、给阳光是两个层面，一个是政府给农民、给企业自由和阳光，另一个就是老板给员工自由和阳光，就是共享制。这是最重要的经验。

冯仲实：第一，我要给大家补充老郭的共享制的一个企业文化的东西，我们慧聪有句话是郭总自己写的："让知识拥有财富，用学习改变人生。"这句话是我们慧聪的企业文化，我们讲共享制实际上就是要承认知识和资本都是要素，就是在用知识和资本博弈的过程中，颠覆200多年的"资本为大"的理论基础。劳动股份制实际上就是劳动者直接占有生产资料，这个暂时做不到的时候是可以分享利润的，这就是马克思主义的学说。我们过去讲生产力是什么，人们改造自然，征服自然的能力是生产力。其实马克思的《资本论》当中不是这么说的，他是说具有一定知识和技能的劳动者，运用劳动工具作用于劳动对象的能力是生产力。注意这两个定语，具有一定生产经验和劳动技能，这本身就是知识经济当中的雏形，只是马克思没有把它揭示出来。因此在知识经济的年代，撬动利润的本源已经不是资本了，是知识。因此员工的态度、勤奋、知识、忠诚，这样的无形资产也要对企业的剩余产品进行分享，这就是经济学的基础，或者叫渊源。

第二，我认为国有企业可以进行股改，我们也在这方面做了探索，我们正在改一个准国有企业，就是集体所有制的企业，也就是产权不人格化的企业。我们改的方式是把它全部改成私有的，让员工出一部分资，买一定的银股，而对于不出钱的员工，就可以用身股来激励。

第三，共享制当中存在的税务问题。目前，民营企业的税已经成为一个非常重要的问题，55%的所得税再加5%的营业税，对民营企业发展造成巨大的阻碍，因此，宽税基低税率的税收政策是税务改革的方向。我们认为税收可以统筹，可以在共享制的理论下把税负减下来，而目前在没有共享的体制下是没有办法统筹的。比如，海底捞为上市正在路演，但迟迟没有上市，为什么呢？因为它的结构有问题，海底捞的整个直营体系是通过并表的方式向上市公司输送业绩的，但是如果是投资关系的并表方式，就意味着海底捞所有门店的正规化必须和上市公司的母体是同样的标准和原则。但是我们可以想到，海底捞的直营门店的所有的税收加上所有社会保险的统筹，如果按照正规化的成本来计算，将损失近一半的利润，同时补税也是一个大麻烦，因为海底捞在全国都是直营体系，这就意味着各地税务机关需要同时给海底捞补税。所以海底捞可以采用麦当劳和肯德基的方式。人家的上市结构是以加盟为主，以直营为辅，这意味着上市的部分是一个主体，而加盟店则是另外一个法律主体。利润或者业绩怎么算，有加盟费、配送费、租金费、借贷，还有管理输出的费用，通过这五个交易的形式，把原来直营并表的利润收到了上市公司，因此可以说，麦当劳、肯德基的法律结构在上市的时候就比目前民营企业的结构要合理，这种法律结构的独特性就规避了上市公司和直营店当中的法律风险，同时又使上市公司能符合上市的监管要求。因此我认为，海底捞即便上市了也不是好的结构，甚至它的关联交易会产生巨大的问题，关联交易中存在的利润输送存在巨大的法律风险。

最后给大家提一些希望，认真读书，加强社会实践。不能一门心思只读圣贤书，还是要放眼市场，放眼社会，多参加社会活动，多听这样的讲座，要把死知识变成活能力，这样对大家走向社会甚至实现财富自由都是非常重要的！

互动提问

提问：郭教授您好，我想请问一下，由于企业发展是有周期的，如果企业进行股改，那么一般是在发展的哪个阶段可以使得股改的价值最大化？

郭凡生：企业有生命周期，即使在其衰竭期，股改也一样管用。也就是说，实行一个好的制度，在企业的不同阶段都会起效。但是如果企业本身的商业模式是错误的，就改变不了了。天时、地利、人和，我们解决的是人和问题，天时、地利那是商业模式问题。你问的这个问题我们在实践中遇到过，但一般来讲，只要这个企业没有倒闭，就说明他的商业模式还是有效的，只要进行股改，一般都会有效。

提问：郭老师您好，我有三个公司，一个资产管理公司，一个保理公司，一个咨询公司，您这个理论我特别有感触，去年我们分掉了资产管理公司90%的利润，但是有一部分肯定是隐形的，我想问的是分掉了90%是不是合适？

郭凡生：按照权责发生制来看，分90%一定不对，分红的结果一定是要促进企业的利润和营业额增长，人均效率增长以及管理费用下降。你这样分的结果我觉得达不到这样的要求，不是分得越多越好，是指你分的钱能够让大家感觉"我是主人翁"，还想干好，你把90%的利润都分了，员工会觉得这个公司不行了。而且你分90%不是奔着劳动股份制去的，你这不是制度分钱，是被迫的，你还是一个代理制公司，这样分红你这个企业一定有问题，你得保证你的公司有发展。

第二篇
中国基金业现状、问题分析与展望

蓟门法治金融论坛第 58 讲
主讲：洪磊　中国基金业协会会长
主持：刘纪鹏
时间：2018 年 9 月 26 日
地点：中国政法大学蓟门桥校区
点评：林义相、王光进

纪鹏荐语

改革开放 40 年，中国从一个贫穷落后的国家跃居为世界第二大经济体，连续 40 年以 GDP 年均增长 9% 的速度创造了市场经济发展的奇迹，也为中国崛起的伟大梦想奠定了雄厚的物质基础。

然而，近几年尤其是今年以来，形势出现了进退两难的局面：既要降杠杆又要保增长，既要压房地产泡沫又要不发生地方债务危机，既要降税减费又要保财政收入增长，既要打击股市大鳄又要防股灾发生。更令人忧虑的是，民营企业家不知道在哪儿干，国有企业家不知道怎么干，富裕起来的国民要增加财产性收入，则不知干什么。钱多闹出钱荒，钱多闹出风险。人困惑，钱茫然，加之中美贸易战添乱，国人信心缺失预示着更大风险。

2018年是迈向幸福新时代的起点，还是从此走下坡路的开端？面对复杂的国内外环境与挑战，唯有进一步深化改革开放才可扭转被动局面。此时此刻，领导人南方视察重新吹响全面改革开放的号角，虽是网传，却是人民期盼。

振兴资本市场，化解金融风险，实现科技强国，打赢贸易战，既是化解当前内外矛盾的现实选择，也是理解习近平新时代中国特色社会主义市场经济思想的关键。振兴资本市场，实现科技强国，二者紧密相连。9月26日，蓟门法治金融论坛《中国基金业现状、问题分析与展望》，正是要寻找二者的连接点。

本期主讲嘉宾是中国基金业协会会长洪磊教授，他是我国资本市场28年发展的重要参与者，其经历也颇为传奇。1999年，洪磊是不多的几只公募基金——嘉实基金的总经理，面对某些基金与黑庄勾结的"魔鬼抢钱"现象，他勇敢站出来揭露基金黑幕。此事乃中国证券史上的重大事件，而洪磊由此也以基金业"叛逆者"著称。

时任国务院总理朱镕基亲自点名，将洪磊选拔到证监会，开创了中国证券史上"好狐狸看鸡窝"之先例。选拔有良知的投行专业人士从事监管，既是国际证券市场的先进经验，也是我国股市走向健康的重要条件。

洪磊在证监会若干重要部门一干就是14年，直到2014年执掌中国基金业协会。熟悉洪磊的人不仅知道其专业能力和监管水平超强，更知其"行雷霆手段，发菩萨心肠"的工作风格。2017年，有关部门提出将创投基金合伙人税率提高至35%。接到征求意见稿，洪磊便组织专家论证这一政策之不足，历经10个月努力，直到最近国务院会议做出创投基金税负总体不增的正确决定。

洪磊执掌基金业协会4年，整个行业实现了快速、健康发展。截至2018年7月底，中国基金管理机构数量超2.4万家，基金数量超8万只，基金管理规模突破27万亿元。

9月26日晚6点30分，洪磊将以专家身份，以翔实的数据对基金业发展进行分析和展望。相信这场讲座将是对10月份即将召开的中国改革开放40年庆典以及再次拉开全面深化改革序幕的一次正能量宣传。

致　辞

刘纪鹏： 在蓟门法治金融论坛开讲以来的第二个秋季，没想到迎来了这么多热情的听众。当然，我想一方面是因为今天演讲的主题，另一方面是因为今年是改革开放40周年的大年份，这一过程中经历了中国沿着市场经济的改革方向实现了GDP年均增长9%，这不仅是中国发展史上的成就，也是人类历史上的成绩。

对比这前后40年，中国人深深感觉到，只有改革开放，只有沿着市场经济前进，才能实现习主席说的伟大梦想。现在大家也比较困惑，近年来尤其是今年以来，经济遇到了进退两难的局面，大家可以看到，既要求降杠杆、防危机，还要保增长防滑落，股市既要打击大鳄，还要防止股灾的发生，甚至有人说，现在的股市已经濒临崩盘的边缘，只不过各方面以强有力的手段掌控着局面。在这困惑的时期，在2018年这关键的年份，是再繁荣40年，实现"两个一百年"的梦想，还是经济从此走向滑坡？人们在困惑，在思考，也都寄希望于改革开放能够进一步深化。

当然，现在除了宏观经济的困难，微观上也一样面临挑战，所以大家说，民营企业不知道在哪儿干；国有企业也困惑不知道怎么干；钱多，不知道去干什么，哪都有风险，哪都不安全。所以下一步路在何方？金融无疑是一个大问题。再加上中美贸易战的添乱，中国怎样再繁荣40年？金融发展和科技强国是两把利剑，也是习近平新时代中国特色社会主义中两个重要的政策指引方向，而这两个问题不解决，恐怕我们要崛起会难上加难。

在这两者之间有一个重要的话题，科技需要它，资本市场也需要它，这就是我们关注的基金问题。基金无处不在，无处不有，它既是我们资本市场改造的方向，也是我们科技振兴的保障。基金不是简单的国家投资，而是现代公司和民间投资共同寻找新的崛起点的重要组织形态。今天的话题就是要分析这样一个重要命题，它是连接金融和科技这两个中国崛起的必要条件的桥梁。

我们今天的主讲人洪磊，我想大家已经熟悉他了。虽然国际上开创了"狐狸看鸡窝"的先例，但是在中国却是由他实现"好狐狸看鸡窝"的做法的。投资基金运行和商业市场运作完全不是一回事，需要总结中国基金市场发展到底缺的是什么以至于走到了如今的局面。洪磊既能从实践发展，也能从监管规范双重角度看待中国资本市场28年走过的道路，而且可以展望未来应当从哪儿做起。

基金业协会是监管体制改革后成长起来的最大的行业自律组织，而如何实现自律，存在众多的非议，众多的艰难。目前各类公私募基金管理机构超2.4万家,基金数量超8万只,基金管理规模突破27万亿元。因此,基金业如何发展是中国的大话题,也是中国资本金融市场的具体话题。今天洪磊会长将结合他丰富的监管经验和翔实的数据分析,向我们分享基金业的现状、问题与方向。我想这无疑决定了今天的演讲,必定是一场从微观到宏观的丰盛大餐。

本人有幸，经历了一个伟大的时代，从上大学到工作，应该是经历了改革开放的整个过程。所以深知改革不容易，开放不容易，每走一步都充满了艰辛。但是遇到困难不可怕，我们应该充分总结我们成功的经验、失败的教训，应该继续改革开放。

大家今天有这么大的热情来听这个讲座，可能跟前段时间流传的一句话有关系：私募基金"生于 2004 年，卒于 2018 年"。可能吗？我相信是不可能的。当一个国家的经济规模上了一定的台阶，当完成了初步工业化的过程以后，一定是以基金为代表的资产管理登上历史舞台，这个过程一定很曲折，而且会付出很多的代价，但是它一定是不可阻挡的，一定是一往无前的。

问题的关键就是如何做好顶层设计，发挥自律、行政、司法合力，真正打造一个安全网，让投资者熟悉这种投资工具，并且在市场的发展中承担风险，使投资者享有自己应当享有的收益。我相信这是成熟市场走过的路，一定也是中国走过的路和将来需要走的路。

一、中国私募基金的发展

今天我们一起来回顾一下中国私募基金这些年发展的道路。私募基金基本上是 2004 年开始出现的，但是获得真正的大发展是在《中华人民共和国证券投资基金法》（简称《基金法》）修订之后。新《基金法》于2013年正式实施，2014年2月5日中国证券投资基金业协会开始依法履行登记备案职能，私募基金迎来大发展。2012年基金业协会成立的时候，全社会资产管理总规模是20.01万亿元，两年以后涨到了44.60万亿元，这个规模包括银行、证券、信托、保险几个协会自律管理下的资产规模，不仅仅是基金业协会的。又隔了两年，2016年的规模达到了96.66万亿元，从2012年到2016年，每隔一年翻一番，去年（2017）达到了102万亿元，从2016年到2017年基本上没有太大的发展，今年也是维持这个水平，可能略有下降。

在这个层面，协会登记备案的基金管理规模也在快速发展，2012年7.1万亿元，2014年19.88万亿元，2016年51.79万亿元，去年（2017）年底是53.97万亿元。今年全社会资产管理规模总量还没有统计，按照去年年底的数据来算，大概是53%在中国证券投资基金业协会自律管理之下。

在全社会资产管理规模中，内部结构发生了非常大的变化，基本上基金业协会管的资产规模分成了以下几个部分，包括刚才刘纪鹏讲的大众最为熟悉的公募基金的规模，现在是14.08万亿元，占协会自律管理规模的比例是26%。然而最大的部分还不是它，最大的是证券公司私募业务，现在是14.6万亿元，占比27%。再有就是今天重点讲的，希望最大的纯私募的基金，这个规模现在是12.8万亿元。

在去杠杆的影响下，资管业务发生了非常大的变化，这个变化产生于通道业务大幅度萎缩，大幅度下降。这里的通道业务包括证券公司和基金公司子公司，从最高峰时的36万亿元左右，现在下降到了不到27万亿元，下降的幅度将近9万亿元；第二个下降的是嵌套，大幅度的下降，原来来源是基金，如今投向是基金，上半年下降了7900亿元；再有就是我们证券二级市场中嵌套的杠杆，已经从2015年的1万多亿元下降到目前的不到

1000亿元，实现了90%的下降。

在总规模略有下降的情况下，私募基金逆势增长，比去年年底增长了1.7万亿元的规模，现在在协会登记的私募基金有24 194家，备案产品有74 701只，管理规模是12.8万亿元，从业规模是24.6万人，已经有产品的基金是21 301只，平均规模是6.1亿元。

私募基金在整个国家的大盘子中以及在整个社会融资的比例现状如何？到去年年底，私募基金一共向未上市、未挂牌企业形成了2.93万亿元的资本金，占社会融资的1.68%。另外，私募基金参与二级市场的定增以及新三板的挂牌已经被证监会系统统计进去了，所以此处没有计算在内。

今年一季度这个比例增加到了3.31万亿元，二季度达到了3.76万亿元，单单一季度就比去年年底的占比增加了1.81个百分点，二季度又上升了2.02个百分点。在增量方面更明显，一季度末形成的新增的资本金是1.38万亿元，占社会融资新增长的比例达到了6.63%，二季度达到了11.54%。当基金遇到困难，税收制度、托管制度、资管新规都在阻击私募基金的时候，有人说私募基金"生于2014年，卒于2018年"，我们可以用这个数字告诉他们不可能。在去杠杆的大背景下，当银行的融资总额下降2万亿元的情况下，唯一逆势上升能够进入实体经济、能够形成资本金的渠道就是基金，所以它不可能消亡。党中央国务院非常英明，迅速调整了税收的政策，维持创投基金税负总体不增，消除了当前基金业发展的最大担忧。

二、《基金法》带来基金业的春天

基金行业特别是私募行业，为什么在这几年的发展中能够走出一条跟周期相反的道路，在这个过程中协会做了些什么？实际上非常重要的是在2012年12月28日，新修订的《基金法》，将私募基金首次纳入《基金法》，把基金合法化，标志着基金业的春天已经来临。

同时在这个过程中，基金业协会开始按照《基金法》的规划和设计，履行基金的登记备案业务。这个业务有别于行政许可，因为《基金法》并没有规定投资对象是一级市场、二级市场、证券还是私募，它规范的是基金的募集方式：公开募集和非公开募集，这是《基金法》所规范的一个方向。《基金法》讲得非常清楚，由于公开募集，涉及非特定投资人，其涉及面广，所以对它实行行政许可，由证监会进行机构的审批和产品的审批。

由于非公开募集是面向合格投资人，是投资人、管理人和托管人之间的民事关系，因此只对他们采取适度监管的方式，交由基金业协会登记备案，这样可以更好地发挥市场的力量来进行自律的监管。

《基金法》中关于协会的定位和职责，在总则的第十条、第十章监督管理，以及第十二章附则中做了完整的部署，这开启了中国基金业新的春天。

三、建立规范，放松管制

在这个体系下，基金业协会实际上要做一件最重要的事情，就是要打破许可制度。市场不是市场组织之间相互制衡和博弈，往往是机构联合起来和监管部门博弈，整个市场投资人并不成熟，市场专业机构没有专业化的投资人，习惯于保本保收益，这个循环不打破不可能。这个循环怎么打破？靠行政许可是不可能的，一定要靠市场的自律和市场组织之间的自我博弈才可以实现。所以在没有行政许可的情况下放松管制，这是市场开始自发发展的重要前提。当然，在自发发展过程中，一定会泥沙俱下，问题很多，但是必须在这个过程中建立新的行为规范，逐步捋顺，逐步走上道。在这个过程中，协会就开始以自律准则制定规则，协会一直自称是"4+3"，包括《私募基金登记备案管理办法》《私募基金募集行为管理办法》《私募基金信息披露管理办法》《私募基金从事投资顾问业务管理办法》《私募基金托管业务管理办法》《私募基金服务机构管理办法》《从业人员管理办法》，这七个办法中间只颁布了四个，有三个流产，流产的主要原因就是自律和行政的边界划不清楚，没有达成共识，暂时停在那个地方。

同时，规则更重要的意义是做出了三个大的管理性指引。第一，合同指引，规范三种类型的基金——契约、公司、合伙企业——投资人签订投资合同时的必备条款；第二，对公司的内部控制提出了明确的指导意见；第三，就是刚刚发布的，关于大类资产配置的指引。在这个过程中还有一系列的其他办法，构成了整个自律管理的体系。

这些制度写起来都容易，但是制度要落实，必须用系统来实现。这个系统就是协会打造的资产管理业务综合报送平台，叫AMBERS。这个系统是把所有的法律、自律法规模块化、结构化、标准化，以完成管理人的登记、产品的备案和日常运营的报送等工作。

这个体系现在大致包括三个模块。第一个是私募管理部，做私募基金的人，所有的机构登记、产品备案，第一个打交道的一定是这个部门。第二个是牌照机构的私募业务，报送的部门是资管产品部。第三个是和从业资格考试打交道的资格与培训部。所有系统的建设以及风险的检测都是由信息技术和风险监测部来完成的。中间还包括其他的辅助部门，比如说有一个很重要的部门，就是跟托管行打交道的理财服务部，再有就是法律部，法律部从反向、从投诉、从公检法的司法查询角度，给所有的基金管理人打标记。

这个体系的建设伴随着协会整个自律的过程。很多人会问，协会在自律登记过程中是不是政策不连续？实际上这也是没办法的事情，这其实是整个自律管理体系进行的探索。如果我国从一开始就是市场经济发达的国家，那我相信这个过程没有这么艰难，一定是每个人从出生开始就在积累自己的信用。但是中国不是，在从计划经济向市场经济转变的阶段，发展市场经济过程中，所有人都没有信用，特别想通过第三方，国家行政机构的许可，或者是自律组织的许可增加信用。在私募基金登记备案的第一阶段（2014年2月7日到2014年12月22日），登记机构没有门槛，产品备案没有门槛。今天出的一些问题，其实和这个发展起点有非常大的关系。

我是2014年10月15日任基金业协会党委书记主持工作的，做的第一件比较重要的事情就是在证书下面加一行字，说把证书发给大家，并不意味着协会对大家的增信，对大家的认可，只意味着大家根据《基金法》的要求来协会履行了登记的手续。为了加上这行字，花费了两个月的工夫。后来觉得这么下去还不行，根据我的提议，12月22日（2014）开了一个非常重要的主席办公会，讨论私募基金发展的问题，当时正是大众创业、万众创新的高潮期，不允许设任何行政许可，认为协会只要加了条件就是行政许可，所以提出的提高门槛的要求没有得到会议的同意，但是同意了协会干一件事，就是取消带有"金融机构"字样的登记证书，改发电子备案证书。第一阶段平均每个月有745家机构登记，有1563只产品备案。

第二阶段是从2014年12月23日到2016年2月5日，这个阶段依然是按照证监会的要求不设门槛，进行全口径的登记和备案。但是在这个时候，由于互联网的风险开始显现，所以协会也不是完全全口径登记备案，在登记的过程中做了一些微调，如果涉及P2P，或者机构名字中不含"资产"或"财富管理"字样，只是技术公司，则不给登记备案。经统计，在这个阶段，机构登记高峰的时候，一个月达到2000家，产品的备案数不会低于每个月1500只，至少比这个数字要多两到三倍。在这个过程中，除了限制以外，协会遵循自律管理规则。

四、《二·五公告》推动基金业第三阶段发展

2015年9月份，证监会分管协会的领导发生了变化，新领导来的时候，我汇报说，如果这个局面再发展下去，下一步的金融风险一定是从协会开始的。当时分管领导非常重视，带着私募部、法律部走访国务院法制办，要求认定登记备案的性质。当时基本上还是认为，要设条件，就是行

政许可。

当时协会也很着急，不知道如何摆脱这个局面，于是找到了《中华人民共和国证券投资基金法》修订版第10条，释义中非常明确地提出，对基金的规制有两种手段，一是行政许可，二是自律管理，私募基金的登记和备案是属于自律管理的范畴，同时明确了自律管理和行政管理有五大不同，其中有一个重要的不同，就是自律管理可以在行政法规之下制定自己的规则，这个规则要按照自律章程来制定。在上位法源支持下，协会在2016年2月5日推出了《二·五公告》，自此，可以说基金行业进入了第三个阶段。

在第三个阶段，首先引入了法律意见书制度。登记备案中有14个事项机构在登记的时候乱填，所以引入了律师，要律师对14个事项进行签字。其次要求证券投资基金管理公司所有的从业人员，必须按照《基金法》的规定取得基金从业资格，对股权投资基金管理公司只要求法定代表人和风险控制官要取得基金从业资格。最后是协会不会给登记的机构无限期背书，只给6个月的时间，这段时间内如果不能完成产品备案，就取消对该基金公司的公示。这是《二·五公告》的三个重要内容。

在这个公告出台之后，首先对当年已经登记的26 000家机构进行了清理，注销了13 000多个机构，注销的机构基本上就是来登记征信，没有展业意愿，或者就是准备倒卖。接着开始要求，申请登记的机构要有律师专业核查意见背书。在这个过程中，登记机构的质量获得大幅度提高。

以前登记的机构没有律师背书怎么办？2015年开始执行新的报送系统，2016年9月份正式上线，之后又对机构进行了分流，因为早期登记的机构，既做证券，又做股权，左右手倒。为了减少利益冲突，要求所有在新系统注册的机构，必须选择是做证券还是做股权。要注册第二个机构，允许法定代表人兼任，其他人员则不允许兼任，要求专业化分工。在这个过程中要完成所有必须填报的事项，原来二期工程中大概只有40多个字段需要填报，到AMBERS系统上线之后，填报的事项从40多项增加到了100多项，包括的产品达到200多项，也提高了透明度。在这个时期，一共有2700家律师事务所给协会出了17 000份律师函，机构登记开始逐渐规范，为第四个阶段奠定了非常重要的基础。

五、产品登记备案问题的解决

第四个阶段从2017年12月15日到今天，实际上应该更早，当系统进来以后，面临的最大问题就是集团化的登记备案问题。地方政府为了用它的税源，要求管理人管地方政府的基金，一定要在当地注册管理人，然而这样做的后果是，曾经出现一个实际控制人登记了几十家管理人。新系统执行了以后，为了防止资源不断地复制，除了要求高级管理人要取得从业资格外，一般从业人员要提交社保报告、社保记录，没有社保记录就不认。这样可以防止一个从业人员在多个机构兼职，这是一个重要的关于机构的调整。

此外，第四个阶段开始对产品备案实施必要的限制，产品备案中最大的问题是什么？机构到协会来备案的产品，不符合《基金法》基本的分散风险要求。有一半以上的基金是银行保本保收益的变种，大量强制回购保本保收益，不是投资业务，而是融资业务，形成非常大的困扰。

资管新规出来后，协会理事会表决通过了关于产品登记备案若干问题的问答。这项工作给了一个过渡期，从今年的2月1日开始，以后所有的产品不是来了以后就备案，而是首先要进行审查。因为在登记备案过程中大量的机构不诚信，所以只能采取这个办法。这个办法实施以后，从第三阶段每个月登记2000家左右的机构，下降到一个月仅登记200家左右，产品数量也大幅度下降。从现在开始，整个基金业可以说是基本走上了一个比较规范的路子。

六、采取措施消化基金业中存在的风险

从今天开始,尽管基金业不大,但已经出现的风险现在必须消化,并且新的风险应该说正在逐步减少。在这个过程中,除了离不开相关制度的约束以外,非常重要的是自律开启了公开披露和公示过程。协会现在对外公示了23批482家失联机构,注销了158家异常经营机构,同时将3827家未按时履行信息报送业务的机构列入异常目录,并进行了公示。通过百度私募地图,可以查询到每家机构在哪个省、哪个市、哪个街道、哪栋楼,可以在网上直接进行投诉,而这种投诉已经成为协会投诉最重要的来源之一。我们和百度的合作还不够,很快协会还会和人民网、腾讯网和新华网,以及主要的财经媒体网站加大合作,就是要充分发挥投资人自我保护、投诉的功能,让那些不自律的机构无所隐藏。大家一定会逐渐感觉到,协会会通过这个办法加大公示的力度。可能媒体也注意到,前两天协会在操作,对500多家机构定向发了通知,包括自查通知和提交律师函的通知,实际上就是系统建设和投诉发挥的作用。从计划经济走向市场经济,每个机构要在市场中更低成本地发展,就必须自律,只有自律才能低成本发展,如果依然是我行我素,那么在这些系统监管下一定会现原形。

当然,在这个过程中,公示制度是一个惩罚性的制度,协会还开启了一个正面宣传的制度,即信用报告制度。第一,这个报告制度是用会员主动报送的信息作为出具报告的内容,协会只客观报告机构所处的位置而不进行评级。第二,这些基本的信息是填报的档案,不是面面俱到的尽职调查报告。第三,信用报告是私募基金行业现有信用体系的重要组成部分,不代表市场机构对私募基金的评价。第四,信用报告只为是协会会员的私募基金管理人一对一提供,但是会向市场宣传,希望所有机构的客户都向这些管理机构索要报告的内容。第五,要把信用报告从私募证券扩展到私募股权。从今年的1月1日开始,私募证券已实施此制度,私募股权也正在拟定相关制度,昨天母基金委员会在武汉开了一个非常重要的专委会,

其目的就是审议股权基金的评价办法和尽职调查的指引，供社会使用。

报告主要遵从四个维度：合规性、稳定度、专业度、透明度。信用报告制度到现在为止，已经推出了两个制度，将近95%的机构都下载了，并且予以高度关注。

在这个过程中，除须出具法律意见书以外，也加大了对公司年报审计的力度，截至去年年底，一共有3500家会计事务所为19 336家私募基金管理人提供了经审计的2017年度的财务报告。因为私募基金规模小，除了做核心管理以外，还应该鼓励私募基金把大量的附属业务外包给专业机构，这样能让私募基金发挥更大的作用。

再一个，协会要不断强化针对投资者投诉提供的相关服务，目前协会也是投资者诉调机制的主要实施单位。2017年至今，我们一共接待了4445个投诉，现场1300多人，调解成功的金额达到12.66亿元。

在执行募集管理办法的过程中，非常重要的一点就是，提出了"卖者尽责，买者自负"的要求，落实这个要求的前提就是，核心管理办法要得到落实。在这个过程中，中国证监会颁布了非常重要的规章——合格投资人这个制度。股票投资是高风险，货币是低风险，投资人对风险的认知千差万别，每个机构对风险的认知也是千差万别的。如果用一个标准来定义哪儿有市场，那么市场一定是由看多看空、承担不同风险的人交织在一起进行交易的。出具了意向书以后意见才能得到认可，实际上监管部门不一定要规定哪种投资人属于何种风险，完全可以把这个权力下放给基金管理人和基金募集人，监管部门只要检查基金管理人是不是按照这个规定对它的投资人进行了分类即可，这也是每个基金管理人的核心竞争力。

再一个非常重要的环节就是对产品怎么分类，所有的产品并不一定可以认清它的风险，比如债券风险，其实债券风险非常大，只是它不是很快发作的，而是若干年积累起来一次性发作的。又或者说股票风险，表面风险很大，但是这几年的发展还是比较稳定的。

举个例子，我当年做嘉实基金的时候，基金泰和第一只基金在1999年4月8日挂牌，到今年4月8日整整19周年，其累计净值从当年的1元涨到了现在的25.32元，涨了24.32倍，虽然市场有这么大的波动，但不用太担心，因为市场波动是必然的，只要你的钱是涨的就可以，而且把钱交给专业投资人管就没有那么大的风险了。所以协会后来接受了建议，把这个权力交给了各基金管理公司。

协会要求销售基金的人员要给投资人13项风险揭示，就是反复对投资人讲，询问投资人是否了解自己要承担的风险，是否了解基金管理人，是否了解投资策略可能带来的风险，是否了解一旦出现风险，该到哪儿去投诉，或者到哪儿去调解，到哪儿仲裁，去哪儿起诉。不要出现问题后在什么都不知道的情况下就刚性兑付。13项都明确并签字了，投资人打款以后，基金管理人还得进行机构电话回访，确认投资人条件，这一步做好了可以称管理人做到了尽责，投资人就要实现"买者自负"。也就是说，只有做到"卖者尽责"，才可以要求投资人"买者自负"。从今年开始基金管理非常严格，每一份产品的备案，所有的持有人都必须完成这些签字，完成签字实际上是投资人从储蓄产品的购买者，真正变成了投资产品的投资者。在上述清理过程中，也包括那些没有备案的老产品。

协会做的再一件事情就是广开投诉渠道。协会现在有六大投诉渠道，从信件来访到热线电话、投诉邮箱，到微信公众号，到网站，到私募地图，用这些发达的投诉工具，使投资人可以全方位地维护自己的权益，让那些不自律的机构无处躲藏。

这些工作做完以后，协会自律的效果开始显现，其中非常关键的一步就是，今年完成了一张表格的编制：汇总高达53万亿元的财产，到底从哪里来，投到哪里去。这是非常重要的一个统计。

从哪里来，也就是说来源。国家统计局的统计显示，从企业部门、居民部门，政府部门、养老金部门，以及各类基金，到中国特色各类资管计划,和成熟市场最大的区别在于资产管理。美国市场40%左右的资金是来自养老金和大学捐赠资金,还有各类社会公益基金;而中国,40%左右的钱来自信托、银行理财,个人的钱不多,占10%左右,政府的钱也不多,在座的有好几个国家大型基金,实际上是投不下去,因为备案的一共就2000多亿元,不到3000亿元。

到哪里去,也就是说基金的投向,一般分为股、债、银行存款、各类基金。投资方向在中国也很有特色:层层嵌套,如从基金投基金。为什么会出现从基金投基金的现象?最大的原因在于,中国的监管是分割的,每个监管部门都非常尽责,银保监会非常怕银行的基金流进股市,而不担心它的钱给信托。银行的钱到股市、到信托那儿穿一件"马甲",银行的理财产品一般承诺投资人4%的预期收益率,而每穿一件"马甲"要加1.5%的通道费,实体经济不是10%以上吗?所谓的金融空转就来源于此。这个问题到今天依然没有解决,仅仅是现在"马甲"穿得少了。经过两个季度,一个季度大概下降了7900亿元,但是大部分还没有消除,而且新的"马甲"又出来了,这就是监管制度中存在的问题。

这个编制出来以后,就能统计私募基金对国民经济的贡献了。

什么叫现代金融体系?现代金融体系最主要的使命就是,为创新型的企业积累资本金,募集资本金,现在私募基金就扮演着这个角色。截至2018年6月底,各类私募基金累计投资的国内股权投资项目达8.99万个,累计形成股权类资本金的规模是4.97万亿元,大概向境外投了1000个项目,投资的资本金是1600亿元。

如何检测现代金融体系是否为实体经济服务?就是测算钱从哪来到哪去,可以用模型测算募集和投资过程。每个企业都有它的三证合一的企业代码,模型能够精确到这个代码。在这个过程中,最好测算的就是资本金大于5000亿元的三个地方:北京、广东和上海,第二梯队大于2000亿元,主要在浙江、江苏、山东和天津。

这个过程中可以看到，私募基金在二季度末投资中小企业项目4.51万个，在投本金1.43万亿元。什么叫中小项目？中小项目是有定义的，这个定义叫"5，5，2，2"。第一个"5"是指企业成立到现在的时间少于5年，第二个"5"是指企业雇用的工人少于500人，第一个"2"是指销售规模在2个亿元以内，第二个"2"是指净利润在2000万元以下。

在投资种子期，起步期的项目为1.38万个，投入本金共1.66万亿元。互联网技术应用、机械制造等工业资本品、医疗器械与服务、医疗生物原材料等产业升级及新经济领域成为私募股权与创业投资基金的布局重点，在投项目3.98万个，在投本金1.89万亿元。可以说，私募基金真正是一个带动经济结构调整，为创新、创投企业服务的最有效的途径。

另外，在"一带一路"这个过程中也能体现出这些基金的作用，今年在形成资本金增幅最大的地区，资本金增幅最快的是广西，第二是陕西，第三也是在丝路带上，我记不太清了，可能是四川，基本上是这条线。当然也有不好的，有两个省是负增长，之后跟刘纪鹏院长再交流。

在报表出来以后，检测到的情况是杠杆大幅度下降，资管规模从最高的35.3万亿元下降到了26.95万亿元，下降了8.35万亿元；通道业务从22.52万亿元下降到了16.31万亿元，下降了6.21万亿元；资管产品中加杠杆的资金从10 376亿元下降到了843亿元；多层嵌套上半年一共减少了7910亿元。

这个系统出来以后，可以迅速地摸清各类机构的风险状况，这部分内容比较敏感，不做太多的介绍。但是有一个基本的情况：今年是整个私募基金风险多发的时期。我们对风险进行了排查，涉及刑事司法查询的机构，以及恶性投资的机构，P2P暴雷的机构，自律管理中发现的违法的机构，还有曾经失联已经在协会登记有问题的机构，一共1749家，管理规模为2066.59亿元，占资产管理的2.02%，占到整体私募基金规模的1.64%。在协会备案中仅仅是少部分有问题的，但是随着宏观的进一步趋紧，还会有问题暴露出来。但是也不用担心，美国走向市场经济的过程中，2008 年大危机它的资产大概坏掉了 8%。只要是市场经济，一定会有波动，一定会出现这些烂账，不出现是不可能的。美国资产管理规模 25% 出问题，我国现在远没有到出现危机的程度。

协会目前已经完成了整个风险监控的过程，包括对异常机构的风险监控，从投诉到司法查询，再到这些机构，都会委托律师处理，并由律师出具律师函，进行检测，舆情系统也非常强大。并且协会正在对不同的机构分门别类，通过比对数据，要求这些机构进行纠正。

七、改革进程中私募基金面临的挑战

改革过程中私募基金遇到的问题，第一个就是商事制度改革和私募基金登记备案的矛盾，商事制度改革是国家的一项重大改革，目的是减少行政的许可，唤起大家创业的热情。但是金融业跟一般的行业不一样，一般行业的风险外部性并不强，而作为基金管理就存在很大的风险外部性。目前在协会登记的机构有 24 000 多家，其中北京、上海、深圳是中国金融业最发达的几个地区，在协会登记的机构有 1.3 万家，备案的产品有 7000 多个。经查询，北京、上海、深圳三地工商登记中，带有"基金""投资管理"字样的机构有 12 万家，在协会备案只有 1.3 万个管理人和 7000 多只合伙型企业的基金，但是契约型基金不算，很多备案的契约型基金和工商没有关系，合伙型的企业只有 7000 多个，加起来 2 万多个。也就是说，这三个地方有将近 10 万家机构没来登记备案，这是私募基金乱源的最重要的地方。

从公安部门到协会查询的数据来看，这个数据也非常明显，2017 年以来，公安部门一共到协会查询了 290 家机构，其中没在协会登记备案的有 218 家，有 72 家在协会完成了登记备案。这 72 家是既登记了机构，又备案了产品，还有相当一部分登记了机构，产品没备案，基本上也是存在问题的，这是基金行业面临的第一个大问题。

第二个大的问题，可能是法学院的人比较关心的，基金行业是管投资人钱的，要管好投资人的钱，在发达国家最重要的是遵守信义义务，没有信义义务别人怎么敢把钱交给基金公司管？信义义务要求的三个基本方面，第一个是审慎义务，就是管别人的钱，要像管自己的钱一样谨慎决策，而不是风险越大越投。第二个是忠实义务，必须保证双方没有利益冲突，不把客户的钱给自己用，或者给第三方用以牟利，必须一心一意地为投资人利益服务。第三个是专业义务，相比审慎义务、忠实义务的口号性质，基金管理人一定要通过大家公认的方法、流程，把管理基金的方法固定下来，体现专业的能力，这样才能说信义义务得到了落实。但是由于行业割裂，现在证监会的系统根据《基金法》确立了，于是别的系统基本不认，认的是合同义务，合同约定了，就照合同行事。现状是大量的合同都是以大欺小，以强凌弱，充满了种种欺诈，中小系统的人拿着合同打官司是打不赢的，中间需要处理一系列麻烦，这是遇到的第二大问题。

第三个问题就是边界，自律、行政、司法的效率问题。我有一次在监管部门培训班上问，国家标准、行业标准、企业标准这三个标准，哪个标准最高？一定是企业自己的标准。因为自己一定会给自己定最高的标准，国家定的是底线。一定有人会说，你定的这个规则不是法律的要求，没有法律的依据。我告诉他，国家的法律、上位法是管住底线，企业的规则可以超越这之上，就如同党纪高于国法一样，行业协会立的是家规。前面讲到投资顾问管理办法，在托管管理办法中，要求不滥用合同，因为不托管一定出大问题。在契约型基金下面，《基金法》要求强制托管，也就是说，管理人有12项职责，托管人有11项职责，其中有一项职责就是召集持有人大会。如果是公司或合伙企业，它的《组织法》非常清楚，明确了谁来召集这个会议。但是契约型的基金一定要求托管人召集持有人大会。

《基金法》中说管理人、托管人分别行使职责，管理人主要负责投资决策，托管人负责安全保管财产。他们共同行使的职责就是，托管人要复核管理人的年报、季报，要看他买卖的价格，对这项工作有连带责任，若管理人的做法存在问题，托管人只要没有看出来就一样承担。

协会想确认哪类不需要托管，《基金法》释义里明确的是公司型。契约型可以不强制托管，如果契约型中有持有人常设机构，持有人大会也可以不托管。这是法律赋予的责任，这个不能搞不清楚。

真正要防范私募基金的风险，一定要清楚三道坎。第一道是自律，第二道是行政，第三道是司法公安。现在很多机构不登记、不备案，关键原因在于地方政府的责任没有落实，所以地方金融局去年的金融工作是明确它的执法职能，要不然会出现大量的机构在地方却没有一个机构履行行政监管职能，造成只有公安这最后一条线。同时在自律方面，只有一个中国基金业协会不够，地方也一定要建立自律的组织，特别是小的机构，要建立自律体系，一定要培育、要登记备案，建立起三层防护网。

2005 年，创投基金由国家发改委管理。在新《基金法》三读期间，地方股权协会、创投协会和发改委下面的创投分会，联合 22 个机构给全国人大上书，提出证券的定义权不应该给证监会。最终，《基金法》维持了原来对证券的解释，因此留下了很大的遗憾。

股权是否受《基金法》的调节，始终是私募基金监管中存在争议的问题，一派认为已经解释清楚，一派认为这个问题不纳入考虑。现在没有严格定义私募基金是组合投资，造成现在很多私募基金都是为单一项目融资。为单一项目融资既分散不了系统性风险，也分散不了非系统性风险，一旦项目出问题，投资人就会血本无归，这是现在面临的问题。

目前大量的基金承诺保本保收益，要求强制性回购，这就造成了长期以来我们的投资产品摆脱不了股东信用、基础资产信用的根源。所有的机构要抢地盘，占资源，大量的机构都质押自己的股权，这些民营机构基本上全输掉了，现在出现恐慌很大程度上跟这个情况有关。

对协会来讲，要发挥大的功能，管住现在 54 万亿元左右的资产，2 万多个机构。现在协会人员只有200多一点，还有被借调的，再者和地方协会也没有完全理顺关系，没有办法完全深入到基层。

再一个困扰中国资本市场长期发展的问题就是税制问题。1998年，基金暂行办法出来的时候，当时中国证监会基金部的同事们非常聪明，非常有战斗力，研究好了美国的整个税收体系，也非常成功地说服了国家财政部的税政司和国家税总，出台了一个关于证券投资基金税收的通知。通知包含两个内容：第一个内容是对基金暂不征收营业税，第二个内容是对投资人从投资资金中获得的收入暂不征收所得税。

第一个内容之所以规定对基金暂不征收营业税，是因为当时《信托法》没有出来，一般人不理解财产转移给别人管理这个过程。当时是以流转税为主的，同时也看到美国、欧盟也没有营业税，所以暂不征收，等以后搞清楚了再说。所得税为什么暂不征收？因为中国资本市场在发展，鼓励个人在资本市场投资，实现税收中性、税收公平。营业税改增值税后，一些很大的投资人不干了。他们会想：本来我的钱就是征过税的，我创造了新的税源，为什么还要征一遍我的税？

所得税讲得非常清楚，所得税法中间个体工商户来自经营性的收入按5%~35%征收，如果税收、收入是来自股息红利和项目转让收入征20%。然而在这一点上税务部门没有搞清楚合伙企业和合伙型基金的区别。税务部门考虑的第一个问题就是税基，担心税基被侵蚀，税逃掉，却忽略了税的功能有三个，第一个是给国家收钱，保持国家的运转，给社会提供公共品；再一个是促进资本的形成，提供新的税源，提供就业；还有一个就是调节贫富差距。要把三个功能都考虑进来再设计税率，设计税收体制，后面我再讲这个问题。

我们进行项目投资，一个基金投了好多的项目，基本上先退出来的都是好的项目，退出的时候将税收走，那后面退出的项目亏损了怎么办？本金亏进去了，收入拿不回来，这个政策能够鼓励大家去投资吗？现在有一些优惠政策，如果投资于天使，投资于创业企业，可以70%抵扣，就是本金的70%在收税的时候抵掉，剩下的30%自己掏。而此过程难以操作，对创新企业、天使投资人的认证过程十分烦琐，还存在大量的人为操作，所以好政策还存在难以落实的问题。

还有一个问题，那就是现在市场中大量的刚性兑付，投资人的教育，只适用于银行。

再有一个问题是，资本市场基本没有长期资金，大多数都是短期资金的长期占用。

还有IPO和并购门极狭窄，去年是资本市场的大年，IPO放得非常开，整个私募基金发展很好，并购也非常发达，今年基本关掉了，原因很复杂，这里面有独角兽的问题，有机构并购过程中大量的内幕资金操纵的问题，现在都面临着严峻考验。

再有一个问题就是不法机构突破极限，集资诈骗的问题，由于自律和行政司法之间没有更好的衔接过程，大量的约束无法起到应有的作用。

八、解决基金业问题的几大对策

第一个问题还是要从法上解决问题，首先要解决股权基金到底受不受《基金法》的约束和规制？重要的一点在于，《基金法》二读修改的目标是去掉证券，变为《投资基金法》。三读前由于某些协会的反对，最后做了一些妥协。当时全国人大法律委员会副主任委员孙安民在会上做了报告：对投资于非公开发行的股权或者股票，仍按照现行部门职责分工进行管理为宜，建议对买卖股票的范围规定得更明确一些。但是在《基金法》第95条的第二款，立法者留了一个口子，提出："非公开募集基金财产的证券投资，包括买卖公开发行的股份有限公司股票、债券、基金份额，以及国务院证券监督管理机构规定的其他证券及其衍生品种。"把定义权交给了证监会，同时在附则第153条规定，"公开或者非公开募集资金，以进行证券投资活动为目的设立的公司或者合伙企业，资产由基金管理人或者普通合伙人管理的，其证券投资活动适用本法。"认可私募股权基金可以采取公司型、合伙型，于是在《基金法》中这个法律体系依然是完备的。

2013年6月1日《基金法》生效，当月17日中央编办就下发了关于私募股权基金管理职责分工的通知，这个通知的核心内容是股权基金监管、风险处置、投资人调节、登记备案，全部交给证监会，国家发改委只负责国有的这些股权的管理，协调出台促进股权发展的政策。由于创投基金还存在争议，证监会再次请示中编办，中编办答复是"股权（含创投）"。天使、VC、PE，都是分不开的，对股权基金的定义非常明确，"通过非公开发行的方式，为未上市企业筹集资本金、生产型资金"，这个就叫作私募股权基金，这里头既包括天使、VC，也包括PE、并购，投资并不用非得在某个阶段退出，从种子期一直拿到上市期，上市以后依然拿着的机构也大量存在。

2014年5月，国务院出了"新国9条"也就是2014年"17号文"，在第四条专门阐述培育私募市场，发展私募投资基金，按照功能监管、适度监管的原则，完善股权投资基金、私募资产管理计划、私募集合理财产品、集合资金信托计划等各类私募投资产品的监管标准。依法严厉打击以私募为名的各类非法集资活动。完善扶持创业投资发展的政策体系，鼓励和引导创业投资基金支持中小微企业。在分工落实单位中，第一个就是中国证监会。

在这个前提下，中国证监会在2014年的8月21日，以主席令的形式发布了《私募投资基金管理监督暂行办法》，大家俗称105号令，第二条第二款明确了："私募基金财产的投资包括买卖股票、股权、债券、期货、期权、基金份额及投资合同约定的其他投资标的。"我们认为，在《基金法》的框架下已经完成了整个私募股权，私募证券的监管过程，把《基金法》作为私募证券、私募股权管理的上位法应该没有什么争议。

下一步比较急迫的就是完善顶层设计，改变《证券法》不定义证券、《基金法》不定义基金的状况。第一个就是要修订《证券法》，以实质定义加列举的方式定义证券。证券的定义就是遵循豪威规则，基于四个条件：是不是用钱投资；该投资是不是产生了它的预期效益；这个投资是否针对特定的事项，特定的事业；投资的来源是不是来自发行人，或者是来自第三方的努力。如果这四个条件都符合就是证券。私募股权符合不符合证券的定义呢？吴晓灵为此努力了很多年，目前国务院正在推出私募基金管理条例，我认为最重要的是要明确几个内容，第一关于基金的定义。组合投资一定要写进去，分散风险组合投资一定要有。《基金法》中对契约型基金做了非常明确的规定，特别是私募，整章都是关于契约型基金的管理，但是对公司和合伙，交由第三方管理。这种治理架构就是管理人或公司和合伙企业，再由管理人和托管人经营，这种四方协同的关系在《基金法》中没有提到，所以条例要写清楚这种关系，这是第二个重要的问题。第三个重要的问题就是要明确自律、行政、司法的关系。国务院条例讲不了司法，可以讲公安，把三条线讲清楚，哪一些是自律必须完成的，哪一些是行政完善的，哪一些是公安介入的，其中的过程怎么进行衔接，责任怎么划分。如果把这三个东西写清楚，我觉得条例就基本上弥补了《基金法》缺憾的部分。《基金法》实际上还是非常有效的，只是法律特色少了一些，更多的是把国外的经验引入，这样的法律也非常适用。

再者是一定要解决监管体制的问题。银行证券保险以及整个金融工具，基本上功能监管是清晰的。但是这几年最需要关注的地方就是在资产管理领域，这是出现金融乱象最重要的地方。在这个领域，经过这次的金融体制改革还是没有落实到位。在当年调研的过程中，我建议设立一行一会、若干个协会。一会的目的是使金融监管委员会完善机构监管，让所有的机构风险不外溢，明确责任；若干个协会指的是将功能监管、行为监管交给协会，功能出问题、乱发展就要追究协会的责任。同时把功能监管和机构监管联合起来，有横向，有纵向地消除套利空间，让监管专业化。但是托管不一样，托管有专门的技能，如果把托管的专业人士轮岗走了，搞信贷的人来管托管，把托管中的划款业务视同对公划款，显然会有做大托管业务的冲动而忽视托管责任，所以说要让监管专业化。

再一个问题是一定要推出大类资产类。把投资人钱拿来以后，用顾问也好，培养人也好，都是要把钱委托给专业的基金管理机构管理，专业机构管理的基本框架是通过集合工具、组合工具分散非系统性的风险。在做大类资产配置的时候根据生命周期理论，投资目标理论，越年轻的人越加大权益性的投资，到退休的时候能拿到一把现金。杨健教授做了非常合适的基金分类，用三星级的基金作为大类资产配置标的，从30岁到60岁，每隔五岁下调权益类基金的配置比例一个百分点，到60岁，全部是固定收益类的基金产品。2011年到现在，平均年化收益率在6%以上，目前就用三星级的基金，还没有用四星和五星，三星级的基金占到整个市场4000多只基金的35%。

另外就是要充实自律监管体系，美国能管得好资本市场，除了SEC以外，还存在两个自律组织（FINRA和PCAOB），加起来的人员比SEC还多。在业务中的事情就让自律组织做，自律组织要充分听取大家的意见，制定出可行的规则。监管部门就是聘大量的会计师，律师实现执法。自律组织的收入可以是监管部门的好几倍，因为组织中人才济济，如果没有这些专业的人便什么都不能做。

再一个改革的方向就是要审视我们行业的税收政策。前面我也讲了部分内容，第一个一定要依靠税收法定的原则，应税尽税，向社会提供公共品，保证国家政策的运行。增值税要明确向提供销售和劳务服务的机构和个人收取。基金产品是由别人管的，基金本身没有销售也没有劳务，就是一堆钱，没有增值，不是增值税的征税对象，所以征税对象是基金管理人，对基金管理人征收增值税，不应该对基金产品征收增值税。所得税是劳动所得的就征劳动所得的，经营性所得的就征经营性所得的所得税，有限公司征25%，合伙企业征5%到35%。

第二个一定要落实基金产品税收中性原则，促进资本的形成。基金有三种形态，契约、公司、合伙。这三个形态其实还有不同的用法，比如说在二级市场中交易的基金，用契约最方便。搞并购的时候，对于公司型的基金，并购一定要加杠杆，不加杠杆不挣钱，用公司型的基金就是投资人有董事会，董事会替你做决定，决定杠杆用多少倍，并且董事会聘一个管理人和一个托管人。合伙型的基金多数投早、投小，承担的风险很大，因为担心风险，管理人中的核心成员可以在产品中进行跟投。三个基金的类型有不同的用途，不能用税收政策鼓励用这个，不鼓励用那个，税收必须中性，为了保持中性，在成熟市场，对于几种基金形式，只要它的收益90%以上都分给了个人，分给了投资者，就不将其视为纳税的主体。纳税的主体是它投资的标的，或是投资人，钱到投资人身上，投资人纳税，这样的政策能够鼓励资本的形成。中国要崛起，中国要赶美，就要促进创新。协会完成了最重要的现代金融体系的分析研究，只有用资本市场这种体制才能够出现颠覆性的创新。如果走日德的体系，靠企业自己的资本金去银行贷款，做的仅仅是改良型的创新，不是具有颠覆性的创新。而要促使资本形成，需要大量的钱，后面会谈到钱的来源。

税收要调节个人分配，今天中国社会矛盾大的原因就是分配出了问题，劳动所得差得没有那么多，财产性收入的差距大了也就带来了矛盾。财产性的税收在这里除了所得税以外就是遗产税、赠与税。遗产税、赠与税给一个豁免，把钱捐赠给社会公益基金豁免，有了豁免制度才有早期投资、风险投资的资本来源。美国最好的风险投资和资本投资来源就是比尔·盖茨基金会一类的资金，不是他个人的资金，是社会基金。这个钱就没有那么多的道德风险，如果这些钱都是政府收走了，政府不可能去投那些高风险的东西，投了就会被纪委审查说有利益输送。所以也只有这种制度出来才可以。

在这个基础上，一定要建立个人投资账户。每个人账户很多，有基本账户、工资收入账户、投资账户，投资账户就是把住房公积金、养老金都放在这个账户里，用这个账户买各种投资理财产品，投资收益比本金多了征税，少了就不征税，什么时候赚钱就征税，这么做是为了鼓励投资。前面讲到去认定很多创新企业，而那些企业往往充满了腐败，这种做法就可以使其变得简单，投资期限越长，税率越低，投资期限短税率就高一点，鼓励你的钱投早投小。所以下一步的改革应该是税制改革，继承1994年改革没有走完的路。流转税还是不清晰不透明的，收了钱还不知道怎么回事，也不可能形成良性循环。真的税制改革所得税归中央，任何地方都不能减免，地方需要征消费税。

前两天我听到有一个企业家讲，买一个杯子，这个杯子生产成本多少，消费税率各地方是不一样的，各省是不一样的，最重要的就是管住东部发达地区不能使税率太低了，太低西部没法活。税率制定以后，各省的官员竞争营商环境，只要大企业来这，营业税就多，消费税就多。房地产方面首先要交房地产税，并且跟房价有关，教育好，医疗好，房价上来了，税也就上来了，这就是有序的竞争。

下一步一定还要坚持私募基金自律管理，自律管理现在初步形成了规则，并且机构愿意遵守，这是非常不容易的。大家想想看，2016年，刚出二五公告的时候市场对协会一片骂声，到了2016年底骂声就少了，到现在协会受到欢迎了，为什么？只要机构守信用，规规矩矩做事，协会给你一路开绿灯，如果机构违法乱纪，招摇撞骗，就一定活不下去。要建立这样的制度必须实现大数据的集中，其中非常重要的就是工商登记数据。部分机构在做利益输送，在这种情况下，它不是通过股权关系，都是通过亲戚们的纽带关系，必须把登记大数据跟协会登记备案的数据结合，是非常重要的，还要用专业数据公司提供爬虫技术，使爬来的各种数据的关联，让那些机构通过这种方式实现利益输送寸步难行。

最后一点需要加强投资者教育。加强投资者教育其实是非常重要的一个环节，就是引导投资者理解登记备案制度的要义，登记备案制度不是金融许可，也不是政府背书，是要尝试在协会自律的情况下形成市场主体之间的有效博弈。机构来登记的时候一定和中介、律师事务所博弈，关键在于有没有人出证明；募集产品的时候一定和投资人博弈；投资的时候一定和你所投公司进行博弈，公司必须给你创造价值才会被投资。在这种博弈的情况下产生价值，社会多赢，在这个地方一定要提醒投资者，这种登记备案只不过是提供了一个查询信息的地方，也只不过说这个机构有意愿做好人，走好路，但是并不能够保证它的经营策略有效，一定给你挣钱。最终还要提醒所有的私募基金管理人不能滥用登记到处招摇撞骗，如果招摇撞骗尽管不能说你非法集资，但从事集资诈骗一定逃脱不了法律的制裁。

点　评

刘纪鹏：现在不仅实体企业提出来了减税，金融业也一样。记得好像是去年12月份，洪磊非常着急，因为税务局要增加流转税和所得税，如果这些增税措施推出去了，股市将面临更严峻的挑战。特朗普的减税和放松管制尽管可笑，但是减税和所谓的放松管制实际上刺激了发展，他的放松管制在我国就是改变监管生态。

整个基金业的发展时间太紧，这么大的一个领域要向前发展，难免会出现问题，实际上公募和私募都存在一定问题，公募的问题还是在证监会，私募的问题在于私募证券、私募股权长期以来和发改委之间的关系问题。现在总算厘清了。但是，仍然有旧的问题没解决，又遇到了现在的问题，很多用于投资的基金还没有完成自律投资管理的过程。

林义相：今天晚上我听下来，说实话感触还是挺复杂的，因为我注意到了洪磊会长的演讲，一方面是蛮开放的，处处为行业和市场着想，甚至想到了税收，视野很开阔，有些地方已经超出了基金业的范围，能感受到洪磊会长非常专业。

另外一方面我也隐隐约约感觉到，他把很多问题的着眼点放在了基金业内部，尤其是当基金业协会、基金、证券行业，跟别的部门、别的行业有所冲突的时候，感觉他站在自己领地上的立场还是蛮坚定的。这可以理解，因为我觉得这么做至少在大多数情况下是对的。我想说的实际上是刘纪鹏院长刚才提到的一个词，叫放松管制，在放松管制这一点上，我感觉洪会长整个演讲都迫切希望推动行业的发展，发展的方向和途径确实应该是放松管制。2000年，当时证监会主席是周小川，我到证监会协会的座谈会上去听大家的意见，我给周小川说，证券业要发展，就要执行8个字，前面4个字是"放松管制"，后面4个字是"加强监管"。

当时证监会不愿意听，一直到了2010年前后，证监会当时的一位副主席也提出了这8个字，但是他把顺序换了一下，是"加强监管，放松管制"。这个顺序实则有大讲究，我的意思是说先放松管制。当时面临的第一个问题是管得太严，管得"太死"，需要放松管制才能让行业发展，行业发展起来后再加强监管。而证监会的副主席说"加强监管，放松管制"，把监管加强了，先管住了再放松管制。今天听到洪磊会长的思路是先放松管制后加强监管，因为他自己说了，2014年之前是把门槛放低了，或者说基本上没有门槛，协会送每个金融机构一个名头以鼓励其进入，所以显然这是在放松管制。

放进来一批人和一堆公司，真面目就出来了，开始提高门槛，加强监管，到最后把私募的管理机构从26 000个管制到了23 000个。今天的中国本质上还是以公有制为主导的，骨子里尽管不能完全是计划经济，但是计划色彩还是很浓厚，所以从行业的发展来看，不仅仅是基金业，在这种大背景下其他行业也都需要放松管制。但放松管制以后会出问题，要控制问题，控制它的后果，就必须加强监管。

在这个事情上看金融业的状况，我数了数，银行、信托、保险、证券都整顿过，相比较而言，整个基金业还真的没有什么大的整顿。在金融大行业里面，我觉得基金业相较而言是成功的。这里面有几个原因，第一个是基金业从一开始就是相对规范的，基金业在20世纪90年代初还没有太多规则，南方的深圳有一些基金，比如南山基金，并开始出现一些问题，到1997年11月14日，《证券投资基金管理暂行办法》颁布实施，再后来就是《基金法》，尽管立的法和规矩是抄其他国家的做法，但也算是比较规范了。基金的发展是先有私募的，再有公募的，公募的过程中私募基本上就停止了，公募发展到一定程度后开始比较大规模地发展私募，我的理解是这么一个过程，公募基金的时期，基金管理公司里面有一个规定，当时的管理办法规定，董事长是不能管投资的，也不能问买卖什么股票，我不知道洪会长有没有印象，当时的证券基金投资管理办法就是这样的意思，基金投资公司董事长不管事而让总经理管。因为当时的公募基金管理公司，基本上是由证券公司设的，为了避免基金公司派出的董事长利用基金公司的基金，为证券公司抬调子，因此不准董事长管投资，有效地避免了基金公司和证券公司的利益冲突。这种一开始就比较规范、严格甚至是比较特别的安排，保证了基金业相对规范的运作。

还有一方面，洪会长刚才说的放松管制，加强监管也有不好的一面，很可能一不小心就把"加强监管"变成了"加强管制"了，证监会现在就是这个样子。刘纪鹏说的加强监管就是管别的股票、买卖，违法违规的也要管，或者是变成了打电话叫你不能卖，而这种行为就不是监管的问题了，已经上升为管制，甚至是侵犯了投资者自由交易、自愿交易的法律权益。

洪会长反复提到证券、基金、股权投资这几个概念，最后的目的就是希望把这些东西全弄到基金业协会底下管理，所以我觉得洪会长在证监会的时候，特别强调的一个事情就是，要功能管理，不要做机构管理。我认为刚才很多概念上的东西，确实要根据不同的功能来进行管理，不能把所有的东西都按照某一种概念、某一种东西，把它放到一个框子里去，让人觉得只要把自己框子里的东西管好就行了。站在国家的角度，站在行业的角度，可以有不同的说法，我觉得你提的意见很好。

基金协会洪会长是挺专业的，我跟他认识20多年了。洪会长经历了从证监局、北京证券、江苏基金，到证监会、稽查局，再到基金业协会，一直在从事专业领域的工作。基金业没出大问题，基金业自律管理方面相当多的措施都在点子上，这跟基金业协会里的人专业的素养和水平是有关系的。在此对洪会长表示敬意。

我记得4月11日我提过一次，证监会的权力很大，现在看来证监会在有些方面的权力是远远不够的，在监管的方面证监会的权力不够，但是在管制上面证监会权力太大了。同时证监会的活儿绝对不是只有权力就能干得好的。

关于《证券期货投资者适当性管理办法》，只能新老划断。按照这个办法，行业里的朋友告诉我，两亿多的账户根本做不了，但是这个办法规定，如果投资者不符合适当性管理的要求，则禁止券商给投资者提供服务，包括经济服务，意味着7月3日后面的星期一，投资者买卖股票买卖不了，这是不可想象的事情。如果股票涨了，卖的人赔了；如果跌了，买的人赔了，一定会找券商的。目前行业里面没有人强力地提出这个有潜在危险的办法，原因在于要么实施不了，要么实施就会出现一堆问题。

证券和基金是很专业的事，不是说随便一个人去做都可以，不要认为证监会权力大，只要给权力就行，要珍惜证券市场懂业务的、有经验的官员。比如说，4月份我讲"毒角兽"，我在P2P里讲了，"毒角兽"CDR是不能做的，因为在这个行业里专业知识非常重要。不仅仅监管部门需要，整个市场都需要专业的东西，很多受害者从证券和金融的角度看就是一个傻瓜，如果有金融的知识、投资的知识、一定的法律意识，我相信大多数人不会掉到P2P这个陷阱里去。我跟刘纪鹏院长说过，在政法大学开金融课程，我觉得是可以做出特色的，MBA大多是金融的、财务的、管理的出身，法律出身的并不多，未来重要的是理财经济，我认为最重要的就是法律与财务的结合。所以说，政法大学做MBA，我认为会很有前途。尽管一开始可能会比较难，未来的前途一定非常好。

王光进：今天洪会长的讲座信息量很大，我的第一个评价是真，讲真话，道实情，拿真实的大数据。第二个评价是触及的问题深，站得高，看得远。洪会长看待那些问题都触及很核心的问题。

这个报告给我带来的感触是四个字：信心、希望。为什么说有信心？他先说放松监管，后来慢慢归到本位要加强监管，我听完了觉得有信心。因为从咱们洪会长来说，他本身就是基金行业的专业人士，而且一直秉持着价值投资理念，一直追寻着自律，依法经营。今天这个演讲实质上讲到了现状、问题、展望三个部分。

听完现状部分后受到的启发就是，基金业原来是一个"私生子"，一开始就是处在法律的边缘地带、灰色地带，属于不合法的，而在2013年证券投资《基金法》施行后，基金业才从灰色地带走到了阳光地带，然后迅速发展。这说明改革开放到今天获得重大发展的原因在于制度变革。制度改革带来了制度的红利，所以立法者研究法律也好，执法也好，司法也好，一项制度能成为推动社会进步的制度是非常重要的。法一改，基金就遍地开花，这就是李克强总理讲的制度红利。改革开放走到了十字路口，回望来路，我赞同吴教授改革的两点经验，第一点是市场化，第二点是法治化。基金业发展这么快速，原因在于基金业协会给了"甜饼"的制度。真正的改革，顶层设计者不是用强制的手段让相关行业守法，而往往是鼓励，这种制度的推行成本就会大大降低，如果没有制度鼓励这些机构，就根本掌握不了大数据。法治不等于管制，法治更不等于罚。在长期的观念中，在有些部门里面罚就是管。《证券法》里规范证券的发行和交易，规范的目的是什么？监管的目的是什么？如果监管导致基金业不能同步发展，甚至导致基金业越来越萎缩，那是不是要反思监管？所以说改革开放走到今天，首要就是市场化的取向。研究法律方面，特别是商司法律，要保证效率优先，兼顾公平。正如马克思说的，生产力和生产关系中如果生产力没有效率，制度也就没有价值。洪会长指出，需要在设置各种制度的时候，以有更多的鼓励性和激励性的方式去做。

关于法治化，不能形成一管就死，一放就乱的现象，市场要有规则、有规范。听了洪会长的演讲我信心大增，因为洪会长从自律角度出发，规章越来越明确，越来越规范，这样才能使这个行业行稳致远。洪会长讲的内容中也涉及一些问题，基金业监管的边界在哪里？自律监管的边界在哪里？从自律规划到《基金法》，又到《证券法》，基金不归证券管吗？基金属不属于证券类？《证券法》以前立的是股票、债券，没有基金。《证券法》是上位法，《基金法》是下位法。接下来谈谈现在的立法体系，1993年就有了《股票发行与交易管理暂行条例》，股票也单独列了。后来国务院出了《企业债券管理条例》，现在基金业要单独立法，看来要搞一个统一的《基金法》，制定《基金法》为什么这么难？因为改革的时候涉及一些部门的核心利益，动了他们的奶酪了，而要改《基金法》，再往上就要动摇《证券法》，所以我觉得洪会长这个思考有深度，触及根本了。

对于学法律的同学来说，这是非常好的讲座，研究《基金法》，特别是民商法的同学，一写关于《公司法》的论文就头疼了，一部《基金法》关联了很多的法律，如《公司法》《合伙人企业法》《信托法》《合同法》《税法》，都跟这个基金有关系。所以这就带来了包括《证券法》在内的一系列问题。

我想给洪会长在市场化、法治化的监管角度提两点建议。法治化在基金的监管、证券的监管方面做的就是依法监管，依法监管的核心是什么？

首先是监管部门不能任性，权力不能任性，制定规章以及行使权力都要有法律的授权，要在法律允许范围内制定这些规定。洪会长提到了效率，法律与效率的层次，当然是效率在上。在具体的案例司法上有特别法，《证券法》没有规定就看行政法规，行政法规没有规定就按部门规章，部门规章没有就按行业自律规范，行业自律规范没有就依企业制度。如果章程有规定就按章程，必须充分尊重公司的意识自治。

监管部门要依法监管，过度监管会导致市场的创新活力不足，所以要适度监管。美国私募基金的发展就是在没有监管的情况下发展起来的，而且监管界定得比较科学，不像我国的200人，人家的标准是50人一个标准，25人一个标准，越往下人越少。2002年的时候我的研究生就写了关于私募基金发展的论文，论文结尾处的建议是制定法律。公募和私募的差异在哪儿？洪会长谈的公募和私募的监管还应该有差异性，就体现在适度监管上。

互动提问

提问：我是2013级的MBA，为什么现在实际工作中把双管理人备案给停了？

洪磊：实际上《基金法》附则中非常清楚地规定："公开或者非公开募集，以进行证券投资为目的设立的公司或合伙企业，资金由基金管理人或者普通合伙人管理，其证券投资活动适用本办法。"这里面只有一个管理人，那就是聘的外面的管理人，但是前一段时间的实践中，很多人把合伙企业基金中的GP也当作管理人，实际上那个不是，基金中那个GP是为了鼓励管理人能够和他进行利益捆绑，是管理人中的核心团队的成员在里头的跟投，但是包括"宝万之争"在内都把实际的管理人变成了通道，而合伙基金的GP成了实际管理人，其实这是有悖法律的，所以后来定制了登记和备案。

提问：我是令润基金的负责人，政法大学2003级的本科生，现在协会是怎么规划的？是一定要转型吗？

洪磊：提到的其他类的问题，这个可能是大家对基金的误解，本来的其他类就是不入流的，不是真正的基金，就是投红酒、艺术品。但是在相当长一段时间内，别人把它当作银行类的资金管理人的名称。前面我讲到，实际上在2016年9月份，基金业协会就提出要停止，但因为种种原因一直推，一直到去年的大概是9月份才开始停止其他类。现在其他类相当大的一部分功能，也就是大类资产配置功能，已经从中拿出来了，作为一种独立的配置方式，今后如果有一些新的真正创新的方向不明的可能还会放在其他类中，也不能说就完全关掉其他类的登记，但是我相信这些方式不会太多，因为全世界的经验就那么几种方式，所以都会以最合适的方式来，不会出现太多模棱两可的形式。

提问：洪会长，我是2015级的MBA，有人说现在的协会特别像证监会，证监会特别像协会，我想请洪会长说一下是否如此。

洪磊：证监会越来越像协会，协会越来越像证监会，这是曾经一个立法部门的官员的评价。不管是证监会还是协会，最重要的目标就是保护投资人的权益，没有投资人的信心，没有对投资人权益的保护，就没有这个市场。证监会与协会的站位角度不同，在私募基金领域，协会扮演一线的角色，证监会扮演二线的角色，所以协会在一线可能会对风险看得更清楚，对保护的东西提出的想法更符合实际。

提问：我是国务院发展中心的。关于基金支持实体经济的问题，包括创业类的基金，协会有没有下一步的想法？

洪磊：刚才我用数据已说明，私募基金的12.8万亿元中用于股权投资的大概是8.5万亿元，现在已经有5.13万亿元以股权的方式投入到实体中，其中有4万多个"5，5，2，2"的中小型企业，也包括那些标准不是很清楚的企业。这说明中国今天的市场，很多投资人，包括管理人，对新技术、新产业抱有极大的兴趣，而且已经形成了比较好的投资氛围，这个并不是太大的政策给予的，我认为是大家对未来的一种期盼和看法形成的。

现在最大的困难在于早期项目的募资越来越难，而募资难的主要原因是缺少长期的税收，包括捐赠制度豁免的相关安排，所以要持续朝着解决这个问题的方向去努力。

提问：我们正在基金业协会做养老目标基金，养老目标基金明年"五一"能不能准确推出？

洪磊：养老金的三大支柱，除了第一支柱互保以外，重要的是年金制度和个人账户，这些都应深入研究。特别是明年5月份，要将基金产品纳入养老金投资，现在开始试点，从福建省、上海市和苏州工业园区再进一步向全国扩大。现在重要的是要总结这些地方的经验，特别是要设计好下一步的账户体系，完成转变。

第三篇
中美贸易战背景下的国内外形势分析
——中国到底需要什么样的股市？

> 蓟门法治金融论坛第 59 讲
> 主讲：贺强　中央财经大学证券期货研究所所长、教授、博导
> 主持：刘纪鹏
> 时间：2018 年 10 月 10 日
> 地点：中国政法大学蓟门桥校区
> 点评：林义相、刘纪鹏

纪鹏荐语

中美贸易战是当下国人最关心的大事之一，历经百日升级、两轮争锋，已演化为继 20 世纪 60 年代美德、20 世纪 80 年代美日贸易摩擦后，最大规模的贸易战。尤其令人忧虑的是，目前这场贸易战已经从简单的贸易转向了全面的大国之争，两国政治、社会、文化、军事等诸方面都受到了波及和影响。

贸易战升级，最不可避免也最令人担忧的是中美两国的金融战，当下两国的股市已经明显受到波及，中国股市更是内外交困、一蹶不起，必然引发的汇率波动更是不仅影响企业，还将影响千万户家庭。在这一背景下，对中美贸易战走势进行分析预测，不仅是政治家、学者、企业家，也是每一位国人应关注的热点话题。

10月10日晚6点30分，蓟门法治金融论坛将邀请著名经济学家贺强以《中美贸易战背景下的国内外形势分析》为题对中美贸易战进行全面解析。

贺强教授是全国政协委员，中央财经大学证券期货研究所所长。他长期参与金融证券的理论研究与实践操作，撰写与主编专著教材30多部，发表论文500多篇，每年两会他都会向全国政协递交与资本市场有关的提案，深受业内好评。

我与贺强教授相识20余年，共同见证了中国资本市场的成长和壮大，面对中国股市的多舛命运，我们常合作向有关部门献言献策。尤其2008年美国金融危机后，我们一起完成了《扩大内需应把提振股市作为切入点》，被媒体称为"十教授上书"，在社会上引起了极大的反响。

纵观世界金融史，大国崛起都伴随着世界金融中心的转移。现代金融归根到底是以资本市场为基础的直接金融，但今日中国，代表直接金融的股市持续低迷，间接金融和影子银行、房地产则是当前我国的主要金融泡沫和系统性风险所在之地。

中国要强大，就必须把以货币金融、影子银行为代表的过剩流动性引入到能为制造业和高科技产业发挥支持作用的资本市场池子之中。然而，今天的中国股市令人极度失望，人们在两个误区中深感困惑：一是简单把金融泡沫和股市上涨混同；二是简单把资本金融和制造业对立，甚至出现了"党和政府已经放弃股市"这样的悲观言论。

无论是高科技还是制造业，能否在市场经济中做优做强，取决于有没有强大的资本市场做支撑。如果把实体产业比作陆军，那么资本金融业就是空军，制空权就是定价权。

只有在实施稳健的货币政策、宽松的财政政策的同时，明确提出并推行积极的资本政策，把我国股市从沉沦中唤醒，才能实现我国制造业在国际竞争中抢占全球产业链高端，实现科技强国的伟大目标。

贺强教授将从中美贸易战谈起，分析两国金融博弈中的股市、汇率、房地产等大家关注的热点话题。本次讲座的点评环节，贺强教授邀请我和他对谈，主题是"中国需要什么样的股市"，欢迎大家莅临指导。

感谢大家的热烈掌声，当我答应来蓟门论坛时我就在考虑从什么角度来讲中美贸易摩擦。在中美贸易战背景下，我想给大家谈谈为什么特朗普在这个时候选择了跟我们打贸易战，给大家介绍一下中国与美国之间存在的四大背离。在谈论股市问题上，中国需要什么样的股市，28年的中国股市是怎样发展的，我们为什么要建立股票市场，我们到底要一个什么样的股市，我觉得这些问题才是有实践意义和理论意义的。

大家先看一看党的十九大报告，当前国内外形势正在发生深刻、复杂的变化，我国的发展仍处于重要的战略机遇期，前景十分光明，但是挑战也十分严峻。十九大到现在，大家越来越感觉到国内外形势越来越复杂，挑战越来越严峻，特别是特朗普跟我们打贸易战之后。

关于中美贸易战

很多人担心，美国跟我们打了这么久的贸易战，对我们经济可能有很大的负面影响，我想告诉大家的是，影响不大！我们在下边考察时发现，江浙一带很多的老板听说特朗普要打贸易战，年初就拼命在国际上抓订单，签了一大把订单。2018年是加班加点完成订单的时候，因此，贸易战在上半年对中国经济影响没有想象的那么大。

第三篇
中美贸易战背景下的国内外形势分析——中国到底需要什么样的股市？

一、当前主要国际形势及中美贸易战原因

第一方面，我要讲特朗普选择和中国打贸易战的原因，我讲的原因是指特朗普个人原因，特朗普为什么要跟中国开战？从表面上看，是为了实现竞选的诺言。一开始的时候很多人都认为特朗普特别不靠谱，动不动就乱说，但是实际上特朗普特别靠谱。他在竞选的时候就提出中美贸易不公平，不合理，美国在中美贸易中吃亏了，提出要跟我们打贸易战，当了总统以后果然开始了。从深层次来看，特朗普的这种观点不只是在竞选总统时提出来过，实际上特朗普在年轻的时候就有这种观点。年轻时候的他在美国媒体上公开讲话，说中美贸易中美国吃亏了，美国需要改变这种局面。所以我觉得特朗普跟我们打贸易战是贯穿他一生的思想主张。

第二方面，特朗普选择跟我们打贸易战肯定需要一个理由或者是借口。那么他的理由是什么呢？他说中美贸易我们顺差过大，我们向美国出口 6000 多亿美元，美国向我们出口 1300 多亿美元，他说不公平，美国贸易逆差过大，需要采取措施，所以他选择跟我们开战。

我想说的是，中美贸易顺差过大确实是不正常的，但是这种不正常的现象是由谁造成的呢？谁应当承担主要责任？这是我们必须要弄清楚的。

美国是发达国家，早已经完成了产业结构的优化，低端的产业早就被淘汰。但是中国不一样，中国改革开放初期缺乏技术，缺乏资金，我们唯一的优势就是劳动力资源丰富，而且廉价。我们引进了很多低端的产业，不计代价地、拼命地生产服装、生产鞋，逐渐变成了世界的加工厂，然后出口生产的产品，赚取外汇。

这种把国家变成世界加工厂的方式，其实非常不经济。第一，大量消耗了中国的宝贵资源；第二，大量破坏了中国的环境；第三，大量剥削了中国劳动力。但是我们任劳任怨，拼命生产，努力出口。我们生产了一双鞋，交到了美国人手里，95%的利润就归他了。为什么会这样呢？因为美国人掌握着技术，掌握着品牌，掌握着专利，甚至掌握着标准，更重要的

是美国掌握着市场，所以我们只能在这种世界分工的前提下发展。

我们只是赚取利润的5%，在这种条件下出口我们所生产的大量商品。商品出口到哪儿呢？其中一个重要市场就是美国，因为美国不生产鞋，不生产服装，但是它不可能没有对这些商品的需求。我们有供给，它们有需求，所以我们的产品才大量出口到了美国。光从中国向美国出口这一块来讲，本身就没有什么不公平，一个愿打一个愿挨，我愿意卖你愿意买，你觉得不公平你可以不买，所以我们6000亿美元也好，8000亿美元也好，不管出口多少亿，单从这一角度来讲是没有什么不公平的。

问题的关键在哪儿呢？我们也想用自己所赚取来的外汇去买美国的产品，但是我们不可能去买鞋买服装，美国没有供，我们没有求。我们到美国需要买技术含量高一点的产品，这是我们所缺乏的。但是问题就出在这儿了，美国不卖给我们技术含量高的产品，不仅美国不卖，日本、欧洲国家卖给我们一点，美国还要处罚它们。美国为什么要这样做呢？因为早在"冷战"时期美国就形成了对社会主义国家的技术战略——始终在技术上领先于中国、苏联，技术含量高一点的产品绝对不会向社会主义国家出售。但是"冷战"早就结束了，而且美国和中国早已加入了WTO，WTO倡导的是公平贸易。我们当时要加入的时候，美国人对我们提出一系列的条件，我们是做出了一系列重大的让步才加入的。当时美国人以自己维护世界贸易公平的身份自居，可是我们加入以后，美国人对我们的贸易是公平的吗？它对我们出口，实行了严格的技术垄断和技术封锁。这件事美国人是心知肚明的，前几年美国派了一个华人大使到北京，这位大使在美国机场临上飞机前发表了一个重要讲话，明确地讲了美中贸易问题的关键在于美国对中国出口产品的技术封锁和技术垄断。

当时奥巴马访问北京，我国时任主席胡锦涛在钓鱼台国宾馆一对一接见他，只带了一个翻译，胡主席（时任）就公开讲，美国应该向中国出口高技术含量的产品。许多人认为美国不可能答应，但是出人意料的是，奥巴马当时不仅答应了向中国出口高技术含量的产品，还签署了向中国出口高科技产品的协议。因为他知道，按照WTO的贸易公平准则，美国以往的做法是站不住脚的。

那么现在特朗普为什么打贸易战？他知道按照WTO这样的原则去做，美国是吃亏的，所以他想另起炉灶，想把WTO一脚踢开，这样更有利于美国在贸易上围追堵截中国。所以他根本是不讲道理的，不讲世界的公平的。

正是因为美国对我们出口有垄断和封锁，所以向我们出口的产品数量很小，中国才形成了巨大的贸易顺差。因此，中国不正常的贸易顺差完全是美国人造成的。美国造成这么一个不正常的现实，然后又以这个为理由跟我们打贸易战，完全是毫无道理的。

第三方面我想告诉大家的是，特朗普跟我们打的贸易战，不是简单的贸易战。

第一，贸易战是经济战。特朗普首先是想通过贸易的围剿，打压中国经济，给中国经济制造困难。

第二，贸易战是科技战。特朗普打的第一枪是对中兴通讯停止芯片供应，他知道中国80%以上的芯片需要进口，特别是高端芯片，绝大多数需要进口，中国每年进口芯片所花的钱在所有进口商品中占第一位，大大超过原油、粮食进口，所以美国用芯片给中国制造麻烦。另外从301条款来讲，特朗普为什么选择打贸易战呢？他讲了三个理由，第一是说中国让美国的公司向中国转让技术，美国公司不给技术，中国就不让美国公司进入中国市场；第二是说我们盗窃美国的知识产权；第三是说我们利用互联网窃取美国的机密信息。值得一提的是，这三个理由都跟高科技有关系。

实际上中国变成世界第二大经济体，特朗普认为对美国存在巨大威胁，特别是这么大的经济体，如果在高科技方面有了突飞猛进的发展，那么美国就会感受到切切实实的威胁，所以他要在科技上打击中国。

2018年10月，在特朗普跟我们打科技战的关键时候，美国《彭博商业周刊》突然公开爆料，说美国一个著名公司的生产服务器——超微公司，在中国加工主板，结果主板上被人镶了一个米粒大小的芯片，在美国组装服务器后，他们将服务器提供给苹果，提供给亚马逊，甚至提供给美国的五角大楼，《彭博商业周刊》说我们通过黑客芯片在偷偷地窃取他们的信息。这个消息一公布，苹果和亚马逊就发表了声明，称不知道这个消息。尽管如此，三天之内两家公司5000亿美元的市值跌没了。在香港，中国联通、中兴通讯，三天之内210亿港币也跌没了，节后中国股市大暴跌跟这有直接关系。

第三，它是金融战，而且是不讲道理的金融战。它要求我们按照WTO的准则，将金融市场全面放开，使美国可以入主我国证券公司，并且美国所拥有的股权可以超过51%，可是中国在美国发展金融机构却完全被拒绝，理由是危害美国的国家安全，这是完全不对等的。最近美国财政部又指责说我们央行操纵人民币，提出抗议，甚至采取惩罚措施。贸易是以金融为基础的，所以贸易战战火必然要烧到金融，这方面刘纪鹏教授可能思考得更多。

第四，它也是一个体制战。特朗普毫不客气地直指中国的体制，首先他指责中国政府补贴国有企业；还直接指责中国2025，说中国有产业政策，还搞什么工业2025；最后他指责中国的"一带一路"。这都是对中国体制的攻击，是想搞垮中国的经济体制。

第五，这场贸易站更是一场政治战。特朗普要全面跟中国开展政治战，他的狼子野心已经暴露了。他在美国的一个小城市公开讲，中国是美国战胜苏联之后最大的一个敌人。美国副总统彭斯从经济到贸易，到军事，到政治，各方面全方位地指责中国，所以国际上有人评论，美国现在是与中国开展了第二场"冷战"。第一场"冷战"搞垮了苏联，使苏联解体了，现在中国是唯一的社会主义大国，对美国形成了威胁，所以它想搞垮中国。因此，

第三篇
中美贸易战背景下的国内外形势分析——中国到底需要什么样的股市？

这场贸易战绝对不是简简单单地停留在贸易领域的战争。

二、中美贸易战的后果

中美贸易战的后果是什么呢？往往是两败俱伤，打打谈谈。可是现在逐渐出现了这样一个趋势：打得越来越多，谈得越来越少。上次美国邀请我们去谈判，我们谢绝了；这次美国国务卿路过中国，谈了三个小时，饭都没吃就飞走了。两国之间谈得越来越少，后果是中国损失要大一点，因为从进出口双方来说，美国人手里牌多，我们手里牌少，美国可以处罚中国6000多亿美元，但是反过来中国只能处罚美国1300亿美元。我们吃亏可能会大一点，但是我要告诉大家的是我们不怕，中国是一个大国，有大国的志气。我们即使吃亏，即使遭受一定损失，也绝对不会向美国低头，而且我们有自己的对策。我们是大国，市场很大，1997年东南亚危机，2001年美国"9·11"事件，还有2008年美国的金融危机，都对中国的出口造成了严重的威胁，我们都提出了以扩大内需为主的方针应对危机，战胜危机，所以大家在这次贸易战上也不用过于担心。

现在的问题是什么呢？特朗普现在不仅仅是简单地跟我们打贸易战，美国政府对内还向美国企业全面、大幅度地减税，从30%减到21%，相当于美国政府给美国所有企业送了一个9%的净利"大蛋糕"，激发美国企业产生巨大的活力。而我们中国现在企业税负重不重呢？我考察时发现民营经济和中小企业，它们的负担确实是比较重的，其中一个就是税负比较重。企业税负太重了，就缺乏活力，不利于中国未来经济持续稳定健康地发展。

最近央行研究局局长写了几篇文章，抨击财政政策不积极。他说财政开支与财政赤字不但没扩大，还要缩小。他认为财政政策必须积极起来，怎么积极呢？需要人为地扩大财政支出和财政赤字。目前我们的财政政策到底积极不积极呢？现在我们做的是积极地收税，积极地增加财政收入。

以 2018 年财政收入数据为例，虽然上半年中国经济还在下滑，但是上半年国家财政收入增长超过了 16%，我们税收增长了 14.4%，8 月份个税增长了 23%。而积极增加财政收入，增加税收的政策叫什么财政政策？这叫作消极的财政政策。所以我也认为，现在的财政政策不太积极。

2008 年 11 月 7 日，国务院下发一个文件，明确指出我们应该实行积极的财政政策。各位有所不知，在此之前，我们政协经济委员会开了好几次会，我与两位委员认为，现在经济形势越来越险恶，必须推出积极的财政政策，这是我们向中央领导提出的建议。美国金融危机冲击过来了，经济大幅下滑，当时我们实行的是稳健的财政政策。现在形势这么险恶，财政政策还是四平八稳，显然不合时宜，所以我们提出要推出积极的财政政策。而且 1998 年东南亚金融危机，我们靠什么抵御了危机的冲击呢？是朱总理（时任）在下半年推出了积极的财政政策。东南亚金融危机的冲击是局部的，10 年以后的美国金融危机冲击的是全世界，冲击更大，更有必要推出积极的财政政策。所以我们在政协经济委员会内部几次开会提出了建议。国务院于 2008 年 11 月 7 日下发的文件终于明确提出要实行积极的财政政策。现在又过了 10 年，我们的财政政策确实做出了重大的贡献，但还是不太积极，没有货币政策那么积极。所以央行研究局局长有意见也是可以理解的。实际上，周小川同志在博鳌论坛曾发表了一个讲话，讲了两句非常重要的话。第一句话是，我们宽松的货币政策已经到了周期的尾部。什么意思呢？随着经济下行，我们货币政策刺激经济，宽松到最后了，到周期的尾部了。第二句话说，今后财政政策应该进一步发挥作用了。

我同意现在央行研究局局长的观点，财政政策没有货币政策那么积极，财政政策在现在这个形势下应当进一步积极起来，但是我不同意他提出的积极办法。他认为，财政政策积极起来就是进一步扩大财政赤字，人为扩大财政支出。我觉得扩大财政赤字是有巨大风险的，人为扩大财政支出是可以多支出一些钱，但是财政支出的钱根本到不了民营企业手里。我

第三篇
中美贸易战背景下的国内外形势分析——中国到底需要什么样的股市？

认为积极的财政政策应该是大幅度给企业特别是给民营企业减税，只有这样才能与美国大幅度减税的企业同台竞争。我们现在担心的不是贸易战，而是特朗普减税这一招，这一招将直接影响未来两国经济与企业的竞争，希望大家多关注。

另外，除了美国贸易战与减税，美联储还在缩表。美国受到金融危机冲击，所以采用量宽政策刺激经济。那么具体是怎么操作的呢？美联储拿出美元大量购买美国的国债和其他有价资产，投放货币，刺激经济。现在美国经济复苏了，所以资产负债表要"减肥"了，就是美联储把手中的国债与其他有价资产卖出，收回美元，这就是缩表。国际上有专家评论，缩表对货币政策收紧的影响比美国加息还要大，这是值得关注的。

还有就是美国在连续地加息，可以说中国是比较被动的，中国跟进不跟进呢？目前中国处于两难的境地。

特朗普与全世界为敌，但是他心中还有一个崇拜者——里根，美国前总统。里根没当总统的时候，美国陷入了滞胀并存的大泥潭，很难拔出脚来，但是里根当总统以后用了两招，一个是搞供给侧，一个是施行高利率政策。一讲加息、高利率肯定是利空的，会使股市大幅度下滑。但是我告诉大家，这种判断有局限性，如果把这个因素放到全世界各国的范围，连续高利率不一定是利空的，所以分析要有眼界。当年里根采用高利率的政策，最后取得什么效果呢？由于全世界的资金都有一个共同的天性：哪利润率高就往哪儿流。所以当时美国高利率政策把全世界的资金都吸引到了美国，美国经济不缺钱，在里根的政策推动下，不仅美国经济迅速从泥潭拔出脚来，而且持续增长了 120 多个月。美国股市不缺钱，世界各地把钱拿到美国资本市场投资，资金源源不断，再加上 120 多个月的经济增长，美国才产生了股市黄金 10 年。特朗普现在也想学里根，在美国高利率政策下，从 2009 年 3 月到现在，美国股市又快连续上涨 10 年了。美国股市连续上涨，是因为美国连续地加息，很多国家的资金流向美国，美国股市不差钱，所以屡创新高。

三、中美贸易战的大背景：四大背离

（一）各国经济走势的背离

特朗普为什么选择在这时候开战呢？他认为这时候对他最有利，对我们中国最不利。因为各国经济走势出现了背离，主要是指发达国家与发展中国家经济走势的背离。

我们一讲国际经济状况，在座大多数同学和老师都感觉不太好，认为比较低迷，但是我们看看实际的客观数据可能与主观感觉不一样。从世界平均GDP指标来看，2018年世界经济受到冲击，出现一次探底，但是很快被拉起来了，产生了很明显的反弹。这是什么原因造成的呢？为什么一把就拉起来了？因为各国在遭遇冲击的情况下，纷纷采用了政策救市的办法，就是国家用政策干预经济，用看得见的手直接干预经济。

可是世界经济马上又出现了二次探底，这是为什么？按股市的术语讲，是出现了回调。因为世界很多国家特别是发达国家，认为政策达到目的了，于是纷纷宣布政策退出。而当时世界各国的企业受到的冲击还没有恢复，反弹完全是政策拉起来的，是用政策之手拖起来的，政策一撒手必然要二次探底。

最近几年的情况发生了变化，从世界平均GDP指标来看，出现了稳健的上涨，在2016年就超过了3%。今年世界银行预测，本来是比较乐观的，国际经济形势向好，所以预测增长率为3.9%，但是现在由于贸易战，世界银行将此数调低了一点，它现在预测世界GDP增长率还是3.7%。3.7%是什么概念？说明从世界平均数来看，最起码基本复苏了。

可为什么大家感觉形势不好呢？也不是大家感觉错了，我告诉大家，实际上现在世界各国的经济出现了阵线分明的两种走势：一个就是发达国家的经济已经复苏，逐渐走好；另外一个是，有许多发展中国家经济还在探底，

有的甚至很糟糕，不仅货币不断大幅贬值，甚至有的国家就快破产了，如委内瑞拉。

为什么在美国金融危机的冲击下出现了这样两种走势？道理很简单，因为发达国家的经济基础比较稳固，社会财富的底子比较厚实，宏观调控比较有经验，防范金融风险的能力比较强，所以同样一种冲击下它们受的打击就比较小，抗打击能力比较强。发展中国家的情况正好相反。就跟股市的股民一样，每一轮暴涨暴跌之后，遭受损失的多是弱势群体。抗打击能力强的复苏就快，弱的复苏就慢。这是第一个背离。美国是发达国家，而我们中国是发展中国家，所以在这种背离的前提下，美国选择跟我们开战。

（二）中美发展战略的背离

中国是从闭关锁国的单边主义到多边主义，从一元化到多元化发展；美国是从多边主义到单边主义，从多元化向一元化发展。特朗普判断的标准只有一个——是否符合美国利益。他认为不符合美国利益的前总统签的世界性的条约、公约全部要撕毁。在这种特朗普单边主义的趋势下，特朗普才跟我们挑起了贸易战。

（三）中美两国经济的背离

第三个背离我认为也是最重要的一个背离，即现在中美两国经济出现了较大的背离。

我们用客观数据来分析问题，大家看美国的失业率数据，从2009年突破10%以后，到现在持续地下滑，到2018年9月份，美国失业率是3.7%。如果经济发展得不好，失业率怎么会这么稳定地下滑？那么美国的经济是怎样运行的呢？2018年美国经济出现了一次探底，受到冲击。但是美国用看得见的手把经济拉起来以后，其经济运行方式与全世界其他国家都不一样。我们先来看欧盟，欧盟经济于2008年之后出现过一次探底，一次反弹，但是随后又出现了二次探底，二次反弹。欧洲走得最强的是德国，它是欧洲的火车头，一次反弹以后，德国也出现了二次探底，二次反弹。其实欧洲早就复苏了，但是我告诉大家，欧洲经济出现了两次探底，波折就多一些。

而美国不同，美国经济一把拉起来以后，横盘震荡，特别是在去年，还出现了向上突破的趋势，美国经济一个重要的特点就是没有二次探底。美国这一轮的经济走势与世界各国完全不同，所以我们认为美国走出了特立独行的行情，在全世界走得最强，特别是2018年，美国经济上涨强烈，等于给特朗普打了一针强心剂，所以他很疯狂地要跟中国开战。

1. 美国经济平稳增长的原因

为什么美国经济走得那么强？我觉得有两个原因。

第一，美国运用宏观调整政策比较老到，保证了经济走稳。美国也用政策干预经济，采用量宽政策刺激经济。但是我告诉大家，美国的量宽政策一直没有退出，跟其他国家完全不同，量宽一，量宽二，量宽三，一直到2014年年底，美国上下都认为美国经济走好了，美联储才退出量宽政策。这就是政策把经济扶上马再送一程，因此美国的经济没有二次探底。而其他的国家也是政策把经济扶上马了，但是扶上马就撒手了，政策退出了，经济又二次探底了。

第二，因为美国人运用了现代金融工具，成功地转移了风险，分散了风险。大家知道，美国金融危机是美国商业银行制造的，它们拼命给穷人发放次级贷。为什么叫次级贷呢？因为美国银行的贷款是分类的，给偿还能力强的人发放的是优级贷，给偿还能力最弱的穷人发放的是次级贷，这是为了便于风险识别，风险控制。但是美国的商业银行却违反了风险原则，拼命给穷人发放次级贷，所以美国房价暴跌，大量穷人断供，于是爆发了风险。这个风险的爆发是美国商业银行导致的，看上去美国银行应该会遭遇很大的风险。但是事实上，美国金融危机过了10年后，我们回头看看，美国大大小小的商业银行有几千家，有些小的银行破产了，而有头有

第三篇
中美贸易战背景下的国内外形势分析——中国到底需要什么样的股市？

脸的给大量穷人发放次级贷的银行有一家破产的吗？没有，火是它们玩的，没有烧到自己，为什么会这样？为什么这些商业银行胆子那么大？因为它们背后有撑腰的，有两个特殊金融机构——房利美和房地美，美国政府扶持了这两家私人公司40多年。这两家金融机构做的重要业务就是每天用大量现金收购美国商业银行的次级贷，风险这么高的次级贷款它们为什么要吃进？其实它们自己也不想要，它们只是做了一下包装，把次级贷变成次级债，卖给了全世界。为了好卖，它们又拉拢了另外两家公司——标准普尔与穆迪公司。这两家公司给"两房"的次级债标了很高的级别，导致全世界的金融机构出现了抢购，甚至我们国家的银行都有涉足。美国"两房"的包装叫什么？次级贷变成次级债，这叫住房抵押贷款资产证券化。它有一个重要功能是可以把商业银行的一笔时间很长、数额巨大的贷款，在短期内的迅速回笼，增加资金的流动性、变现性。美国商业银行为什么胆子这么大？因为它把次级贷款卖给了"两房"，收回了现金，所以它们不仅不怕，还抓住机会把美国五大投行吞并了。

"两房"搞资产证券化，另一个功能更重要，它可以在短期迅速地转移金融风险，分散金融风险。所以美国穷人一断供，爆发了危机，但是美国通过这种小小的现代金融工具，就迅速把风险转移到了全世界的金融机构，美国金融危机的性质就发生了深刻的变化，名字虽然叫美国金融危机，实际上美国受到的冲击最小，因为全世界的金融机构都以它们巨额的损失为美国商业银行分担了风险。

我想到了我们中国房地产行业，其价格在十几年翻了十几倍，跟M2的增长完全同步。我们现在的M2已经178万亿元，而在2000年，朱镕基任国务院总理的时候只有13.6万亿元，M2十几年翻了十几倍，房价也翻了十几倍，完全正相关。现在房地产的风险很大，人人都知道，甚至有人说这是巨大的金融定时炸弹，万一房价跌下来，会产生多大的风险？难以想象，而且许多人在说，房地产玩的都是银行的钱，房价要是跌下来了，我们银行会遭遇多大的风险啊！但是我告诉大家，我们商业银行不怕遭遇风险，最怕的是转移不了风险。问题是到现在为止，我们的商业银行没有大规模搞住房抵押贷款证券化，在遭遇风险的时候可能转移不了风险。

美国的季度 GDP 在高位横盘震荡，但是它影响甚至冲击了全世界的经济与市场。这几年国际市场大幅波动，一会儿暴涨，一会儿暴跌；外国的热钱一会儿进来了，一会儿出去了；我们人民币一会儿大幅升值，一会儿大幅贬值。整个国际市场，包括中国，到处都在闹"地震"，地震源在哪儿？其实在于美国经济的短期波动。全世界都有一个从宏观到微观的传导机制在发挥着重要的作用，时时刻刻影响着微观的市场。这个传导机制是什么？就是经济决定政策，政策影响市场，这是非常重要的一个传导机制。

2. 中国经济运行情况

我们中国的经济是怎样运行的呢？我系统地研究了 1949 年到现在中国经济、政策的运行，经济与政策是一种互动关系，计划经济时代出现了经济的暴涨暴跌，而经济的每一轮暴涨暴跌都有重大的政策背景的因素，里面都有很多的故事。有资本市场、股市以来，股市与经济就产生了重要的关系。股市的运行是由股市运行的大背景决定的，全世界包括美国的股市，有一个共同的大背景，就是经济大背景，但是中国比较特殊，除了经济大背景，我们还有一个特殊的大背景，就是政策大背景。所以美国的股市可以叫作经济的晴雨表，但是在中国不是这样的，中国经常是经济越来越低迷的时候，股市暴涨。为什么会如此呢？因为在中国，经济越低迷越需要政策放松，政策越放松，股市越暴涨。20 世纪 90 年代，我提出一个鲜明的概念，就是政策周期，当时我提出了一个研究股市的全新的方法，通过经济周期、政策周期和股市周期的互动关系进行研究，到现在经过一二十年的市场检验，这个方法确实是非常有用的。

我国 1990 年 GDP 增速只有 3.8%，比较低迷。有人可能会问，美国经

第三篇
中美贸易战背景下的国内外形势分析——中国到底需要什么样的股市？

济只有 2.3%，你怎么说美国经济走得非常强、非常好，我们 3.8% 怎么还低迷呢？各国的 GDP 不能简单比较数字，我们 2017 年的 GDP 为 6.9%，世界第一，美国才 2.3%，那么难道我们比美国强三倍吗？不是这样的，为什么？因为我们是研究中国股市的，我们知道各个市场股票指数不能简单比较，比如说上海现在才 2700，香港涨到了 27 000，香港比上海强 10 倍吗？不是那么回事。各市场的计算方法是不同的，所以经济可以比较，但主要是比较趋势，而不是比较数字。

1990 年，我们的经济很低迷，进入 20 世纪 90 年代，利率连续下调，刺激经济，1992 年的 GDP 迅速拉到 14.2%，立竿见影。当时有一个不成文的规定，中国经济不能破 8%，因为破了 8% 经济会严重过冷。中国经济不能超过 12%，因为超过 12% 会严重过热。经济严重过冷是什么市场表现？煤、电、油运全面过剩。经济严重过热是什么市场表现？煤、电、油运全部短缺，你想想再不管不就乱套了嘛，什么是经济和政策互动关系？经济一出现严重过热，第二年我们政策全面逆转，全面收紧，比如 20 世纪经济一过热就是高通胀，这二者像难兄难弟一样，谁也离不开谁。1993 年我们通胀率超过了 14%，我们实行了治理整顿的政策，政策一天都没敢放松，一直紧到 1994 年，没想到通胀率越压越胀，年底一算账，1994 年通胀率达到了 24.1%，北京市达到了 27.1%。政策连续收紧，一直到 1995 年年底，虽然物价被压下来了，可是这一轮我们付出的代价很高。政策的持续收紧有巨大的负面作用，第一个负面作用就是经济连续下滑。这一轮的经济持续下滑了 7 年，到 1999 年 GDP 只有 7.6%，当时有一个说法，GDP 被腰斩，被砍掉了一半。但是 2000 年 GDP 被拉到了 8%，2001 年受美国"9·11"事件影响，我国经济又破了 8%，2002 年 GDP 再次拉回了 8%。当时的经济学家说，中国经济下滑了 7 年以后，在底部出现了七上八下的情况，震荡趋势蓄势。2002 年以后，特别是"非典"之后，中国经济腾飞了，新一轮的经济周期出现了，这轮经济走得非常好，我们的 GDP 连续上涨了七八年，统计局修改了 GDP 的算法，按照新的算法，GDP 连续增长这么长时间的情况，历史上从来没有过。这轮经济是高增长低通胀，中国经济经历了历史上最好的一个阶段。以前大家共同贫穷，就是在这个阶段，大家的钱包鼓了起来。经济滑坡的时候国有企业大面积亏损，工资都发不出来，之后就是在经济增长的时光里扭亏为盈的。历史上有一个说法，"太平 20 年，中国可以富得冒油"，这句话不是假话。我们就是利用这个机会开始大力发展我们自己的经济的，所以取得了这么大的成就。

但是经济总是周期性运行的，不可能永远上涨，到 2007 年下半年，我们就公开发布过风险警报，我们说经济的好日子逐渐过去了，今后我们逐渐要过苦日子了。那时候美国金融危机还没有冲击过来，我们当时为什么会有这个判断呢？因为我们知道，2007 年又出现了经济严重过热，GDP 又一次达到了 14.2%，政策肯定要收紧，而政策一收紧，经济必然要下滑。再加上美国金融危机的冲击，我们的 GDP 下滑到了 9.6%，一年就跌了 4.6%。2009 年，为了抵御金融危机，我们搞了 4 万亿元投资刺激经济。客观评论，这 4 万亿元投资效果不尽如人意，只取得了一个短期的效果，一季度的 GDP 跌到了 6.1%，二、三、四季度被拉了起来，四季度 GDP 达到了 12% 以上。但是在 2009 年，我们年度的 GDP 继续下滑到了 9.2%。实际上当年我们不仅财政准备了 4 万亿元投资，银行还配套了资金，银行贷款 9.7 万亿元，加在一起，十几万亿元投出去才取得一点短期效果，所以总体来说取得的效果确实不尽如人意。

但是由于 2009 年刺激的滞后作用，2010 年年度 GDP 出现了小小的反弹，经济回升到了 10.3%，而从 2010 年开始，GDP 从 10.3%一路下滑到了现在，最低点是 2016 年的 6.7%，去年反弹了一点，达到了 6.9%，那么今年我们是多少呢？我们完全可以算出个大概来，虽然三四季度还不知道结果，但我们今年的年度 GDP 要想跟去年的 6.9%持平，客观上必须满足下半年的三季度、四季度反弹到 7.0% 和 7.1% 以上（因为一季度 GDP

是 6.9%，二季度 GDP 是 6.7%），否则今年年度的 GDP 就要低于去年的 6.9% 了。我们三、四季度能不能实现 7.0% 和 7.1% 呢？说实在的，很困难，如果做不到，今年经济就会继续下滑。所以乐观一点看，今年的 GDP 很可能是 6.7% 或 6.8%，不乐观的话，可能是 6.5% 或 6.6%。但是我认为跌破 6.5% 的可能性没有。

如果今年被证明经济进一步下滑，那么我们这一轮经济周期就是历史上最长的一轮，这一轮经济周期的下滑阶段是什么样的呢？下面我们从三个维度进行简单的判断。

第一个从时间的维度来看，2008 年到现在，这一轮中国经济下滑已经长达 11 年，时间最长，历史上从来没有过。而且经济长期持续下滑，在我们眼里不新鲜，我们研究了类似中国经济周期下滑阶段会发生什么事情，第一是会造成严重的产能过剩；第二是会导致中小企业经营严重困难。现在经济下滑，不仅企业困难，而且企业融资难，融资贵。有些企业财务报表显示，很多企业库存迅速放大，产品卖不出去，严重积压。还有应收账款不正常地大幅增长。为什么会这样呢？因为现在企业资金拖欠太严重了，企业的货即使卖出去了、工程干完了，也拿不到钱。

第二个从空间上看，我们这轮经济下滑从 14.2% 跌到了 6.7%，GDP 已经跌了一多半，经济下滑的幅度很大。

第三个从形态上看，大家看看目前的经济是什么形态呢？是 L 形吗？我不好判断。

三个维度的简单判断都可以概括为一句话，就是每年李克强总理做报告的时候反复强调的一句话：经济下行压力很大。每年 3 月 5 日我们在人民大会堂聆听总理报告的时候，他一讲这句话，我们都感同身受，我们非常理解。我想告诉大家的是，虽然我们的经济在不断地下滑，但是大家不要过于担心。

我们现在是新时代了，要有新思维，特别是在新世纪，我们的经济形势和20世纪比发生了根本性的变化。其实这种经济总量百分比的下滑没有什么，我们现在注重的是经济发展的质量，不再追求经济总量百分比的高增长。现在我们社会财富的底子厚实了，面对经济下滑我们完全能挺得住，撑得住。

此外，我们经济虽然在持续下滑，我们要把GDP拉起来易如反掌。经济出现持续下滑，我们依然可以用几十年的老办法，全面推出刺激政策，大力度投资，很快就可以把经济拉起来。但是我们不想强刺激经济，问题的关键在哪儿呢？我们用这种办法虽然可以把GDP拉起来，但是大家想想，我们拉起来的是什么产能，什么产业呢？我们拉起来的是落后的产能，落后的产业，我们又会回到老路上去。这一届政府不想这么做，因为我们现在主要是要转方式、调结构，新旧动能转换，如果我们还是采用老方法，强刺激经济，就等于人为地给转方式、调结构制造了障碍。连落后的产业都赚钱了，我们还怎么转方式、调结构呢？大家一定要理解，为了转方式、调结构，我们要牺牲一点GDP。我们把经济重心放在新的经济业态上，通过各种方法促进它们的壮大，使它们最终成为支持中国经济发展的主要动力，这才是根本目的。

再有，20世纪我们是短缺经济，总量不足，所以客观地追求GDP总量的增长是有一定道理的。但是进入新世纪以后，经济出现了相对过剩，不再是总量不足了。大家注意，我们的经济形势发生了根本的变化，现在经济运行的主要问题不是总量增长的问题，而是经济结构问题，而这种经济结构问题长期没能得到关注，没能得到有效的治理。

温家宝总理（时任）曾经两次公开讲话，他说调整经济结构最有效的武器是什么呢？是市场价格机制。可是我们现在主要还是依靠宏观调控政策，因此十八大报告反复强调要把权力还给市场。宏观政策调控这种方式对于解决经济总量问题有效，但是解决经济结构问题不一定有效，所以经济结构问题不仅长期没有得到很好的解决，而且越演越烈，渗透到了经济领域各个层面，而且早已渗透到金融领域，甚至渗透到金融的最底层——资金层面，出现了重大的资金结构问题。

总之，经过这一轮的经济高增长，我们国家、我们社会的财富底子已经很厚实了，抗压能力也增加了，不仅不怕美国与我们打贸易战，经济下滑也扛得住。所以经济下滑就下滑一点，重点还是要放在转方式、调结构上。但是客观上中美经济走势出现了背离，特朗普认为美国是强势，我们是弱势，这时候跟我们开战对他是十分有利的。

（四）由于中美两国经济走势背离，导致了两国货币政策的背离

美国经济以前受到冲击，经济运行的主要矛盾是经济低迷，所以必须用宽松的货币政策来刺激。美国经济复苏了，经济运行的主要矛盾发生了转化，从经济低迷变成了通货膨胀，于是从量宽政策变成了货币政策的收紧，表现为连续加息，美国进入了加息的周期。而我们中国的经济还在下行，我们经济运行的主要矛盾还没有转化，因此货币政策还不能过于收紧。为了解决中小企业的困难，我们还在连续降准。美国利率已经进入了加息的周期，中国的利率还停留在降息的周期，两国政策是背离的。

在这种背离下，我们很纠结，美国连续加息，我们跟进不跟进呢？不跟进有风险，跟进也会有风险。如果我们不跟进，则会大量资本外逃，人民币贬值的风险就会加大；如果跟进，中小企业融资难、融资贵的困难就会大幅增加。原来美国的利率由0至0.25%，最低达到0，我们一年期居民储蓄的利率是1.5%，我们是正利差。随着美国的连续加息，利率已经到了1.75%，超过了我们的利率水平，美国对中国由负利差变成了正利差。如果美国再连续加息，跟中国相比的正利差会越来越大，中国的资本会大量流向美国。

如果我们跟进美国的加息，那么中小企业的融资难、融资贵问题不但没有解决，反而极大提高了中小企业的融资成本。同时，利率的提高会进一步导致大量的资金云集虚拟经济领域，资金套利现象会非常严重，会把一切都炒到天花板，会积聚巨大的金融风险。在今年，我们基准利率没有调整，没有动，但是市场化的利率早就大幅提升了，特别投资领域，很多想融资的机构许诺给投资者的年收益率几乎没有低于10%的，甚至达到了15%、18%。下半年国内又出现新的动向。现阶段银行之间的拆借利率，包括货币、基金、理财的利率会大幅下滑，因为银行手里的钱太多了。严监管，去杠杆，《资管新规》要求银行委外入表，以前的信托、基金，甚至私募，它们自己没钱，但是它们为什么到处投资，一投就几十亿甚至几百亿呢？哪儿来的钱？为什么2015年股市暴涨？只有一个原因，就是我们商业银行有充足的理财资金，理财不能直接炒股票，理财要追求高收益，要想方设法通过委外业务（券商叫通道业务）让资金流入资本市场去获取高收益。现在出台了《资管新规》，要求去通道、委外入表。以前银行理财资金属于资产负债表以外的，现在入表了，委外资金出不来，所以银行现在钱多的是，但是投不出来，银行间的利率自然要大幅下滑，非银行的金融机构的利率上涨。前段时间我听到一个笑话，一个公募基金公司发一个基金产品，发行了很长时间，共募集了1002.5万元资金。费这么大劲才融了1000万元多一点，很多基金经理都当笑话听。但是大家向知情者一了解就会知道，弄了半天1000万元是它们基金自己出的，融了半天资只融到2.5万元，因为没有人买。这就是银行有的是钱，而非银行的金融机构严重缺钱的现状。

  美国进入连续加息的周期，我们跟进或是不跟进，这些决策不一定是我们自己能做的。因为我们要考虑世界各国的态度和趋势。欧盟去年就公布，欧洲经济已经复苏了，所以决定跟进美国加息，日本很快也公布跟进，澳大利亚要跟进，跟进美国加息变成了世界的趋势和潮流。我们不可能逆世界金融潮流太长时间，所以哪天我们央行的行长宣布加息，大家不要觉得奇怪。根据国际的情况来看，我们央行行长也表示要跟进加息，可是上半年美国加息了我们没有跟进，不仅没有跟进还连续三次定向降准了，特别是第三次，释放了7000亿元资金。连续降准、定向降准，但是我们的基准利率没有动。为什么加息的压力这么大,我们还在连续地定向降准呢?因为我们的中小企业越来越困难,要帮助中小企业特别是小微企业。是否可以通过区别对待,采用定向的政策给这些中小企业释放一点资金的利好呢?实际上我们以前还搞过定向降息,定向降准也好,定向降息也好,释放出的那一点利好的资金,只要投出去了,一融入社会资金的汪洋大海,那点利好立刻就被消纳掉了。特别是现在,我们虽然通过定向降准释放了7000亿元资金,但是我在江浙考察时,一个行长跟我聊天,说得直截了当:"定向降准有什么好处呢?中小银行的钱增加了一点,但是钱到不了中小企业。因为银行的钱本来就很多,增加7000亿元也无所谓,但是我们贷款是有额度的,特别是给中小企业,我们不敢随便贷。"我们国家定向降准是想给中小企业释放一点资金,但是资金穿透不了,到不了企业手里,这个政策有多大的作用,还需要进一步的调研和分析。

不管怎么说,虽然特朗普选择对他有利、对中国不利的时机跟中国全面开战,但是我们不怕,我们有底气,我们经过这一轮新经济的增长,抗冲击的能力提高了,所以大家面对特朗普的挑战和威胁不要担心。

对话:中国到底需要什么样的股市?

刘纪鹏:中国到底需要什么样的股市?实际上贺教授在反复讲一个道理——资本市场是贸易战的重要战场。最终贸易问题要集中体现在汇率问题、股市问题上,重要的是,中美贸易战这一场大国之争演变到今天,金融市场才是贸易战的主要战场。但是我们股市今天的表现,让特朗普觉得他能战胜我们,美国的股市持续上涨,而中国的股市不堪一击。打赢中美贸易战,我们需要一个强大的股市作为支撑,而实现这一点是不是可能?我们现在的股市比较低迷是什么原因导致的?结合刚才贺教授提的央行现在已经有了稳健的货币政策,积极的财政政策,我们是不是可以提出要推出积极的资本政策？因为大家看到，很多危险是从货币政策来的，我们提的降杠杆、挤泡沫不是对直接金融而言的，而是对股权融资的资本市场而言的，我们需要股市崛起，我们需要让股市振兴，振兴直接融资才能引入高科技企业和制造业。

当然，如果让钱进股市，和国家简单地把钱投向商业银行、支持国企那样，全依赖国家信用是不一样的，而是让民间的资金启动市场。因此这需要一个健康的资本市场来迎接直接融资。

林义相：其实我注意到，今天晚上讲座的副标题做了修改，我也看到贺教授发了一个微头条，把"中国该不该放弃股市"改成了"中国到底需要什么样的股市"。

刘纪鹏：中国股市现在确实出了一些问题，导致出现很多悲观情绪和声音，股市这么低迷，为什么还见不到政策，还见不到信号振兴它呢？是不是党和国家已经放弃股市了？我们今天就是要一扫这样的悲观情绪，得出我们伟大的党和国家不会放弃股市。所以在坚定振兴股市的信心的前提下，我们今天还有时间，肯定要谈谈如何积极地振兴股市，推出积极的资本政策，提出政策建议。

林义相：我这么想，你提出的这个问题粗一看是不该提的，为什么不该提呢？因为我很坚定地相信中国不该放弃股市，也不可能放弃股市，也无法放弃股市。这是我很坚定的一个想法，所以我觉得粗一看你提这个问题没有道理，有点吸引眼球的意思。

但是我仔细想想，你提这个问题蛮好的，为什么蛮好呢？因为它吸引眼球，引起了人们的思考和关注，在现在股市这个状况之下，肯定有很多人有疑问，有担心，没有信心。因此我们把这个问题提出来，让大家去思考，我相信绝大多数人得出来的结论会跟我刚才说的差不多，不应该放弃，不能放弃，也无法放弃。

我觉得这个题目不改的时候，是有它的视觉冲击力的，改了以后显得平淡了，并且说了半天，到底需要什么样的股市，我听下来就是贺教授讲的内容。

以前我在这里讲过一次，中国股市最早是为国有企业筹集资金服务的，因此我们最早需要的股市是筹集资金的股市，后来大家都说是圈钱的股市。但是股市以这种方式出现，在中国有其必然性，如果当时不能为国有企业带来资金，那么股市在中国就不能出现。大家知道资本在当时的意识形态里以及当时的计划经济里是容不下的。但是股市发展到今天，跟那时候的情况不一样，国有企业跟那时候的状况也不一样，我们今天需要的股市跟二三十年前需要的股市不一样，"与时俱进"这四个字永远是对的，股市也一样。就是时代不一样了，环境不一样了，社会经济的需求不一样了，股票市场本身的状况也不一样了，因此我们需要什么样的股市，这个问题需要思考。

筹集资金只是股市的其中一项功能，股市有很多的功能，尤其是股市发展了以后。我们需要什么样的功能呢？

第一个就是资源配置的功能。资源配置我不展开，大家去看教科书也能明白，就是根据股市的价格，使得更多的资金到哪些行业去，这是股市优化配置的功能。

第二个是社会储蓄转换到企业的功能，把社会储蓄转化为投资。例如，我们看到的股市在优化方面做得不怎么样，它配置的方式有问题，配置的方式不是一个自发的、无序的，而应该是由一个有效的、合理的配置方法实现的。一个好的股市一定会吸引到社会资本，现在股市通过配置资源，把储蓄转化成投资，特别是直接投资，实际上并没有起到作用。比如去年，大家都觉得IPO发得很多，好像是很多储蓄转化成投资了，但是客观上不是这样的。因为IPO多发了600亿元，但是通过股票市场转化成投资的储蓄少了7200亿元，为什么？因为我们的股市没有做好，只是拿一个IPO当招牌，拿这个说股市为实体经济服务，股市筹集了资金，促进了投资，客观上却没能实现。

第三个，股市实际上会优化和改善经济的治理，最直接优化的是企业的治理。大家知道，股市为国有企业筹集资金的时候，很重要的功能就是帮助国有企业改制，改制就是改善和完善它的治理机构，并且当初整个经济在计划经济下是扭曲的，那个时候整个国家的经济的治理和股份制与资本市场的要求相差很远，这就是为什么当时成立了以朱镕基副总理为主任委员的国务院证券委的原因。证券委员会起协调作用，国有企业原本是不符合股票市场和资本市场要求的，直到把股票市场建起来后，实际上就是让整个经济的治理和公司的治理顺应股票市场的一些要求。我们现在认为股份制是现代企业制度里非常重要的一个制度，股票市场有优化治理的这个功能。今天这个功能是否依然存在？我认为这个功能在一定程度上还是存在的，或者是大部分情况下存在，但是现在有倒退的苗头，我认为倒退了不少。在公司的治理方面，从宏观方面看的话，整个经济的治理出现了倒退。

第四个是随着股市的发展和扩大，股市成为社会财富管理的平台。这么多人把钱投资在股市上，股市一旦不好了，大家都会有所损失，包括我们整个经济中房地产的发展，房地产价格的上涨，跟我们整个资本市场不够发达是有很大关系的。如果股市真的做得更好，我们的财富管理不会是现在这个状况，很多扭曲的经济现象、经济趋势不会像现在这么严重，我们的股市还有很多需要完善的地方。

今天的股市我们该不该放弃？我认为中国股市不应该放弃，不是要考虑应不应该放弃股市，而是要考虑我们的股市怎样变得更好，回归本质，股市本来的面目，适应它本来的内在的要求，或者是符合它发展的规律，这样我们的股市才会好。今天股市跌成这样，我认为跟我们很多的错误做法有很大的关系。

回过头来看贺教授说的，中国经济40年来年均增长率接近10%，就是最近几年才跌到了7%以下。全世界有多少个国家是这样增长的？中国增长非常好，为什么我们股市会不好？以前有一个说法，中国经济增长8%，相当于西方经济增长0，我们增长10%得到的好处是2%。这个数字当然可能有一点夸张，但是我想说的是，西方经济若增长2%，无论是美国、欧洲一些国家还是日本，它们的财富增长会非常明显，它们企业的利润会大幅增长，它们的股市会很繁荣。但是中国经济增长8%，就是危机的边缘。为什么是要"8"？一破"8"就会出现很大的问题，我们这个8%都增长到哪里去了？整个社会和老百姓从8%的增长率中都得到了多少好处？我们经济增长这么多，我们的股票市场为什么不涨？现在我们增长6.7%，放在美国是什么概念，放在欧洲是什么概念，放在日本是什么概念？但是看看我们的今天，超过6%的增长率，我不知道大家注意到没有，企业非常困难，到处都是困难。这问题出在什么地方？我认为这问题就出在我们整个经济的结构上，我们分配的制度，当然也包括一部分我们统计数据本身。

刘纪鹏：贺教授你要补充几句吗？

贺　强：刘纪鹏给我打电话的时候我还真不知道副标题，后来有人给我发照片我才看到这个副标题——中国到底需要什么样的股市。刘纪鹏解释了，为什么要这么提，是有原因的。有些股民悲观、失望了，开始考虑是不是要放弃股市。但是我认为这个题目不太适合公开讲，我给大家讲一个历史事件来做证，实际上早在1997年下半年，东南亚危机冲击的时候，国际上也有这个说法，当时是索罗斯阻击泰国成功了，赚了很多钱。索罗斯进而要阻击港币，有些人对他阻击香港和台湾做了对比，说台湾是保股市弃汇市，香港是保汇市弃股市，策略完全不同。香港当地管理部门为了让港币不贬值，采取了加息的政策。可是他们没有想到，加息对股市是绝大的利空，特别是在存在危机的背景下，加息导致了香港股市的暴跌。当时我们就进行过分析，认为索罗斯不会那么傻，直接阻击了泰国，同样的方法在香港再用一遍，那是傻瓜。当时我们就想到香港地区和泰国有一个不同的资本市场——股指期货市场。当时我们认为，索罗斯肯定会提前在股指期货市场布局，说要阻击港币，就会使香港股市暴跌，索罗斯可以利用股指期货的杠杆大发横财。结果证明果真如此，索罗斯提前在香港大量买进了看空的股指期货。那边加息，这边暴跌，让索罗斯大赚特赚了一把。

在1998年8月27日，香港股指期货的结算日，股指期货市场内争夺激烈，经纪人进圈才能交易，当空方经纪人看到多方经纪人要进圈交易，几个空方经纪人拦住多方经纪人，不让他进。堂堂的股指期货交易大厅出现了身体碰撞的事件，多方经纪人被阻挡了几分钟，不能进去交易，收盘之前，香港股市暴跌了600多点。

美国跟我们打贸易战，中国有一些专家说保什么市场，弃什么市场，也有这样的观点。刘纪鹏提出要不要放弃股市这个问题也情有可原，确实有一些股民比较悲观。但是想想中国股市开户者达到1.2亿，我们能把这1.2亿的开户者全部放弃吗？这不可能，我们不可能弃股市的。所以我建议不要讨论是否放弃股市，我建议修改一个题目，修改成"中国到底需要什么样的股市"。为什么建议修改成这样的题目？早在1995年，我们吴敬琏先生就对股市有一个说法：少搞点投机，多研究点股市的问题，寻求证券市场大智慧。所以在1995年，有关方面在上海专门举办了一个寻求证券市场大智慧的理论研讨会，我也参加了，吴先生也参加了。当时很多年轻的专家批评吴老先生，他们认为投资投机分不开，甚至认为股市里没有投机，故引起了争论。从那个时候开始，我们就一直在讨论中国需要什么样的股票市场。20多年过去了，这个基本的问题没有很好地得到解决。我们管了很多不应该管的事情，如股指高低。股市就应该市场化，可是我们现在都放不开。我们应该回到本源上，好好研讨一下，我们到底需要什么样的股票市场，这个问题非常重要。

第三篇
中美贸易战背景下的国内外形势分析——中国到底需要什么样的股市？

刘纪鹏：我想他们二位都是从今天谈话的主题聊起的，其实我今天引出这个话题，正像他们俩所说的，不仅仅是因为现在市场的悲观情绪很重，而且因为探讨股市政策这个话题相当紧迫。值得重视的是，第一，中美贸易战的决战主战场在金融市场，一个汇市，一个股市。第二，中国的资本市场在整个金融的去泡沫、降杠杆当中，不能跟资管理财、房地产泡沫混为一谈。

于是面对中国股市如此低迷的现状以及中美贸易战越演越烈，就引出了另外一个话题，为什么资本市场这么重要。美国现在这么拼命地搞经济不是也才3.1%的增速吗？可2008年的时候美国是多糟糕的情况啊，全面的危机爆发，五大投行垮了两三个，美国财政部要救花旗，救保险公司，要通用汽车国有化。但是美国的股市你看看它今天为什么走出来了？就是因为股市没倒，危机前13 000点，危机当中瞬间降到6000点，今天又增长到了26 000点。现在美国人的财富从危机前到现在增长了一倍，并且还在继续增长。股票在金融危机中的作用就是这么大。贺教授一直讲量化宽松，这个政策对拯救美国股市起了很大的作用。

从历史上看，股市对一个国家在重要时刻的作用非常重要；从未来看，中美两国的贸易战决战就在金融市场，股市是重要的一个战场，但是中国股市像今天这么沉沦不行，人们甚至怀疑中国要放弃股市了。今天会议的主题其实是不仅绝不能放弃，还要振兴股市。我们要意识到，今后要打赢中美贸易战，就必须考虑股市。到网上看，看我们的言论，既不是该不该要股市，也不是该不该放弃股市，而是一直坚持要建一个强大的股市，打好中美贸易战。今天就得想办法了，不能再这样下去。

怎么想办法？我们今天提到的对策都是正能量的，推出积极的资本政策振兴股市，既然国家有货币政策，有财政政策，股市又是重要的融资途径，它为什么就不能登上金融政策的大雅之堂呢？贺教授也讲了，我们整个金融政策、央行政策从来不会考虑股市政策，难道股市没在融资吗？十八大、十九大政府工作报告指出，当前要发展融资，特别是股市融资，不振兴资本市场是没有办法完成这个任务的。同样，化解央行这么多的货币发行问题、防范"黑天鹅"和"灰犀牛"风险，也需要股市这个池子来实现风险共担，利用好股市就不会有那么多的国家陷入金融泡沫危机。要让大家自觉地把钱投到资本市场中，这个市场就要有强有力的政策支撑。中国的股市绝不能像某些悲观同志想的那样，监管者和决策者应该拿出行动来，让人们看到资本市场振兴的希望。

另外，需要建立强有力的政策支撑，我提一条建议供大家参考。从分配入手，建一个公平、正义的股市。现在这个市场没有完全依靠市场手段来规范，IPO也是，审核制度现在不从这方面思考能行吗？什么人能上市？甭管熊市牛市，企业一上市大股东立刻变成亿万富翁，这十几年来，这个市场成了一个最缺公平、少正义的市场。但是一谈到非公平、少正义的问题，证监会的领导也特别着急，也采取了很多的措施，但是那些措施往往又是行政手段。并且，社会资金即使进入资本市场也没有被引入到中小企业以及高制造、高科技企业里。这些问题要不要系统地理一理解决思路呢？我们今天不仅仅满足于前面话题的讨论，而且必须明确我们必须打造一个强大的股市，打好中美贸易战。接下来我们就是希望能引出话题——如何实现这个目标。

林义相：第一，我觉得就是不该放弃，不能放弃，无法放弃。我想在座的绝大多数人会有这个想法。第二，投资股市一定是要让人赚钱的。

刘纪鹏：至少监管者、决策者、政府办对这个市场应该是这么想的。

林义相：股市如果不让人赚钱，谁还到股市来，谁还把钱给股市，给企业。企业到股市里来也是要拿到钱的。我觉得我们改革开放，邓小平先生说过的，让一部分先富起来，总要让人富起来才行，可股市老是让人家赔钱那谁还会来？很简单的一个道理，我没有想过中美贸易战中资本市场多重要，不用讲那些，只要股市能让老百姓投资赚钱，只要泡沫不太大，股市就发展得好了。经济增长这么多年，老百姓也富裕了，这几年经济增长放缓了，股市没有那么好，这是正常的。但是，怎么也不至于到今天这个地步，今天的股市如此低迷一定是某些地方出了问题，或者是整个股市的相关机制出了问题。你讲那么多的问题没有必要，股市能涨起来，老百姓能赚钱，股市起来了，好多问题就自然解决了。

刘纪鹏：咱俩的差别就是战略家和战术家的差别。

林义相：我是一个老百姓，就等着股市涨起来，吃饭呢。

刘纪鹏：我是忧国忧民的，我要跟着习主席的中国梦付出终身的，期盼大国崛起，老百姓能赚钱。

贺　强：林义相想的股市让大家都能赚钱，这点没错。我一直有一个中国股市梦。

刘纪鹏：我也有。

贺　强：中国股市梦是什么呢？就是中国的股市从投机型的市场转变为投资型的市场。在投机型的市场特别是过度投机型的市场，大家赚钱的主要利润来源于哪里？利润来源于获取差价。这一点是特别不好的。

刘纪鹏：就是存量财富的分配，不是增量价值。

贺　强：所以说增量很重要，股市应该是不断创造出利润的源泉，大家购买股票，机构也好，基金也好，个人也好，都是投资者。大家为什么要买股票？买股票应该名正言顺地分享上市公司创造的利润。在投资型的股市中，投资者主要是从上市公司赚钱。所以美国才有了巴菲特。

2008年，我当时在两会期间提交了一个单边征收印花税的提案，投资者可能都知道。当年9月18日，美国政府没有救雷曼兄弟，美国股市大跌，到了晚上，财政部公布，经国务院批准，股市印花税改为单边征税。我看到，只要提案建议是合理的，政府部门是愿意采纳的，所以提高了我搞调研、写提案的兴趣。我一共写了77个提案，其中关于资本市场的有34个。我有一个连续写了几年的提案，是递交给证监会的，我建议变股市T+1交易为T+0交易。我认为，在去杠杆的大背景下，最适合推出T+0交易，T+0不用去杠杆。T+0交易和T+1交易，只是交易方式的改变，T+0对整个市场价格起到抹平的作用，不会助涨投机。为什么股市总是暴涨暴跌？主要原因是机构操纵市场，因为在利好的情况下，机构带头拉升股票价格，导致暴涨。利空一出，机构就大量卖出，引起暴跌。可是大量的T+0交易者不是机构，没有导致股市暴涨暴跌的能力。同时，他们当天买入股票，只要股价上涨就会出货，反而在一定程度上抑制了股市的暴涨。

T+0交易最大的好处就是，可以使股票当天止损，规避巨大的交易风险。期货为什么必须实行T+0交易？因为期货市场风险巨大，当天做反了必须当天平仓。股民长期被套的重要原因就是在股市T+1交易的条件下，当天买错了，当天卖不了，当天改正不了错误，必须等到第二卖出。但是第二天可能跌停板了，越套越深，无法改正错误的交易。

我为什么在2008年提出了单边征收印花税？是出于我们的基础研究。在2007年大牛市的情况下，全部上市公司创造的净利润是多少呢？才1500亿元，而2007年一年征收的印花税是2200亿元。你想想，全部上市公司创造的净利润还不够交印花税的，再加上券商的佣金，还有股民各种投资的成本，我们股市是零和交易吗？是负零和交易！在这种状态下，只能我赚你的钱，你赚他的钱。大家拿钱进入股市的目的是赚钱，在这种负零和交易的情况下，要赚钱就要各显其通，甚至坑蒙拐骗。在这种状态下，你再想加强监管也很难，管不住，管不好。所以要增加上市公司的利润，降低股市交易的费用，要把股市从投机型转向投资型，这才是中国股市健康发展的根本。

林义相：股市从投机型转向投资型我很赞成，但是有一个问题我想请大家思考，就是投资的收益来源应该是企业创造的财富或者是利润，2008年到2018年，11年了，2008年GDP总量约32万亿元，2018年是90万亿元。我们 GDP 增长是不考虑价格增长的,你把价格上涨考虑进去,财富的增长比两倍还要多。但是为什么 2008 年以前的股价是那个股价,今天的股价还少了,我们指数还跌了,明明我们财富比那个时候翻了两倍。

贺　强:是因为股民没赚钱。

林义相:最后的结果是股民没赚钱。从投资定义角度看,GDP 就是企业创造的财富和利润,财富增加这么多,我们股市不涨反而跌了,我们股市怎么由投机型变成投资型呢?这是大家要考虑的问题。

◆中国政法大学商学院院长、资本金融研究院院长刘纪鹏主持并致辞

◆中国政法大学党委副书记常保国（右）为郭凡生颁发中国政法大学商学院兼职教授聘书

◆慧聪网董事局主席郭凡生发表主题演讲

◆ 中国基金业协会会长洪磊发表主题演讲

◆ 洪磊演讲现场

◆ 天相投资顾问有限公司董事长兼总经理林义相点评

◆中国政法大学民商经济法学院教授王光进点评

◆中央财经大学证券期货研究所所长贺强发表主题演讲

◆刘纪鹏（左）、贺强（中）、林义相（右）现场对谈

◆黄进校长为刘永好（右）颁发中国政法大学兼职教授、中国政法大学商学院兼职教授双聘书

◆新希望集团董事长刘永好发表主题演讲

◆刘永好演讲现场

◆ 中国政法大学商学院工商管理系主任王玲教授点评

◆ 中国政法大学商学院经济系主任邓达教授点评

◆ 中国政法大学商学院企业史研究所副所长熊金武副教授点评

◆中国政法大学商学院财务会计系主任杨世忠教授（右）、周放生、刘纪鹏

◆中国企业改革与发展研究会副会长周放生发表主题演讲

◆上海旭珩资产管理有限公司董事长黄江南点评

◆大成律师事务所高级合伙人吕良彪点评

◆慧聪首席法律顾问冯仲实点评

◆黄进校长为黄平（右）颁发中国政法大学兼职教授、中国政法大学商学院兼职教授双聘书

◆中信改革发展研究基金会理事长、中国政法大学商学院理事长孔丹致辞

◆中国社会科学院欧洲研究所所长黄平发表主题演讲

◆ 黄平演讲现场

◆ 北京大学国际关系学院教授、北京大学中国与世界研究中心主任潘维点评

◆ 香港特别行政区策略发展委员会委员、中国文化论坛理事王绍光点评

◆国务院发展研究中心企业研究所所长、研究员陈小洪点评

◆论坛嘉宾合影

◆西北大学原校长、全国社会保障基金理事会原副理事长王忠民发表主题演讲

◆ 王忠民演讲现场

◆ 中国政法大学商学院 MBA 中心执行副主任、资本金融系主任胡继晔点评

◆ 中国政法大学商学院国际商务系胡明教授点评

◆ 中信改革发展研究基金会秘书长郭克彤致辞

◆ 中国政法大学副校长时建中为房宁（右）颁发中国政法大学商学院兼职教授聘书

◆中国社会科学院政治学研究所副所长、中国政治学会常务理事房宁发表主题演讲

◆中共中央党史研究室原副主任章百家点评

◆ 中国人民大学国际关系学院院长、国家发展与战略研究院副院长杨光斌点评

◆ 和君创业咨询集团总裁李肃点评

◆ 刘纪鹏介绍中国曲艺家协会主席、著名相声表演艺术家姜昆（右）

◆中国政法大学党委副书记、马克思主义学院院长高浣月为姜昆（右）颁发中国政法大学商学院兼职教授聘书

◆姜昆发表主题演讲

◆ 中国政法大学人文学院
　孙鹤教授点评

◆ 中国政法大学民商经济法学院经济法
　研究所所长李东方教授点评

第四篇
从新希望集团的成长历程看民营企业在中国模式中的重要性

蓟门法治金融论坛第 60 讲

主讲：刘永好　新希望集团董事长、中国民生银行副董事长

主持：刘纪鹏

时间：2018 年 10 月 17 日

地点：中国政法大学蓟门桥校区

点评：王玲、邓达、熊金武

纪鹏荐语

今年以来，伴随着经济周期的波动和资本市场的持续低迷，众多民营企业在发展中遇到了前所未有的困难，加上经济结构调整中企业组织结构的重组，相当一批民营企业希望寻找有实力的国有企业，通过混合所有制的变革走出困境。从表面看这似乎是市场结构调整的正常现象，但由于我们对社会主义市场经济理论

认识上的不清晰，因此出现了两个认识误区。一是认为中国经过40年的改革，民营经济的历史使命已经完成，应该离场；二是认为中国改革开放的方针路线出现了偏差，"国进民退"是今后发展的主基调。

这两个认识误区直接导致了人们思想混乱和众多民营企业家失望悲观。中央高度重视这一现象，习主席9月份在辽宁考察民营企业忠旺集团时，重申了党的十八届三中全会和十九大报告中提出的"公有制经济和非公有制经济都是社会主义市场经济的重要组成部分""毫不动摇巩固和发展公有制经济，毫不动摇鼓励、支持、引导非公有制经济发展"的大政方针。这对消除民营企业家担心党的政策会改变的忧虑起到了积极作用。

本次蓟门法治金融论坛将邀请著名企业家刘永好先生，以《从新希望集团的成长历程看民营企业在中国模式中的重要性》为题，对习近平总书记"两个毫不动摇"的重申进行有说服力的实例论证。

刘永好先生目前担任全国政协委员、新希望集团董事长、中国民生银行副董事长，他以卓越的商业智慧和创造力成为中国民营企业发展的标志性人物之一。1982年，刘永好先生辞去教师职务，四兄弟以千元资金开始创业，在四川从事养殖业。目前其所创立的新希望集团，业务已拓展至全国及海外30多个国家和地区，成长为一家覆盖食品农牧、乳业快消、地产文旅、金融投资、生态环保、大消费及医疗健康等多个领域的综合性企业集团。

刘永好先生有强烈的社会责任感，1994年，他联合多位民营企业家共同发起了扶贫的光彩事业，以产业力量带动中国贫困地区的发展。刘永好先生还先后获评"中国十大改革风云人物"

"中国十佳民营企业家""CCTV年度经济人物"等。

我与永好董事长的第一次见面是在1994年，当时我陪国家体改委的一位领导到四川调研，首选新希望集团。座谈会上，永好董事长用新希望集团从小到大、从单一饲料到多元拓展的成长壮大历程，令人信服地感受到民营企业在我国改革开放中发挥的重要作用。尤其是永好流畅的脱稿发言和对企业财务数字的熟悉，给我留下难忘的印象，直至今天，只要一想到永好，我就会联想起他那天的精彩汇报。

今天的中国要崛起，就必须坚持"两个毫不动摇"，让新希望集团这样的实体型企业在中国梦中做优、做强，让刘永好这样的优秀企业家成为中国富强的脊梁。

本次蓟门论坛，刘永好董事长以新希望集团的成长历程阐述民营企业在中国模式中的重要地位和作用，无疑具有重要的现实意义。相信莅临论坛的朋友会享受一场丰盛的宣传改革开放，坚持市场经济道路的精神大餐。

致　辞

刘纪鹏：今天是蓟门法治金融论坛的第60讲，我想对一个论坛来说，它就像一个人一样，开始成熟了，而且今天的主题也是继前两讲资本市场之后的又一个话题——从新希望集团的成长历程看民营企业在中国模式中的重要性。新希望集团在全国赫赫有名，它的领军人物刘永好也是一位传奇式的企业家。新希望从早期单一的饲料产品，发展到现在涉及农业科技、食品加工、金融服务等多个领域，600多个子公司遍布全球30多个国家和地区，拥有7万名员工，每年超千亿元的收入，拥有近2000亿元资产。

艰苦创业走到今天，这条路是怎么走过来的呢？刘永好的肚子里充满了他艰苦创业的故事，这一过程中要付出多少艰辛才能走到今天。

今天在座的各位还关心一个话题：习近平主席"两个毫不动摇"坚定地发展民营经济，那为什么现实中普遍出现了民营企业悲观失望的情绪呢？如何解决上下统一坚定信心的问题呢？今天我们就来听一听刘永好董事长是如何用小故事讲大道理，并且坚定不移地走改革开放的道路的。他除了是新希望集团的董事长、民生银行的副董事长，也是全球川商总会的会长，还是中国光彩事业的发起人之一，所以他一直没有忘记这么多正在奋斗中的民营中小企业家，不忘广大的贫困人口和地区，不忘企业对社会的回馈，不忘对未来青年一代的培养。

中美贸易战开战在即，大家知道贸易出口的构成吗？外资企业占45%，国有企业占10%，剩下的45%就是民营企业。50%的税收来自民营企业，60%的GDP来自民营企业，70%的专利、技术进步来自民营企业，80%的就业来自民营企业，这样的数字在中美贸易战之际，我们怎么能动摇呢？刘永好董事长将用他的例子雄辩地证明这些数字。

黄进：今天是蓟门法治金融论坛的第60讲，是一个很吉利的数字，也是一个轮回的数字。我在这里代表学校衷心地祝贺蓟门法治金融论坛取得这么好的成绩。

今年还是国家改革开放40周年，也是中国政法大学复办40周年。在这样一个年份，我们一定要回首中国，回首这所大学所走过的道路。我们能有今天的成功，最重要的原因就是坚持了改革开放。在改革开放的过程中，一个很重大的改革就是我们既坚持国有制经济，也坚持民营经济，民营企业的成长和发展极大地促进了国家经济社会的发展。

现在进入了中国特色社会主义新时代，新时代就要有新气象，就要有新作为，也更需要有新的希望，所以今天请到了刘永好董事长。他将从新希望集团成长历程看民营企业在中国经济、社会发展当中的重要地位或作用，也就是我们讲的新的希望。

今天是第25届国际消除贫困日，也是第5届中国扶贫日。中国扶贫办牵头，从全国各个省市遴选了一批在精准扶贫上做出贡献的个人、企业、政府，给予表彰和肯定。我有幸被授予了"全国脱贫攻坚奉献奖"，媒体记者采访我，问我拿到这个奖有什么感触？我说国家改革开放40年，国家富裕了，人们的生活水准有了极大的提升，但还有一部分地区贫穷，所以党和政府下决心要精准扶贫。但是要在2020年实现脱贫，任务非常艰巨。

党中央提出了三大攻坚任务，第一个任务是脱贫攻坚，任务非常重。但是全党、全国、全军，企业家们，全国人民都动起来了，今天便表彰了一批优秀的企业家，一些组织者和参与者，一些为扶贫做出贡献的基层人士。我挺高兴的，因为能够荣获这个奖至少说明了我们为精准扶贫事业做出了一定的贡献，这是我觉得挺骄傲的地方。

新希望集团仅仅是中国2900万私营个体、民营企业中的一员，或许我们做的时间相对长一些，从1982年开始创业，到今年已经有36个年头了。可以说我们是改革开放的见证者、参与者和受益者，今天我就结合我们自身的经历讲讲民营企业一路走来的一些感悟。

一、新希望集团的诞生

我们企业是1982年成立的，其实在1980年我就想创业，或者说是想自己做点事。1938 年我父亲在重庆上学，他是一个积极分子，曾经到电台、到街头宣传抗日救亡运动。由于表现特别优秀，他当年便加入了中国共产党的地下组织。那时候要做一个地下党员是特别难的，弄不好会丢命，确实有很多中共党员因为参加了地下工作而丢掉了性命。那时母亲在黄埔军校，抗战以后黄埔军校就搬到了重庆，我母亲和我父亲便在那儿相识了。从小父亲母亲就教育我们要为社会做贡献，要有敢干、敢拼、敢闯的精神，希望我们好好学习，希望我们珍惜好时光。"文革"时期我父亲受到冲击，被打成叛徒送到了成都市牧马山上放羊、放牛，我们家的生活水平就下降了。家里有四个兄弟和一个妹妹，那个时候我们都还很小，还不能工作，七个人就靠父亲不多的工资生活。所以我小时候吃了很多苦，20 岁之前我没有穿过布鞋、胶鞋、皮鞋，我穿的是自己做的草鞋。我特别羡慕其他的小伙伴居然可以买解放鞋的鞋底，解放鞋要是坏了扔了，就把鞋帮去掉，钉一个鞋子就是皮草鞋。我很羡慕皮草鞋的舒服、结实、耐穿，我用稻草做的草鞋两三天就坏了，更谈不上保暖。我也想穿军用解放鞋，但是有钱有票也买不到，军队才有。恰好有一个废品回收站收了一些部队的战士穿旧了、穿得不能再坏了的鞋，我便去挑了一双穿，虽然两只都是坏的，但是我补了补还可以穿。那时候我的脚大概是 40 码，那个鞋是 43 码，我穿到里面就像划船一样。

我 14 岁的时候到北京来见毛主席，那个时候叫"大串联"。为了见毛主席，家里面给我做了一条新裤子，以前我从来没有穿过新裤子。新裤子要用新布做，很少卖成品。买布也不是随便买的，要有布票；布票也不是随便买的，它没有交易，都是发的，可能每个地方不同。在四川省新津县，不管是大人还是小孩，每人每年发三尺布票，三尺布票换一米布，给我做一条裤子要两个人当年全部的布票。

我还穿了一件双面呢的衣服。这件衣服很有年头了，是我父亲参加土改的时候在街上买的，本来就是旧的，买回来之后我父亲穿了大哥穿，大哥穿了二哥穿，二哥穿了三哥穿，到了我这儿这件衣服的寿命是我当时年龄的2倍。

因为要见毛主席，衣服太旧了也不行，就染一染，就是在锅里烧开水，花一毛二分钱买一个黑色的染料（也有其他颜色，不过我那件衣服已经染了很多次，因此只能染黑色）放在锅里煮开，把打湿后的衣服放在里面搅拌，大概煮20分钟，相当于煮熟了，再看什么地方不均匀，不均匀的地方再来一次。就这样我穿了一件穿了20多年的被我父亲和三个哥哥穿过的毛呢衣服，以及一条新裤子就去北京见毛主席了。

到了北京，大家住在清华大学的主楼里。地上铺了稻草、凉席、草席、被子，我看到后很兴奋很激动，从来没有住过楼房，从来没有坐过电梯。我们更兴奋的是，在这儿吃饭发的是饭票，饭是随便吃的，一张票能换两个鸡蛋，我好久没有吃过鸡蛋了。

我们培训了两三天后终于要见毛主席了。不过在训练时不知道谁不小心把我的脚后跟踩着了，结果鞋底和鞋帮完全分开了。我到校医那儿拿了一些绑带，把鞋底跟鞋帮绑在一块又一起训练了。临到见毛主席的时候我感觉到不雅，就去垃圾站、房间到处找，后来在清华大学原来的宿舍里发现一双鞋，是原来的学生留下来的，虽然也很烂，但是至少可以穿，我就这样"全副武装"地见了毛主席。

改革开放40年，人民生活有了极大的进步。你们的父辈、你们的爷爷可能跟我的生活经历差不多，那个时候中国就是这么穷，就是这么差，吃不饱饭是常态。我下乡到农村当知青，当时身高跟现在差不多，体重110斤，现在是160多斤。到上午十点十一点的时候肚子就很饿，饿到中午的时候直吐酸水。我最大的期望就是天天有白米饭，一周吃一次麻婆豆腐，一个月吃一次肉。

我们几兄弟在20世纪70年代末陆续大学毕业了，分别在政府机关、学校、国有企业工作，都是别人看来很好的、很稳定的工作。但是我们都

第四篇
从新希望集团的成长历程看民营企业在中国模式中的重要性

有一颗不安定的心，第一，我们想挣钱买鞋、买衣服，想挣钱吃得好，不要挨饿，这是基本的想法。第二，我们都很能干，想做一些对社会、对国家有益的事。第三，我们学习都很努力，都很心灵手巧。"文革"期间我们尽管穷，但是我们热爱无线电，是无线电"发烧友"。那时候市面上根本没有卖电视、收音机的，有卖的也特别贵，我们根本买不起。于是我们就自己装，从装矿石收音机开始，到装二极管收音机、半导体收音机、电子管收音机，后来又装电视机。我们自己买器件，自己做，自己焊接，自己设计，自己调试，大约用了一年的时间，在没有任何仪器设备的情况下，我们居然弄出了成都第一台私人组装的电子管电视机，并且看得见人头动，有声音在叫，以至于后来半条街的人都到我们这儿看电视，看看电视是什么玩意儿，连我们县的县长都到我们这儿看。我们毕业之后，我在一个中专教书，教的是机械和电子，我对这些行业都挺熟的，于是就装了一个音响。音响很简单，花不了几块钱，效果很好，声音也很大，同学们都在我的房间里听。后来全校的师生都让我帮忙装音响，我都装不过来。

我下乡时的生产队的队长也说让我帮他装一个，还说生产队有一个库房一直空在那儿，还有十几个毕业以后没事做的小伙子，让我也教教他们怎么装。装好后我们把音响拿去卖，一年挣不了多少钱。有人提议干脆办一个工厂生产音响，肯定赚钱。于是我们就生产了第一台音响，声音大，效果好，生产队长高兴得不得了。但生产队长说要开工厂，就得请示一下公社书记，我们就把音响拉到了公社。书记听了我们的想法，沉默了一会儿便说，这是走资本主义道路，坚决不行。

那个时候我好久没想通，不过我们只好把剩下的几台装好的音响送给老师、同学、生产队长了。这个音响不仅成为我们学校（四川省机械工业管理干部学校）的实习产品，还被评为四川省科技进步奖二等奖。

后来有人就说，假如当时允许你们做，到今天你们刘氏兄弟可能就是家电产业的代表人物了。我说这是一种可能。第二种可能就是我们不知道在哪里了。当时有个引起轰动的事,就是傻子瓜子卖了100多万元,中央为此开会讨论了好久,要不要动傻子瓜子。我后来回想,如果我们的音响生意在20世纪70年代末做成了,那么那时候中央开会讨论的可能就不是傻子瓜子了,而是我们刘家兄弟卖音响的事。

音响事业没有做成,我便回去继续当我的老师,教我的书。但是我们创业的心不死。转机出现在改革开放后,1978年家庭联产承包责任制开始萌芽,政府把土地分给了小岗村的几十个农民,农民自己种地,创造了包产到户责任制,这肯定是要向全国推广的。这个时候有很多的报道,中央开了十一届三中全会,允许农村搞经济,搞专业户,我们觉得机会来了,城里产业不让做,我们就做农村产业。于是我们兄弟几个就委托我和我三哥找县委书记,向他请示我们想做点事,我们大学毕业后在政府、在工厂、在学校工作,现在想当专业户支持农村科技,想把科技带到农村。县委书记想了一下,说能把科技带到农村去这是好事,现在国家鼓励和支持农村专业户的事,而且科技下乡也是好事,他很支持我们。但是他提到发家致富不能忘了老百姓,他希望我们每年带动三个专业户进步和成长。我们领了这个任务就下乡了。

我们到农村首先养鹌鹑、养鸡、养猪,然后做饲料,这样一步步发展到1982年,通过我们的勤奋、努力,再加上政策逐步转好,我们正式开始创业,这是我们创业的前身,我们起了一个名字:"育新"。我们蒸蒸日上地发展,势头很好,带动全县养了200多万只鹌鹑,成为全中国第一大鹌鹑养殖基地。我们几年下来带动了数以万计的人养鹌鹑,成为全中国乃至全球最大的鹌鹑养殖中心,以至于全球的鹌鹑行业都向我们学习。我们几兄弟,就这么成了"鹌鹑大王"。

后来我们觉得鹌鹑是一个小产业,再大也有天花板,而饲料行业是非常大的,而且四川养猪多,生产猪饲料很有前景。于是我们便开始生产猪饲料,在竞争中我们逐步站稳了脚跟。

二、新希望集团发展面临的问题

1990年年初,风向又有了变化。媒体报道并且引发了社会对于姓资姓社的大讨论,关于个人创办企业究竟对不对的话题被媒体广泛报道。那段时间我们做事就难了:运输不被批准,说我们走资本主义道路;采购原料也遇到了阻力。在这种情况下,我们兄弟几个开会商量,既然不让干就不干了,干脆当开明人士,把企业交给国家。那时候我们的公司已经有几百名员工,几千万元的年销售额。我们找到县委书记,说我们想把工厂交给政府,不过我们对公司有感情,员工也认可我们,希望能让我们当厂长,工资多少都可以。书记一听沉默了,他想了几分钟说:"我了解你们兄弟,当年我支持你们到农村创业当专业户,当下确实有一些争论,但是到今天我们并没有收到中央的文件。你们把科技带到了农村,对带动农村发展是有一定贡献的。所以我觉得,现在你们还不至于要上交企业,我建议你们回去悄悄地干,不要声张。"我们一听,心里面的石头落地了,这是好书记啊,党的书记就是好。我们回去之后便悄悄地干,我们内部改造,内部整理,不打广告,也不宣传了。

其实在这之前我们的广告宣传做得很多,《中华人民共和国广告法》刚刚颁布,我们就在四川电视台做了广告。当时四川人一打开电视就看到我们的广告:"养猪希望富,希望来帮助",以至于四川电视台当时被人戏称为"猪台"。

另外就是做营销,营销非常重要。我没有太多的钱,但我发现农民朋友到年末的时候家家户户都贴一张门神,喜庆。那个时候印刷不发达,买一张门神要一毛钱,不过我会临摹门神。我临摹好了门神,还在上面附了我们的广告,然后拿去送给农民。家家户户都争着抢着要,我们的广告也随之家喻户晓。后来我发现门神上的广告太小了,要走到门前才可以看清楚。那时候农村家家户户都是土墙,我就想到可以在农民的围墙、院墙上粉刷广告,也帮农民装饰了墙。第一我们刷油漆不收钱;第二，一定要喜庆，红色的可以，黄色的可以。我们就开始在川西农村刷广告："养猪希望富，希望来帮助"，黄色的底，红色的字。农民朋友觉得刷了墙后很洋气，都特别感谢我们。当时我们这叫立体营销，上有电视台、广播电视台，下有门头广告、墙头广告，哪儿的电线杆高，我们就贴在哪儿，到处可见"养猪希望富，希望来帮助"。这是我们早期的营销，几乎没花多少钱。

听了县委书记的建议后，我们就不宣传了，大概停了一两年。我们也没有关门，就低调地干。

到 1992 年 3 月，我们突然听说邓小平同志在深圳做了一个南方谈话，媒体对此进行了报道，标题是《东方风来满眼春》。我们连夜学习，讨论心得体会，一直到凌晨三点钟。邓小平同志讲到发展才是硬道理，不要争论，要敢闯敢干，做错了也没有什么。这是"东方风来满眼春"，中国的格局从此全部变了，一大批人开始下海创业，这个时候像我们这样原来就有基础的便迅猛地发展起来。我们大概从 1992 年开始，用了 2 年的时间，在全国各地开设了 30 多家公司，有新建的、收购的、并购的。我们企业形成了新的格局，顺潮流而动，这个潮流是党的改革开放的好政策，我们是改革开放的受益者。

改革开放初期，政策开始逐步松动，虽然仍有很多的不确定性，但是市场是非常好的。南方谈话之前市场非常好，是因为那个时候什么都供不应求，不管做什么，只要你敢做、认真做，就一定赚钱。到后来由于姓资姓社的争论，我们差点把企业交出去，但是县委书记帮了我们一把，企业得以保存下来。到 1994 年，我们企业迅猛地发展，开始成为集团化的企业，成为全中国第一家集团化的企业。当时我们要组建集团，工商局说哪有什么集团，从来没有听说过。省长说这个事情很大，便提交全国讨论，最后被批准了。

三、新希望集团的转型

发展是硬道理，我们从中学到了很多，也取得了一定的进步。1992年以后，改革开放进入新的阶段，一批新的经济形势出现了。不要争论，不讲姓资姓社，发展才是硬道理，以经济建设为中心、中国特色的社会主义逐步兴起。

1995年，国家工商局和中国企业评价协会评选全国私营企业500强，我们被授予中国私营企业第一名——希望集团。我真的没有想到我们是第一名，依靠我们的勤奋和努力，依靠市场、国家、党的好政策，我们做到了。

1993年经济快速发展，有一批私营企业家当选为全国政协委员，我是15个企业家中的一个。这一年我被安排到人民大会堂参加两会，能够参加这样的会我很兴奋，很激动，这可是国家领导人经常主持会议的地方。没想到我还被通知要作为私营企业代表，在人民大会堂的主席台上发言。我想了好久，最后以《私营企业有希望》为题，讲了自己的实际体会，讲私营企业好，讲党的改革开放政策好，讲私营企业的进步，讲私营企业为国家做的贡献，没想到获得了全场热烈的掌声。这是中国改革开放以后，第一次由民营企业代表在人民大会堂做两会发言。

发言后，两会新闻中心说他们接到了国内外很多媒体对我的采访请求，因为我是私营企业的代表，私营企业那个时候的进步和发展是一个大事。于是两会决定举办一个由私营企业代表组成的两会新闻发布会，让我和另外三个民营企业家参加，就讲民营企业的进步。这个事令我更紧张了，下面坐着几百个记者，有照相机、摄像机、电视机，还有金发碧眼的记者。相关的同志告诉我，我发言讲得很好，讲自己的体会和感触就可以，不要有什么顾虑。这次发布会的效果很好，国外很多媒体都以此为内容进行了重点报道。

我一不小心做了10年的全国政协委员，做了10年的政协常委，又做了10年中国财经委员会副主任，这期间我认识了很多专家、学者和企业家，还有政府领导，其间我向他们学习，和他们交流沟通，受益匪浅。

1993年，经叔平先生当选为全国工商联执委会主席，我被安排做全国工商联副主席，也是第一个民营企业家身份的副主席。一开始我根本不知道要做什么，后来我知道了工商联是联系党、政府和民营企业之间的纽带、桥梁。我做了很多的调研，结果发现民营企业反映得较多的，第一是产权保护问题，第二是行业的限制问题，第三是贷款问题。于是我就通过政协委员提案的方式积极反映了相关问题。

最让我欣慰的是一件事。是我通过调研发现，民营企业贷不到款的问题是格局造成的，那个时候国有银行经常处于破产的边缘，坏账率超过了20%。我在工商联的主席会上建议，由工商联牵头，兴办一家由民营企业投资的银行，没想到这个想法得到了认同。工商联随后向中央打报告，我联合了人大代表、政协委员共计四十多人向国家提案。由工商联牵头、民营企业投资创办的银行就这样获批了，经叔平是筹备组的组长，我是副组长。在1996年1月12日，中国民生银行正式成立了，我担任民生银行第一任副董事长和大股东。民生银行经历了23年的发展，从当时的13.8亿元的规模做到了现在的超过60 000亿元的规模，其间它率先实行了董事会的法人治理结构，率先引进了独立董事的制度，率先引进了国际银行，同时率先实行了规范化的公司治理，率先在国内A股上市，然后在中国香港上市，为中国金融体制的改革发展创新做出了应有的贡献。

民生银行的成立说明了什么问题呢？第一，民营企业是可以办好银行的。第二，党和政府也是支持民营企业办银行的。在这个基础上，最近几年先后成立了十几个民营银行，其中也包括我参与创办的新一代互联网银行——新网银行。一年多来，服务超过1800万用户，累计放款金额超过1200亿元。新网银行的不良资产率为3‰，这个数字相比全国其他银行是比较低的。新网银行的全部业务都不要担保。你如果向传统银行贷款，需要先把三年的财务报表拿来，说明用什么抵押，说清楚历史上有什么问题，这是传统的办法。传统的银行都是二八定律，即对 20% 的企业发放 80% 的贷款，赚 80% 的利润。80% 的群体特别是小年轻、大学刚毕业的人不能贷款。像农村进城的群体，他们有消费的需求，但是他们没有可抵押的，没有房子抵押，没有汽车抵押，没有三年的财务记录，普通银行不给他们贷款，谁给他们贷款？我们就想到要做一个有牌照的、在规范监管体系下的严谨的、科学创新的银行，经过一年多的努力，新网银行初步取得了一点成绩，成为中国在金融创业领域走在最前列的银行之一。每年有不少的金融机构到新网银行考察学习。另外，我们还组建了新希望金融科技公司，专门做金融科技的研发，研发了 14 套金融科技系统、信息化系统、操作系统、解决方案等。

我们是传统企业，但是我们意识到现在必须大胆任用年轻人，在创办新网银行时，我们特意从欧洲、美国硅谷、北上广深，从互联网企业找来一批平均年龄在 20 岁左右的大数据工程师、算法工程师和互联网思维非常强的人，以此来组建高科技的、创新的、智能化的金融体系。

刚才讲到我们之前主要是做农业，现在我们做金融，并且做得还不错，这背后其实是机制的力量在推动。我们搭建了一个平台，这个平台上会聚了一批年轻人、一批精英人士，一批想做事、有想法、积极的人，他们发挥才智，成为我们的合伙人。这些人就是老板，是创业者，他们的利益跟公司密切相关，他们的未来掌握在自己的手上。在这种情况下，他们不是干 4 个小时，也不是干 8 个小时，他们几乎每天干 10 个小时、12 个小时，回去躺在床上还在想问题，周六、周日几乎还在创业。合伙人制度在我们集团广泛实施，工资你自己定，奖励你自己定。你是创业者，你是老板，你拿多了别人拿不了，别人就不跟你一起干了。商业要讲规则，更要尊重人性，人性的基本点就是"四共"：共识、共创、共享、共担。

今天还在第一线的改革开放初期创办的企业，确实不多了，很庆幸我们没有成为"烈士",不过我们的墓碑都选好了,就叫作"准烈士"吧。当你有"准烈士"的心态的时候,你做事就坦然了,顶多就是烈士啊。华为说华为的冬天来了,其实越是能够意识到自己的危险、困难、问题,越容易取得进步,做企业家危机感一定要强。

几天前在成都召开了2018全国双创周,韩正副总理参加了活动,我有幸在这个活动上代表企业家进行了发言。我结合新希望集团近几年的转型谈了谈传统产业的创新和创业,说了以下几点。

首先是今天中国经济面临的新的复杂性。第一,传统企业的很多传统产品都过剩了,不管是衣服、皮带、鞋子,甚至连房子都过剩了,而且过剩的格局互相竞争,利润率很低。第二,国家对环保、社会保障体系的要求和工资上升的趋势,导致民营企业、实体经济的压力都特别大,本来利润就比较低,现在环境保护、工资政策方方面面调升,以后利润就更薄了。再加上宏观的金融政策和金融格局,还有中美贸易战,民营企业确实感到压力很大。

其次,优秀的企业多数是创业创新的科技型企业,要么机制优先,要么科技优先。机制优先像海底捞人性化的安排,科技优先像阿里巴巴和腾讯。两项都不占一定"死"得惨。

最后,优秀的企业多数是新企业,不是老企业,老企业再次发力的少,从全球来看都是这样的,像宝洁,虽然现在还可以,但是绝对不是当年的它了。当年手机领域非常厉害的摩托罗拉、诺基亚等企业,现在也远不及当年辉煌。为什么呢?一些新型的小企业起来了,如华为、苹果、小米,还有以前从来没有听说过的企业都起来了,它们做到了中国的前几位。我和小米的董事长雷军是好朋友,他凭什么做手机超过了诺基亚呢?就是因为占据了创新、科技、机制这三样。

创新,他们用移动互联网的技术;科技,用智能化的应用;机制,他们是合伙制,还引进了一些先进的分配机制,像小米生态链等。创新和科技有衔接，轻资产运作，很多东西承包出去，企业就不用建得太大了，分工合作，我们只做该做的事。全世界市值最大的是苹果，一万多亿美元。以前我们国家为之骄傲的中石油、中石化都了不得，但是现在腾讯、阿里巴巴的市值已经超过了以前不得了的那些企业，而阿里巴巴等都是新企业，都是科技、创新、机制优先的企业。

四、新希望集团的文化

充分认识到上述情况后，我们就做了几件事。

第一，我们集团有36年的历史了，从5年前开始年轻化，公司总部管理层的平均年龄下降了15岁，40多岁的总部高层，30多岁的中层，年轻的基层管理者比比皆是。我们做了一个管理培训认证，在全国各个地方招聘，大批的年轻人走到工作岗位的第一线。

有人说我女儿很能干，我们交接班做得很好，其实不是一个人做得好，是一群人，是一帮人，是几百个、几千个这样的人做得好。现在我们事业单位的各个部门，都是"70后""80后""90后"的人，要是把我开除了，我们公司总部管理层的平均年龄又下降了好几岁。

另一方面，我们还有一批当年跟公司一块儿进步的、打江山的老同志，他们对公司忠诚勤奋，做出了重大的贡献，但是到今天60多岁了，他们不懂互联网，不懂新科技。有这些勤勤恳恳、踏踏实实、对公司做出大贡献的老人是好事，但是他们在创新、科技等方面确实有局限，我们就做出调整，让年轻的同志走到一线，对元老妥善安排，该退休的退休，该做顾问的做顾问。年轻化我们做到了，今年还招5000个大学本科毕业生；招聘事业合伙人，工资你自己定，奖金你自己定；招聘创业合伙人，现在我们拥有超过150个创业合伙人，他们在不同的岗位上努力。

第二，机制方面，我们成立了草根知本集团。刚刚成立时跟集团没有关系，管理都是独立的，遵循新的制度、新的规则、新的玩法，重点关注消费升级相关的产业。草根知本看好的一个行业是冷链物流。我们成立了冷链控股公司，引进合伙人机制后在全国整合，用了两年多的时间，现在30多个冷链物流企业遍布在中国各个大城市，有几万辆车在全国各大城市配送。我们成立的冷链控股公司进入了全国冷链物流行业的前几位，目标是在最前列。

第三，是宠物经济。大家生活水准提高了，很多人把猫猫、狗狗当儿子女儿带，这是消费升级的需求，陪伴的需要，情感的需要。这几年这个行业每年以超过20%的速度在增长，有很多企业在做，但是没有领头企业，于是我们在国内成立了电商公司，卖猫粮和狗粮。另外，我们还在澳大利亚收购了当地一家知名公司。这样我们既有了海外企业，也有了国内的企业；既有了原料，也有了品牌。

第四，现在生活水准提高了，大家喜欢吃保健品，年轻人喜欢美，老年人喜欢补。于是我们成立了一家保健品公司，我们收购了在四川有十多年历史的三勒浆保健品工厂，我们也收购了在澳大利亚有四五十年历史的本土品牌的保健品工厂，这是快速进步成长的行业。

第五，四川省长给我讲了很多次，四川是川味大省，郫县豆瓣不规范，郫县豆瓣哪个品牌好？下面有100多个品牌，于是我们就整合了郫县豆瓣里面比较大的一个企业，叫金福猴，还控股收购了四川有70年历史的大王酱油。大家说餐饮里面火锅最旺，串串香最旺，串串香里面麻辣味最旺，我们又整合了火锅，把全国做串串香最好的一个由"80后"小伙子开创的企业变成了合伙制。这家企业有几千家串串香店，我们控股，支持他的发展。我们还成立了调味品公司。

我们草根知本短短三年时间就孵化出了几个赛道，这几个赛道中的企业有的已经准备上市了，有的立志做到行业的前列。

新希望集团是平台经济，以前是我自己做企业，现在是一个个合伙人在这个平台上一起孵化大平台、中平台、小平台、微平台。正因为这样，我们开拓出了一系列的产业。最近做的一系列的事全部是按照平台化的、创新创业的机制和思路做的，取得了一定的进步和成长。

面对今天的困难、压力和贸易战的制裁，显然我们走出了一条新的路子，这条路子尽管难，但是也充满曙光，这就是我们的转型。

今天我们还在努力做的一件事是践行社会责任，这也是民营企业发挥自身价值的一个领域。1994年我联合了其他9名企业家，发展扶贫光彩事业。在精准扶贫、扶贫攻坚战的格局下，光彩事业正在发挥新的光彩。去年，我们集团决定在凉山这个特定的贫困地方投资20个亿来做扶贫，现在全面展开，我们用产业扶贫的方式在帮助农民脱贫致富。过去20多年，我们推动光彩的扶贫事业，在精准扶贫中实现了"1+1"的扶贫策略。我们企业本身要扶贫，在凉山很多地方做产业扶贫。同时我们的员工要扶贫，我们有几百个工厂，有2000多名中干以上的干部，中干以上的干部每个人至少帮助一个贫困群体，不管是在老家还是在工作的地方。把公司扶贫和员工扶贫结合起来，我们希望帮助一万个左右的贫困人口，为扶贫事业做出我们的贡献。从这方面可以看出，有一批民营企业做这样的事，说明民营企业受益于党的改革开放的政策，进步了，成长了，今天我们也对社会做一些积极的回馈，不单单是税收，不单单是产品，我们还要对精准扶贫事业做出我们应有的贡献，这是我们这一代民营企业的进步。

点　评

刘纪鹏：非常精彩，小故事大道理，整个演讲从主题到逻辑结构一气呵成，今天的成功又有多少创业的艰辛。我也在沉思，有时候我也觉得创业特别艰难，改革特别艰难，40年的改革成果，小平多不容易，要突破多少阻碍，才敢讲什么是社会主义。我在这儿当商学院院长还不到两年，来到这儿我哪儿都想改。我把学科改了，原来是"所院"体制，现在是"系院"体制。我们还独创了两个法商管理,把法学英语改成了商语。每一步改,都得征得的人同意。好在我碰到了黄校长,他给我出招,干脆把商学院当成中国政法大学改革试点。

我听了刘永好的话,有两点印象特别深刻。一是我们每迈一步就会跟旧体制冲突。他说他随时做好了当烈士的准备。如果那会儿不冒险,能有今天的新希望吗?今天他可以获得这样的成功,一路过来,每走一步都跟旧体制冲突。一点不创新,不承担风险,小平同志能把中国搞成这样吗?那时候每一步都和已有的政策相悖,到今天依然存在这样的问题。所以民营企业家现在所担心的是有道理的,可是在那个时期旧体制本身就不合理,难道不应该冲击吗?

二是他的口号,"养猪希望富,希望来帮助",这句话他反复在讲,多通俗的广告词,我也在想下一步有没有"教育希望富,希望来帮助"。

王玲:我是做创新创业研究的学者,刚才从您的讲述过程中我听到词频最高的有几个词:率先,第一次,科技。这些跟我们的创新都是相关的,所以新希望集团的发展也是离不开创新的。

近几年我也在关注社会创业,这个月我和浙江大学、中央财经大学的老师一起编写了社会创业的教材,社会创业会关注到社会问题,解决社会问题,这里面特别大的问题就是农民问题,还有农民的创业问题。其实解决农民的问题,和您刚才提到的科技扶贫都是相关的,所以我非常关注新希望集团的创新,还有刘永好董事长的企业家精神。

2013年5月22日,新希望集团有一个大的调整,就是您的女儿刘畅被选举为新希望六和董事长,当时华南理工大学的陈春花教授被选为联席董事长和CEO,这个是刘永好董事长他们创建的创新模式,是混合接班人的模式,也是制度创新的典范。我是非常钦佩春花教授的,她现在做德鲁克式的管理布道,我喜欢她,也对我们新希望集团更加关注。

今天的演讲题目有三个关键词,第一个是"民营企业",第二个是

第四篇
从新希望集团的成长历程看民营企业在中国模式中的重要性

"中国模式",第三个是"新希望集团的成长历程"。

第一个话题谈到民营企业,毫不动摇。李克强总理提到了大众创业,万众创新,包括优化营商的环境,刘院长也提出一系列的数据,都是说明民营企业的重要性的。我也想引用刘永好董事长在改革开放40周年的专栏,他作为亲历口述者之一,标题是《民营企业有希望》。

第二个话题谈到中国模式,我一直在倾听,包括学界也在讨论关于中国管理模式的问题,这也是我们作为中国学者的一个重任。刘永好董事长分享的时候提到很多,学过管理学课程的学生都学过PEST分析,刘永好董事长就用到了PEST分析,所以中国模式的总结对我们学者、学生来说都非常重要。

还提到"四共"模式,其实就是激活人的创造力,就是利益的分享,责任的分担。我记得华为的任总有一句话:所有好的产品都是人的智慧创造出来的,所以我们应该更多地去挖掘人的大脑里面的矿藏。华为的成功在于他对人的经营的成功,这都是我们对中国管理模式的总结。还有我们的副理事长在南方水泥并购的时候提出三盘牛肉:第一是以好的价格并购,第二是留出股权实现利益的分享,第三是把企业家留在企业中担任管理者,这些都是我们中国的企业家自己在干中总结的经验,值得我们深入地挖掘总结。

第三个谈到新希望成就的问题,刘院长请了很多企业家做分享,每次我听他们讲创业的故事,创新的故事,都很激动,我也在想,是什么样的原因使得这些企业家引领一家企业从无到有,获得今天这样卓越的成就?他们是不是具备特别的特质?我的总结是,他们具有创造力、善道,还有恒道。创造力加上企业家的情感,就是企业的社会责任。

从创新来讲,做企业的过程中都有。我想引用斯坦福大学马奇教授的愚蠢术的理论,他说商学院里教导得更多的是明智的理性,有的时候我们需要"愚蠢"的非理性。非理性就是我们要打破固有的思维,勇于探索创新，有更新的理解。刘永好董事长就给我们讲了探索未知的故事。

还有善道，经济目标和社会目标作为并重的发展目标。金庸小说《天龙八部》里面有一个扫地僧，他在练拳法的时候也练佛法，用佛经的善举来冲淡武功的攻击力，这也是现代企业家应该修炼的，既追求经济目标也追求社会责任，越是大的企业，它所承担的社会责任越重。刚才听到刘永好董事长说他获得了扶贫贡献的奖项，这也是非常珍贵的。

持之以恒，就是意志力。像歌德那样的，他怀有梦想，砥砺前行，其实很多企业家都有坚持的精神，是值得所有人学习的。中国也有自己坚持不懈的形象，比如说愚公移山，智者告诉他这个事情做不成，但是他坚持不懈地把这个事情做成了，我们企业家也有这样的精神。这是我听刘永好董事长所讲总结的，一个是创道，一个是善道，一个是恒道，三者都拥有便注定了他的企业家精神。

邓达：第一次知道希望集团是在我上大学的时候，大概是大二的时候。放假我和几个同学坐火车去四川旅行，玩了一个多月。那次旅行在我印象中排第一位的是九寨沟的美景，并列第一的就是"希望"，因为铁路两旁就是永好董事长讲的"养猪希望富，希望来帮助"，"吃一斤长一斤，希望饲料就是精"，我印象特别深。谈到这样的广告词，我作为"帝都"的大学生，这个希望真的不简单，胆子也很大。20世纪80年代初到90年代初，农村的墙上都是"生男生女都一样"，希望集团的这几句广告词是聚焦农村市场，市场的意识非常明确，是国家最早期的户外广告，这样的形式特别适合主体用户，对农民效果好。广告语朗朗上口，过目不忘，到现在它依然是广告界的经典之作。

在20世纪90年代初能想到这些词，而且把它刷到墙上去，还可以盖住计划生育的标语，这样的企业是不是真正为市场经济而生的呢？翻一翻日历，那一年是1992年，邓小平同志南方谈话，那一年希望集团注册成立，成为中国第一家私营企业。

第四篇
从新希望集团的成长历程看民营企业在中国模式中的重要性

今天要来听讲座，我就习惯性地在中国知网上搜索了一下刘董事长和新希望，用新希望集团作为经典案例来研究的文献是非常多的，包括民营公司的多元化战略、并购战略、可持续化战略，以及家族企业传承方式和传承效率，等等，这都是意料之内的，为我们理论界贡献了非常多优秀的案例。在意料之外的是，我发现了刘总本人发表在知网的文章超过了10篇，这些文章从1993年到2018年，最近一篇发表于2018年5月。刘总在实践当中也在不断地思考和摸索，从这些文章中我们可以看到新希望的战略思考，看到它的战略谋划和发展历程，就是董事长所说的观念为先，你的观念，这些文字就是最好的体现。最早的一篇是1993年的，刘总提到在人民大会堂的讲话，题目是《私有企业大有希望》，发表在《中国民主和工商》上。1995年有一篇，题目是《民营企业如何才能健康发展》。不得不说，新希望是我们国家最早思考和践行民营企业的。谈到坚定不移地走农业化产业道路这个话题是在1999年，希望的国际化战略也是早有预谋的，2004年就提到国际化企图，要学习细胞裂变式的全球化。还有家族传承和人才战略，在新世纪之初就思考了，2002年有一篇文章，题目是《经营企业不经营亲情》，提到家族企业要培养管理者。1999年的时候就发表了《保持创业者心态建立信用经济》，那个时候我们学术界能谈到"信用经济"这几个字的人还是个位数，所以我非常震惊。

我想我看到的这样一个成长，不是因为偶然，而是因为观念，是谋略，是一种市场的嗅觉。刚才刘董事长谈到了很多传统产业的创新创业，从民生银行到新网银行，"四共"机制，这样的一些观念，这样的想法都印证了市场经济本身是一个人性的经济，刘董事长也说到了他摸索出来的"四共"也是人性的选择。在整个市场经济当中，最具嗅觉的实际上是民营企业，最能参透市场经济本质的也是民营经济。如果说市场经济本身不动摇，那民营经济也不能动摇。我们今天看到的就是这样一个企业和企业家，向市场而生，向战略而生，向未来而生。回望改革开放40周年，民营企业中新希望的地位举足轻重。民营企业是中国经济的希望。我们法大为法治经济保驾护航,感恩40年,展望未来,我想说有我们,有你们,有希望。

熊金武:刘永好先生是改革开放涌现出来的代表,他是我们四川的骄傲,我从小就是经常听"养猪希望富,希望来帮助"。2013年我刚到北京不久,在一次大会上听到刘永好先生的发言,他用企业的角度解读十八届三中全会,我很激动,我就问他能不能合影,他说可以。现在这张照片是我的微博头像,一直是这样的。今天在这里,我不仅从四川人的角度看刘永好先生,也从企业史研究者、从企业史来看刘永好先生的企业和他个人发展的历史。

半年以前我说改革开放离不开我的另外一个老乡,这个老乡说"发展就是硬道理",不管"白猫黑猫抓到耗子就是好猫","摸着石头过河"。改革开放离不开小平同志,构建市场经济,市场经济的主体是谁?谁来建设市场经济?市场经济是由企业和企业家构成的,刘永好先生所代表的这批企业家正是邓小平理论的践行者,改革开放的实践者。

1982年,你有一个铁饭碗,你敢下海创业吗?1992年,都不知道公司是什么的时候,你能通过工商联组建一个公司吗?刘永好先生有太多可歌可泣的故事,体现在民营企业家敢于创新,敢于拼搏,苦干实干。正因为有了他们的努力,才有了改革开放40周年伟大的成就。这条道路不是一帆风顺的,也会有各种各样的问题,刘永好先生提到了傻子瓜子的故事,雇一个人,是不是剥削?雇七个人不是剥削,雇八个人就是剥削,这种情况怎么办?中国企业家不容易。有党的领导,小平同志说遇到问题不合法就先看看,不合法就把它合法化。小平同志和党的政策领导给了民营企业家创业的信心,才有了民营企业的今天,改变了民营企业家的命运。没有党的领导,就没有民营企业的今天。

回首过去200年来中国的企业史,在清末国家积贫积弱的时候,我们看到国家处于多么危难的境地。在汶川大地震后，民营企业家冲锋在前，我们深刻地感受到企业命运和国家命运紧密联合在一起，他们是命运共同体，正是小平同志所代表的党和国家，以及民营企业家，还包括农民工这些草根阶层，他们不断地努力，不断地实践，不断地拼搏，这三股力量融合在一起才有了我们改革开放40年的成就。按照我们传统哲学的说法，这就是传统哲学的最高境界——天人合一。

今天的中国经济，GDP已经是全球第二，已经进入了经济的新常态。新的时代，世界经济也出现了新的变化，我们该怎么办？刘永好先生的报告指出了企业的创新机制，国家依然需要创新机制。十八届三中全会提出让市场在资源配置中发挥决定性作用。习主席说全民改革就是激发市场的活力，市场的活力就是人，就是企业家，就是企业家精神，我们出台了保护企业家精神的文献。刘永好先生的合伙制、"四共"都充满了创新精神、敢于拼搏的精神，还承担着时代和国家赋予他的责任和使命。

最后，新时代必然通过全面深化改革，让企业家精神得到充分的释放，伟大的新时代必然是企业家精神释放的时代，企业家应该抓好新时代去努力，去创造，去创新推动伟大民族复兴的大时代。具有企业家精神的企业家和企业，就是新时代的新希望。

刘永好：我们从事农产业，但是教育产业也是十分重要的，该怎么培养新型农民？其实在今年年初我提出一个想法和建议，并且已在实施，我们集团要为乡村振兴做贡献，而乡村振兴是党和政府的一个重要举措，而且总书记特别关注精准扶贫事业，特别关注乡村振兴和农业的现代化。我想作为一个企业，作为一个农业的企业，作为一个民营企业，我们应该有所作为。今年我就提出了用5年的时间，义务地培养10万个新型农民、乡村技术人员。这个工作已经全面启动了，今年我们会培养2万多个新型农民。新型农民，是我提出的一个新的说法，城里面有蓝领、白领和金领，农村就没有说法。都说老农民诚恳、踏实、吃苦，再就是穷一点点，或者不够时尚。实际上乡村振兴需要一批年富力强的人，需要一批年轻人，需要一批时尚的人，所以我希望培养一批年轻人，他们年轻、活力、时尚，他们开朗、进步，他们收入并不低，更不土，这群人将引领中国新农业的发展，成为乡村振兴的主力。而我们应该帮助他们，支持他们，培养他们，希望更多的大学培养更多的为农业第一线服务的基层的管理者和新型农场主合伙人。我希望从10万个新型农民中培养出几百个农村合伙人，他们是做农村电商的、农村机械耕耘的、家庭旅游的、健康发展的、乡村旅游的带头人，希望他们在这方面大有作为。他们在享受蓝天、白云和为人们提供健康、绿色的产品的同时，会得到来自城里的蓝领、白领和金领的羡慕。总书记说，让农民成为让人尊敬和羡慕的行业，这是我们要做的事，是社会公益的事。中国政法大学是中国培养法律人才的最高学府，每个企业都离不开法律，法治是根本的。全球各地有那么多的工厂和企业，不同国家的法律也不同，都要求懂法，包括中国法和不同国家的法。我们要遵纪守法，我们也需要懂法的人。

刘纪鹏： 很多人说刘永好什么机会都抓住了，刘永好谈了这么多，包括金融方面的机会，有6张牌照发给了民营银行，新网银行就是其中之一；个人为中小企业农户、专业户服务。还包括他的产业链，从猪的饲料，到中国人富裕之后解决人的问题、食品问题、保健品问题，甚至提出了"宠物经济"的问题、"四共"问题、机制问题、创业合伙人的问题，以上每一个话题都是一个丰富的实践课题。

在创新当中，刘永好从实际出发。谁听过"宠物经济"这个概念，中国第一个提出者不是我们大城市里的人，而是刘永好。今天的整个演讲都在阐述着生动的小故事，深刻的大道理。

第五篇
利润共享走出企业改革创新之路

> 蓟门法治金融论坛第 61 讲
> 主讲：周放生　中国企业改革与发展研究会副会长
> 主持：刘纪鹏
> 时间：2018 年 10 月 24 日
> 地点：中国政法大学蓟门桥校区
> 点评：黄江南、吕良彪、冯仲实

纪鹏荐语

改革开放 40 年又碰上中美贸易战，遵循小平同志的"摸论"和"猫论"，继续深化改革是唯一的选项。全面深化改革开放要以"伤其十指不如断其一指"的指挥思路，紧紧抓住振兴资本市场和国资改革落地这两大主题。

刘鹤副总理最近指出，"要从战略高度认识新时代深化国有企业改革的中心地位",一打纲领不如一步行动。在他提出的国企改革六项具体措施中,混合所有制是重中之重。

自2015年有关国企改革的22号文颁布以来,混合所有制改革三年徘徊不前,外资、民资入股或国企上市,无非是股份制改革的又一说法。新时期混改要在经营者和职工持股上实现创新式突破,这才是创建中国模式的关键所在。然而,拿好项目混改被指责为"贱卖"国资;拿差项目让职工真金白银入股,政策多变加上限薪限酬,哪个国企领导人敢干?

混合所有制改革步履艰难,也遇到了理论上的瓶颈。传统意义上的所有权包含占有、使用、收益、处置四要素,"四权合一"的混改,要求经营者和职工现金入股,但相应的转让和退出机制却不具备。能否把所有权四要素中的收益权单独拿出来,让劳资共享激励释放出增量利润?如果可以,最终将实现劳动与资本从对立走向和谐的中国特色市场经济国资改革新模式,落实刘鹤副总理"拿出实在行动"要求,在推进国资改革中闯出新路子。

10月24日晚6点30分,蓟门论坛邀请中国企业改革与发展研究会副会长周放生,以《利润共享走出企业改革创新之路》为题,分享他近年在理论和实践中摸索出的并已被众多民营企业改革试点证明成功的系统性改革新思路。

我和放生同志相识于1991年,那时他在陕汽和中国重汽工作了22年后刚调到由世行专家建议,中国政府采纳成立的国有资产管理局任企业处副处长。我当时在《经济研究》上发表了一篇题为《论企业所有制与法人所有权》的文章,他找我探讨当时中国企业实行的资金平衡表和西方资产负债表之间的差异,以及授权经营和法人所有权问题。由于当时中国众多的工业部对国家国资局汤丙武局长提出的授权经营普遍持抵制态度,最典型的是当时的邮电部部长所言:"我是国务院任命的,凭什么由你授权?"新旧管理体制冲突,致使国家国资局成立了10年就解散了。2003年国资委新生,放生重新回到了国资管理部门。

与他28年的交往中,我们始终在一起探讨国资改革和国资法制中的各种疑难问题,他理论联系实际,求真务实的风格给我留下印象。他退休后,一直研究国企和民企的体制机制创新,并策划了国企改革纪录片《绝境求生》,该片获得了2017年中国政府纪录长片奖。

值得一提的是,本次讲座的两位点评人也非同小可。一位是20世纪80年代著名的京城改革四君子之一的黄江南,另一位则是大成律师事务所高级合伙人——著名律师吕良彪。相信莅临本次讲座的朋友将享受到一次丰盛的企业体制与机制创新的精神大餐。

致 辞

刘纪鹏:今天是蓟门法制金融论坛的第61讲,继续探讨中国改革开放全面启动的过程。这个话题恰逢改革开放40周年和中美贸易战这样一个重要的时刻。抓住资本市场的主体,再抓住国企改革,是改革开放和打赢中美贸易战的重要举措。

前两讲谈的是资本,包括中国该不该放弃股市?如果不该放弃,就让它这么沉沦吗?有篇报道的题目是:信心比黄金更重要。政府终于感觉到股市不救不行了。当然,还有一个话题,是国企改革和民企改革。民企现在悲观失望,国企亦是无所作为。2015年的22号文件是一个充满了激情的改革文件,但是直到今天,各项措施尚未落地。刘鹤副总理亲自到国资委开会,提出

"伤其十指不如断其一指"。在改革中，与外资和民企的合作都是股份制，但是中国的国资和国企问题解决了吗？重提混合所有制最重要的特征是解决国有企业和民营企业在产权制度上的重大变化。

国企的混合所有制怎么搞才能把经营者的积极性调动起来？才能让职工当家做主？总书记全班人马召开中国工会第17次大会，讨论工人阶级是真正的主人吗？在民企加强民主管理这一系列概念面前，我们认识到一个共同的问题：不仅国企需要在产权制度上进一步改革，中国的民企、私企也面临上市。

面对这样的话题谈所有制改革，一旦国企拿好的项目或者入股其他企业，就说国有资产流失；民企也一样，要做大做强，就要请职业经理人，如果不给股，职业经理人收入的最大化就始终建立在企业费用最大化的基础上。要解决这个问题，就得让经营者跟企业利润挂钩，也就是送股。在这种背景下，国企、民企诞生了一种创新——把收益权从所有权中抽出来，前边不用入股，后边也不用退股，在存量级的基础上增量利润，允许经营者、劳动者、所有者共享利润。

今天的主讲嘉宾是周放生，我跟他相识已经近30年了。1990年前后，周放生从中国重汽调到了国资局当企业处副处长，他们的局长思想很超前，那时候国内没有资产负债表，所有的报表都是资金平衡表，因此只能研究西方的资产负债表。在今天看起来对的东西，那时候却遇到旧体制的强烈阻碍，再加上时任总理朱镕基对产权制度改革理解不深，把国资局解散了，一直到2002年又重新恢复。回顾这段历史，中国的国企改革从1988年开始就以螺旋式发展。

国资委怎么办？混合所有制怎么推？这就是改革的重任。所以今天周会长在大量的理论实践和背景基础上，要做一个丰富的总结。他不讲空洞的理论，全是干货，一系列精彩的故事和他丰富的经历决定了他的讲课有自己的独到之处。下面以热烈的掌声请出今天的主讲嘉宾周放生副会长。

我先讲一个话题，今天新华社有一个报告，国务院首次向全国人大常委会报告国家资产家底。新华社的报道是这样的：2017年度全国国有企业（不含金融类企业）资产总额为183.5万亿元，国有资本及权益总额为50.3万亿元，负债118.5万亿元。但是题目说的是国有资产家底，新华社的报道概念不准确，这个正确的数字是什么概念呢？为什么新华社的通稿会发这样不准确的报告？因为我们把国有企业资产、企业国有资产（国有资产）这两个不同的概念混淆了。国有企业资产＝企业国有资产（国有资本）+负债，我们往往把国有企业资产与企业国有资产混淆，而且觉得数字越大越好，说明国有资产多。但这在基本概念上错了，所以今天我想借这个机会说明一下。

企业国有资产不等于国有企业资产，正确的概念叫企业国有资本。因为中央提出管资本，管的是资本，是权益。而资产是法人财产权，是法人所有权，不是出资人的。

由此我想到，国务院国有资产监督管理委员会这个名称也不够准确，准确的概念应是国有资本监督委员会。说资产就很容易和资产总额联系在一起，长期以来整个社会上的概念都不清楚，尤其是记者的报道，也不够专业，往往将两个概念混淆。我在讲正题之前先把基本概念跟大家做一个澄清，有不同的意见还可以讨论。

一、改革开放社会新面貌

（一）改革前后生活变化

今年是中国改革开放40周年，大家都在总结经验，我认为最重要的经验用一句话概括就是"给点阳光就灿烂，给点空间就创造，给点自由就发展"。为什么？看三个方面。首先是农民，40年前农民种什么、怎么种、种完了卖给谁，农民说了不算，全由政府说了算。农村改革以后，从政府说了算改革成了农民说了算，农村改革就是这么来的，从吃不饱到吃不了一两年就解决了。其次是企业，原来企业生产什么、怎么生产、采购、产品、价格都是政府说了算。市场经济改革以后这些都是企业说了算，政府把阳光、空间、自由放给了企业。最后是家庭，过去是有粮票的，吃什么、怎么吃、什么价格都是政府说了算，后来才慢慢地把粮票取消。

从这三个方面看，因为给了阳光，给了空间，给了自由，才有了改革开放40年来中国的发展，这是中国重要的经济基础的变化。谁给？政府给。给谁？给农民，给企业，给老百姓。给什么？给阳光，给空间，给自由。这是中国改革开放40年发展中最重要的经验。当下仍然是这个问题，中国改革开放取得的成功就是把空间和自由还给老百姓一些。那么给不给阳光，给多少阳光，始终存在两种改革论的争论。当前的改革仍然是要聚焦还权于民，还利于民，调动老百姓创造财富的积极性，这是最重要的。

（二）改革目标

企业改革的目标：建立企业命运共同体。涉及的利益相关方包括股东利益、企业利益、员工利益、客户利益、债权人利益、供应商利益、社区利益等。其中最重要的是员工利益，员工利益的保障不是重新搞大锅饭。接下来我会讲解员工利益应该如何实现。

改革初期：发展决定分配，先将饼做大再去分饼。

改革今天：分配决定发展。不把饼分好，饼怎么做大？积极性不是监管出来的，是激励出来的，所以分配决定发展。分配如何决定发展？根据我这些年的探索，得出的结论就是实行"利润共享"制度，也是我今天讲的话题。

二、"利润共享"促发展

（一）利润共享概念

第一个问题，什么是利润共享？它产生于300年前的山西晋商票号，票号就是钱庄，钱庄就是银行。银行是一个网络的体系，当时总部在山西的平遥，分号遍布全国各地，甚至到了首尔和曼谷。经营钱庄需要派掌柜，也就是现在的职业经理人，股东叫东家。东家在当地找信任的人，然后将他们派去分号当掌柜。为了避免掌柜利用东家的信任，携款潜逃或者工作效率低下，东家需要想办法解决委托代理矛盾，于是实行"身股（掌柜的）、银股（东家），身股为大的制度"。年底对利润进行分配，掌柜及其伙计拿六成，股东拿四成，这样就有效解决了委托代理利益不一致，信息不对称的问题。掌柜没有出钱没有股份，却得到了利润的大多数，且负盈不负亏。有人可能觉得不公平，但东家很聪明。东家出资承担风险，通过"利润共享"使掌柜和东家的利益统一，掌柜为了自己的利益会控制风险，也能有效保障东家利益。根据当年史料记载，当时坏账率仅千分之一，远远低于现在的银行。我查了一些相关资料，在国际上，银行的坏账率为1%~3%，为什么会存在这么大的差距？为什么经过几百年的努力，现在银行各种技术、手段都有了，各种制度也完善了，但坏账率反而不及晋商票号当年的经营水平？因为当年的身股、银股制度使内部人从利益的索取者变成了利益的创造者，这就是"利润共享"制度的来源。

（二）民企践行"利润共享"制度：四季民福烤鸭店案例

据统计，目前国内有几万到十几万家民营企业在实行利润共享的制度。郭凡生1992年下海，首先实行了利润共享制度，并致力于这方面的研究和推广。例如，北京四季民福烤鸭店，它是一个民营企业，老板姓季。季老板只上过小学，十五六岁就到北京来讨生活，他的第一份工作是烤鸭店的洗碗工。他聪明、勤奋、节俭，很快就从洗碗工干到了大厨，又干到了经理，最后创立了四季民福烤鸭店。季老板带领员工干得很好，不断地扩大经营，开了很多分店，这时就出现了委托代理的矛盾问题。如何提高分店店长的积极性并对其工作进行有效的监督，这是一直困扰季老板的一个难题。以往他定期去分店检查，对表现差的店长和员工进行处罚，但是这种方式并不能起到良好的效果。每年年底，季老板与分店店长讨论第二年的经营指标。如果头一年实现利润300万元，第二年指标一般增长10%，即330万元利润。就这样店长还会和老板讨价还价。双方总是处在一个博弈的状态。季老板听了郭凡生老师的课后，脑洞大开，觉得"利润共享"这个办法很好，便在8年前开始实行这个制度。每到年底跟分店店长谈第二年的指标，假如当年利润是300万元，第二年基数仍定位300万元，基数三年不变，不搞鞭打快牛。超过300万元的部分员工和老板七三分：店长和员工拿70%，老板拿30%。通过这样的方式，员工工作的积极性大大提高，第二年年底实现了高达400万元的利润。

400万元利润是怎么产生的？我问四季民福的季老板："按照《公司法》的规定，利润都归你个人所有，你为什么要分给员工呢？"季老板说："利润不是我一个人创造的，就不该我一个人独吞，况且没有员工的，就没有我的。"虽然季老板文化程度不高，却悟性极高。我认为他讲的非常有道理。我去采访店长和员工，问他们："原来季老板给你们定330万元的利润目标你们都说完不成，现在怎么干出了400万元的利润？"我调研了许多实行利润共享制度的企业，他们给我归纳了利润增长的7个来源。

第一，利润共享使得员工拿回扣的现象减少甚至消除。民营企业也有腐败，除了老板不腐败，其他人都有可能腐败，国企就更不用说了。现在呢？不腐败了，不吃回扣了。为什么不吃？前门打开了，谁走旁门啊！过去吃回扣吃的是老板的，跟员工没有关系，实行利润共享制度后，再吃回扣吃的是员工自己的，因为增量的大部分属于员工，员工眼珠子瞪得比灯泡还大，监管很严，有效加强了员工之间的相互激励、相互监督。利润共享制度有效控制了腐败，做到了不敢腐，不能腐，不想腐。制度反腐在这些实行利润共享制度的民营企业中实现了，这一点是我原来没有预料到的，给国企反腐树立了一个榜样。

第二，减少浪费。企业浪费非常严重，员工认为，浪不浪费都和自己没有关系，所以浪费没有人关心。实行利润共享制度之后，所有的浪费都有人管，降低了浪费，增加了利润，节约的部分都转换成了企业增长的利润。

第三，减少冗员。生产第一线的干部更清楚企业真正的人员需求。过去人浮于事。实行利润共享制度后，主动裁冗员，降低了人工成本，增加了利润。

第四，减少管理费用，四季民福烤鸭店的管理费用是 1.3%，这是很少有企业可以做到的。

第五，技术进步。技术革新、技术革命降低成本，提高效率。

第六，提升管理。实行流程化管理，信息化管理。管理提升也会降低成本，提高效益。

第七，收入增长。四季民福烤鸭店每天用餐时间，门口有许多等位的顾客。用餐人数增多，收入就会增加，利润也会增加。

以上就是我归纳的利润增长的七个方面。

我问店长和员工："利润共享制度实行前后你们感觉有什么变化吗？"他们告诉我："过去我们是给季老板打工，季老板对我们不错，给我们一份工作，还有收入。现在我们是给自己干活，'昨天打工仔，今天当主人'。"员工有了主人翁意识、主人翁态度，无须扬鞭自奋蹄。这是什么力量？这是制度的力量。

他们的企业文化有四句话："先当店员，争当店长，买车买房，接来爹娘。"刚一进店就是店员，看到店长收入高，店员也希望好好干，争取有一天也能当上店长。收入高了可以买车买房，然后接来爹娘。他们企业文化没有高大上的口号，体现的是真正的员工梦。

一个好的利益分配机制把大家的积极性调动了起来，使公司经营达到无为而治的最高境界。由过去老板一个人操心变成现在一群人操心、各个店长、经理都得操心，因为他们是为自己干。所以老板就从操心做到了省心。

（三）安徽六安酷豆丁童装童车公司案例

我参加了2018年年初该童装童车公司召开的分红大会。2017年分红现金为980万元，都是给企业员工的，那气氛比过年还热闹。第一个上台领分红的是一位女车间主任，车间分得98万元分红。主持人采访："你今年（2018年）的目标是什么？"车间主任回答说："翻番。"我当时听了非常惊讶，他们的考核指标由员工自己定！分红翻番意味着什么呢？起码利润翻番！我问张老板："利润增加10%或20%都不得了，他们怎么敢说翻番？"张总回答："他们是认真研究过的，考核的不是利润，考核成本费用，车间不对外销售。"分红翻番意味着成本费用还要大幅度下降，他们已经拧毛巾了，这个难度会越来越大。到年底若分红没有实现，车间主任就要下台。后面上台领分红的所有人都说自己下一年的目标是翻番。这个目标不是老板要求的，是员工要求的。员工有强烈的增加收入的愿望，这就是企业发展的原动力。我从来没有见过这样的企业。这些领奖的员工上来就抱着老板哭，他们说："我们就是一个打工仔，来这里工作，不但有工资、奖金，还分到这么多钱。"我对此非常感慨。

这个制度所导致的最大的变化是，民营企业经营层、员工与老板共同成为企业主人，这在过去是不可思议的。利润共享不涉及股权，员工不出钱，没有股份，但是他们共享收益。员工没有投票权，没有决策权，不影响老板决策，不影响企业家决策，决策权没有动，只是收益权拿出来共享。

他们的基本做法归纳起来有以下几点：第一是划小核算单位，直接管理。第二是合理确立利润、成本考核指标。第三是指标基数三年不变。第四是经营者、员工与老板共享利润，利润增长部分由员工拿大头，老板拿小头。第五是自下而上、先基层后管理机构。第六是财务管理制度严密，母公司出报表，被考核单位不出报表。现在被考核单位出报表往往会作假，每个月母公司的财务部经理和被考核单位对账，可以有效防止作假行为，因为利益关系的制衡谁都作不了假，必须认同报表数才可以。第七是严格审计可追索。第八是利润共享，团队激励，不是个人提成。第九是上市公司、非上市公司都可以实行。

三、利润共享制度的现实困境

（一）民营企业起步阶段

民企实践利润共享改革尚处于初级阶段，但是我相信星星之火可以燎原，这是制度的力量。民企推进利润共享最大的难点是什么？是老板的心胸、悟性和诚信。郭凡生讲过一个例子，有一个企业开始时经营不好，实行了利润共享制度后就发生了很大的变化，利润大幅度增加。但老板觉得要分给员工那么多钱，就后悔了，当初承诺要分给别人的钱却不兑现，企业后来又不行了。老板要讲诚信，承诺了就要做到。竞争逼迫改革，在同一个行业就可以看得很清楚，如餐饮业，都是民营企业，实行这个制度的和没有实行这个制度的经营情况大不一样，这是我亲身体验过的。

这里面有一个理念——我们应怎样对待员工。应该像对待领导一样对待员工，对待领导什么态度大家都知道，但我们对待员工恐怕做不到。员工是目的，不是工具。康德讲过人是目的，不是工具，管理企业就要从尊重员工开始，因为没有员工的努力，一切都是0。对员工好，就是充分调动和发挥员工的积极性，给他们自由、阳光和空间。不仅政府要给企业，给老百姓自由，企业的老板也要给员工自由、阳光和空间。"使人人都有通过辛勤劳动实现自身发展的机会"（十九大报告），就是要让老百姓通过自己的辛勤劳动获取财富、才干和价值。

（二）国有企业可以实行利润共享制度吗？

我做了调查之后，觉得民企实行利润共享制度的做法对于国企改革的机制改革有非常重要的借鉴意义。国企可不可以实行利润共享制度？应该说可以。我讲两个历史上的案例。第一个是联想，联想为什么有今天的成就？其中一个非常重要的制度因素就是25年前，也就是1993年，中科院给了联想一个政策，允许柳传志和联想员工分享35%的利润。当时的联想是100%国有企业，员工是没有股份的。分享35%的利润等于给联想装了一台大马力发动机，再加上柳传志作为企业家的智慧，两个轮子都起了非常重要的作用，就有了联想的今天。当时如果中科院没有给联想这样的激励制度，联想会怎么样？中科院在中关村有很多的企业，大部分都垮了。联想的员工股份来自2002年柳传志及员工应分未分的利润，联想员工的股份最初就是这样来的，这是员工持股的历史沿革。

第二个案例是TCL。TCL是惠州的国有企业，惠州政府给TCL一个政策，就是增量利润的20%归员工，这是李东生他们的持股最早的来源。今天TCL也做得很好。

这两个例子都说明国企一样可以实行利润共享制度，而且效果一样很明显。现在最新的例子就是中国邮政总公司速递物流公司（EMS）。中国邮政有三块：一个是邮政银行，目前已经上市；一个是传统的寄报纸、信件；另一个是速递物流，这是完全竞争的行业，跟顺丰、京东、圆通这样的民营企业竞争。起初EMS的市场占有份额是90%，后来降到10%，竞争非常激烈，他们很多的营业部都亏损了。2015年推出了"众创众享"（利润共享）工程，年利润增加了30%。我调查了北京的一个营业部，该营业部2016年亏损了260万元，后来采取竞标上岗，50个员工都可以举牌，亏损报价数最低的员工任营业部经理，其中一个员工举牌减亏91万元，他就任营业部经理了。我去调查了两次，什么结果呢？已经扭亏为盈，盈利2万元。他们的分配制度是员工和企业各50%，并且营业部主任拿其中的40%。相反，如果他到年底实现不了减亏91万元，则扣除1万元保证金。

没有任何投入，没有其他任何的措施，还是这帮人，还是干这点活儿，一年就扭亏为盈，过去是难以做到的。减亏从上级的要求变成自己的需求，过去是上面压指标，现在就不是这样了。实行利润共享制度，员工自己选择指标。过去是叫人动人不动，现在是政策调动积极性。他们的做法与民营企业归纳的做法大同小异。最大的变化就是通过众创众享工程，员工的精神状态发生了变化。

有人会问，国企实行利润共享制度有政策或者法律依据吗？国务院国资委2008年出了139号文——《关于规范国有企业职工持股、投资的意见》，明确指出："符合条件的也可以获得利润奖励。"利润奖励就是"利润共享"，就是鼓励和支持实行利润共享制度，我们所做的改革是有法律依据的。2017年科技部、财政部、国资委也出台了分红权改革文件。

四、监管与激励

国企的现状归结为八个字：监管有余，激励不足。有的国企老总说是监管过度，没有激励。我们目前面临制度上的选择，国企到底应该以监管为主还是应该以激励为主。这是两种不同的改革逻辑，我认为应该以激励为主，以监管为辅。但是目前实际情况是监管为主，激励为辅。这就是我们改革要解决的问题。当前国企改革亟须解决的问题，就是如何做到激励为主，监管为辅。积极性是监管不出来的，监管只能使人们的行为规范化，不可能通过监管调动起人们的积极性，只有激励才能做到这一点。

第五篇
利润共享走出企业改革创新之路

"外因是条件,内因是根据,外因通过内因起作用。"(毛泽东)外因就是监管,内因是激励。监管通过激励起作用。这就是外因和内因的关系。国企改革的一些基本认识尚未达成共识。

利润共享建立了激励与收入直接的因果关系,符合人性,符合常识,符合实事求是,让经营者和员工有了实实在在的获得感。利润共享改革没有门槛,不需要资金投入,没有成本,没有风险,不涉及改制,不用评估、审计,简便易行,易于见效。

利润共享改变的是成本结构,它降低的是物耗成本,将降低的这部分成本拿出来激励员工。一般来说,员工收入提高,企业人工成本提高,总成本应该提高。但郭凡生调查的案例显示,实行利润共享的民营企业员工成本虽然提高了,但由于物耗成本降低的部分比员工成本增加的成本更多,所以总成本降低了。这才是提高劳动生产率的根本,也是加强企业管理要达到的结果。很多国企亏损,甚至资不抵债,提出降本增效,首先想到的是降低工资或是裁员,这是不能解决根本问题的。越这么做问题越严重,亏损越严重,这是我做过大量调查得出的结论。正确的做法是降物耗、降库存、降费用。

国企实行利润共享的范围大概集中在两个方面。第一在竞争性领域全面推开,没有任何政策和制度的障碍。第二垄断行业、公益行业、军工行业可以考核成本,通过共享来降低成本的增量。而且在军工企业,政策已经开始试点,效果非常明显。

国企目前推进利润共享最大的难点在于有关政府官员的观念、担当,他们要放弃审批权。现在问题没有解决,有权力的官员观念没有转变,他们已经成为改革的绊脚石。

公司治理、股票期权等都是为了解决委托代理矛盾,但仍然没有从根本上解决问题,安然、世通事件就是最典型的案例。

利润共享不仅是激励,更是制度。300年前的晋商票号就已创造了这个制度，发达市场经济国家到今天也没有完全解决委托代理问题。

五、国企实行利润共享制度的障碍

国企实行利润共享制度最大的障碍是，现行的是工资总额管理制度，这是计划经济时期政府用行政手段管理国有企业的制度延续。工资总额管理实质上管的就是粮票，粮票我们已经取消几十年了，现在国企的粮票还有，而且掌握在少数政府官员手中，企业改革40年了，这个制度始终没有改。

这个制度现在是什么情况呢？是与功效挂钩。利润增加粮票就多给，利润减少就少给。企业的效益应该与集团公司的管理层收入挂钩，跟全体员工的收入挂钩是没有道理的，广大员工无法对集团公司整体效益负责，不能捆绑全体员工。现行的制度下，国企不得不吃大锅饭。正确的做法是集团公司管理层的收入与绩效挂钩，跟员工脱钩。集团公司管理层负责对下一层的考核激励，干部的任命实行分层级，一层任命一层，干部考核激励也要分层级，不能一通到底。而且干部员工的个人收入与劳动力市场价格挂钩，与企业效益脱钩。

最近发生的张小平离职事件恰恰说明了这个问题，我的观点就是放权。国资委对国有集团公司的管理层进行考核、激励，放权给集团公司董事会负责，董事会对管理层考核，管理层对下一级干部考核激励，用利润共享制度替代工资总额管理，这是改革的方向。

六、员工没有股份但参与分红，是不是国有资产流失？

有人说："在国有企业中，如果员工没有出钱、没有股份，还可以分红，这岂不是分得国有资产的利益吗？"

首先我们来思考一个问题：企业的利润和价值是谁创造的？我们要从根本上讨论这个问题，目前有两种理论。一种理论认为，企业的财富是劳动创造的，都应该归劳动者，这是《资本论》的观点。另一种理论认为，企业的财富是资本创造的,《公司法》规定：谁出资，谁所有，谁收益，谁处置。或者认为都是劳动者的，或者认为都是出资人的。正确的理论应该是企业财富既有资本带来的，也有劳动创造的，不可偏颇。物质资本脱离了劳动无法创造财富，劳动脱离了物质资本也同样无法创造财富。

以人为本，人力即为资本。我们现在的资本形态有两种：一种是物质资本形态，即资金、资源、土地、厂房、设备等；一种是人力资本形态，即企业家、科学家、工程师、工匠、员工、农民等。目前人力资本形态的作用越来越大，尤其是在高科技企业中，人力资本形态的作用越来越大，因此我认为《公司法》要修改。人力资本要进入企业注册资本，现在工商局只承认物质资本形态，而不承认人力资本形态。

人的因素是第一，任何情况下都应该以人为本。目前是见物不见人，把人放在第二、第三、第四、第五的位置，其他的要素放在第一，理论、法律落后于实践。企业的利润、价值是物质资本与人力资本共同创造的，共创共享理所当然，天经地义。

俗话说，有钱的出钱，有力的出力。按资分红与按劳分红相结合是合理的，员工共享的增量利润是自己创造的，不存在瓜分国有资本利益之说。员工共享增量利润是以国有资本增值为前提的，不是存量，而是增量，没有增量利润，就没有员工分红。员工共享利润不是国有资本的流失，而是国有资本的增值。

利润共享提高了效率，维护了公平，实现了公平和效率兼顾。利润共享使劳资对立转变为劳资融合，不是一家人，亲如一家人。没有劳资对立了，劳资一家人，在过去是难以想象的。利润共享缩小了资本和劳动的贫富差别，使劳动财富和资本财富走向共同富裕。

七、失败案例

我讲一个极端的例子，某央企公司严重亏损，资不抵债，他们想办法扭亏，就实行利润共享。制度实施后效果很明显，企业大部分减亏，按照要求，应拿出部分来奖励给员工。由于没有工资总额的额度，没有办法兑现，改革激励制度就停了，停止后企业破产了，国有资产完全损失，员工被遣散。工资总额管理制度居然可以导致这么荒唐的结果。我跟他们讨论为什么会这样，有关人员认为，超过工资总额发放工资被视为国有资本流失。激励员工扭亏增盈行不通，企业破产、遣散员工倒行得通，由此看来，不改革才是最大的流失。

要正确认识国有资本的流失，混改怕流失，员工持股怕流失，兼并收购怕流失，员工共享利润怕流失，唯一不怕的就是企业亏损、腐败、破产，不怕员工下岗，不怕人力资源流失。这是不正常的现象。

国有资本是否流失是一个非常复杂的问题，甚至是一个非常专业的问题，千万不要随便扣帽子，要慎之又慎。当前国企主要的问题是如何激励广大干部、员工好好干活。

八、黄金分割线

关于企业的利润，出资人与员工如何分配、共享才能达到公平与效率的平衡？郭凡生用大数据算出了一个黄金分割线。民营企业的利润分配应该是资本利得与劳动利得各占50%，这就叫黄金分割线。这样分配时企业效率最高、蛋糕最大、老板和员工的收入最高。共享前，利润100%是老板的；共享后，老板拿50%的利润，员工拿50%的利润，结果利润大幅度地增加。

九、利润共享与混改、员工持股的关系

混改和员工持股是体制改革，是自上而下、有成本、有风险的改革。利润共享是机制改革，由下而上，无成本、无门槛、无风险。可以先机制改革，倒逼体制改革，利润共享可以先行，也可以和混改同时进行。

十、利润共享和员工持股的区别

员工持股有一个投资持股的公司平台，员工的努力和收益并不直接相关。如果公司平台规模很大，对每一个员工来说，与其关联并不直接。利润共享不需要投资持股平台，需要独立核算，员工的努力与收益直接相关。员工持股是刚性的，利润共享是柔性的。

十一、上市公司的股票期权与利润共享的区别

我一直认为股票期权不适合中国国情，我们的诚信基础太差，不适合做大面积的股票期权。

股票期权是间接激励，利润共享是直接激励，这是两者的第一个区别。

实行股票期权，往往员工的努力与股票的价格没有什么关系。实行利润共享，员工的努力和企业的利润是正相关关系，可以对员工起到激励作用，这是两者的第二个区别。

需要说明的是，股票期权和利润共享可以配合使用。

十二、利润共享能使员工成为企业主人吗？

谁是企业主人？民企中员工是打工仔，老板是主人；外企中的人都是高级打工仔，股东在国外；国企中的人都是给国家打工，给国资委打工。当前企业主要的问题是主人缺位。主人是自然人，为自己干活的就是主人。利润共享使员工从为别人干活到为自己干活，干企业的活就像干自己家的活一样，实现了员工当家做主人。

至于怎样区别打工者和主人，郭凡生总结出的一个理论，那就是看收入结构。收入以工资为主的就是打工者，以分红为主的就是主人。利润共享可以让工人阶级当家做主，让员工成为企业主人。

十三、利润共享与加强管理之间的关系

利润共享解决的是让员工愿意好好干活的问题，加强管理解决的是员工如何好好干活的问题。首先员工得愿意好好干活，才谈得上如何好好干活。变革激励制度解决的是道，加强管理制度解决的是术，大道理管小道理，因此激励制度变革在先，管理制度变革在后。很多的企业管理制度非常先进，但是运用到企业里却效率低下，说明原动力的问题没有解决。解决了原动力的问题才能使管理效率事半功倍。

十四、利润共享与企业承包制是一回事吗？

利润共享制与企业承包制既有共同的一面，也有不同的一面。我问过许多企业老总："你认为过去40年中什么时期企业、员工积极性最高？"他们普遍认为是，企业承包制改革时期。为什么会这样？那时候实行"交够国家的，留足企业的，剩下是自己的"，承包制的理念其实就是共享。

不同之处在于，利润共享处理的是股东和员工间的利益分配关系；企业承包制是先处理政府和企业的关系，然后处理企业与员工的利益关系。而利润共享是企业内部的一种激励制度，不涉及政府和企业的利益分配。

十五、利润共享如何控制和减少投资失误？

投资失误是所有企业包括国企、民企面临的非常严重的问题。如果以可行性研究报告为标准，那么真正能完成的项目三成都不到，其他项目要么打水漂，要么严重亏损，要么微利。

这么严重的投资失误问题是怎么造成的呢？腐败是重要原因。还有好大喜功、追求业绩、违反科学规律、经济规律，行政干预，归根结底是"有人管事，无人负责"。

怎么解决？比较好的办法就是跟投，实行项目团队不跟投，政府、出资人不投资。项目团队要出资30%左右，跟出资人共担风险，共享收益。

有了亏损，用管理团队的出资先填亏，然后才是出资资本。先按劳分红，再按资分红。投行和许多民营资本就是这样做的。

十六、如何调动企业科技人员的创新积极性？

邓小平讲，科技是第一生产力；习近平讲，核心技术是国之重器，突破核心技术，关键在于有效发挥人的积极性。

核心技术从哪里来？光靠砸钱是出不来的，这是常识。核心技术产生的关键是核心技术人才，这个比钱重要。或者说，钱要砸在核心技术人才身上。

核心技术人才怎么产生？他们天生喜爱科学研究，需要有宽松、自由的研究环境。要允许失败，失败不追责，成功给重奖。要让他们共享自己创造的利润，让他们拥有自己创造的科技成果的知识产权，这是关键。

我们长期以来有一个认识误区：个人发明归个人，职务发明归国家、归出资人。这是计划经济时期的概念，影响至今。这个概念完全忽视了人力资源的价值，现在已经过时了。科学的认识是，要让科技人员拥有职务科技成果的部分产权和使用权，包括分红权、收益权、股权，这是防止人才流失最根本的办法。改革开放40年来最重要的转变就是观念的转变，现在国家已承认科技人员在职务发明当中的产权，《中华人民共和国促进科技成果转化法》也承认科技人员可以拥有职务科技成果的产权（分红权、收益权）。这是很大的突破，关键就是如何落实这条细则。据了解，现在央企执行得并不好，因为没有细则出台。一旦被扣上"国有资产流失"的帽子，改革就无法推进了。但是不落实这一条，讲核心技术就是一句空话。

我今天给大家汇报的就是这些看法，不对的内容欢迎大家指正，谢谢大家。

点　评

刘纪鹏：说实在的，大家听得出来，今天这次讲座对专业人员来讲，真的是可以挣钱的。拿这个做咨询方案，设计一个激励分配方案，企业执行之后就会见效。但是它的理论问题给我们提出了很多思考。习主席提出要继承发展马克思主义，建立人类命运共同体。马克思谈的是劳动资本，如果完全否认工人阶级创造价值，认为价值全是资本所得，就跟资本家没什么区别了。在欧洲发达国家中，有人认为只有物质极大丰富才可以实现恩格斯的共产主义原理。但是列宁抓住帝国主义阵容最薄弱的环节，暴力革命建立共产主义，通过按需分配，用计划经济把社会主义搞得如此火热，这才有了小平同志这40年。在这40年里，中国逐渐富起来，强起来。

我当过不少央企的领导，也是独立董事会里的薪酬委员会主席，上市公司薪酬委员会的主席很可怜，我每次主持薪酬委员会都没法激励这些高管，只能念稿，因为是央企。放生同志讲的这些话道出了当前国企改革的问题。

马克思的理论说，劳动创造的都是价值，今天怎么一点都不能分呢？都是国有资本。国有资本是党领导的，党是劳动政党。周放生上来批资本监督委员会，这些东西我的体会更深，因为我是起草《中华人民共和国企业国有资产法》的主力人员，不能叫资产，实质就是资本。但是我们现在混淆了，所以就决定搞一个叫"国有资产法"的国有资本法，这是内部传达，怎么定义呢？就采用了我的定义。

黄江南：今天晚上非常有幸和大家交流。资本和劳动的矛盾，或者说是资本家和管理团队之间的矛盾，从工业社会开始就一直没能解决，这个矛盾是社会的基本矛盾，中国人没有解决，外国人也没有解决，到今天我听到了解决的方案。郭凡生同志摸索了一套制度，通过身股激励就解决了。

还有一个人也是很重要的，是上汽的第一任总经理赵风高，他从上汽700万元起家，7年时间把上汽发展成了世界第六大汽车公司，资本翻了无数倍。他用的第一个招就是，让工人全员成为经营者。全员成为经营者的结果怎么样呢？连续5年，上汽的成本每年降低10%。他将每年降的10%的成本全部分给了员工。汽车厂成本的10%是巨量的数字，全部给员工，第二年以此为基数，再降再分。

第二招是全员都是经营者。他把核算一直算到岗位，算到每一个设备，详细记录设备折旧、辅料、油费等，每一个员工的成本和收益都算得清清楚楚，员工的电脑上都可以看到。再就是给员工相当大的自主权，大到什么程度？如果设备需要换新，一定要经过员工同意，因为设备的运作和员工的工作绩效有直接关系，员工要到市面上亲自审核购买的设备对不对。因为如果没有核算，生产出的废品将被分摊到员工身上，扣员工的收益。员工节约到什么程度？他们运输危险气体，本厂的运输公司10块钱一公里，员工打听别人只要4块钱，就到外边找人运输，本厂的汽车队只好降到4块钱。除了成本降低在10%的部分全部归工人，每年利润的5%～10%也作为奖励分给工人。

除了分享利润之外，员工还有一个很重要的权利，就是经营权，即除了钱之外，员工对自己的经营活动也有发言权，这也是主人的一个重要标志。主人不但能享受利润分配，还能决定生产过程。正如郭凡生说的，身股是什么呢？是主人管不到那么远的地方，便把经营权交给代理。上汽的办法就是把每一个岗位上的经营权，很大程度交给这个岗位的工人，工人有决策权和发言权，所以岗位工人非常关心跟他有关的经营活动。只要是与他相关的经营活动，他都要监督、发言。这样上汽的资本才能快速增值，成本快速下降，工人实现收入最大化。

实际上解决资本和劳动的矛盾、把劳动者作为主人涉及两个问题。一个是收益权的问题，周局长已经讲得很好了。还有一个问题是经营权的问题，即发言权，这个问题贯穿于整个历史的发展过程中。其实在资本主义早期，资本是很残酷的，工人一点权益也没有，为什么呢？因为在早期的资本主义工业化过程中装备决定一切，也就是说，一个企业的产出如何，产出的质量怎么样，主要是由装备决定的，跟雇的工人没有太大关系。所以，当时是资本决定一切，资本为王。

现在提出共享，也有两方面内容，一个是收益共享，一个是管理共享。现在社会已经基本完成了工业革命的任务，工业革命解决了物质产品从无到有的问题。

每个人消费的物质财富是有限量的，财富数量到一定程度就会饱和，饱和后怎么办呢？就得向观念产品发展。什么是观念产品呢？就是非物质产品。在发达国家，物质产品所占比例都很低，美国的物质产品只占百分之二十几，欧洲是百分之三十几，中国是百分之五十，还有百分之五十叫观念产品，只要观念产品占了社会财富主要的比重，从事观念产品生产的劳动者变成主要的劳动者，社会就转成了观念社会。我们生活在观念社会中，观念产品是什么呢？是靠人的思想，人的头脑生产出来的产品。人的思想和头脑是不能上流水线的，你不能决定人的思想，要完全依靠人的积极性。

因此在观念生产中，人的因素就超过了资本的因素，以前劳动是资本的奴隶，到今天资本要跟着劳动走。现在资本开始为劳动服务了，企业价值的主体不再由资本决定，而是由劳动决定的。

当前价值的创造主体，已经由资本决定转变成劳动决定。在早期的工业社会，雇佣工人的数量并不是决定企业产品生产数量和盈利情况的主要因素，只有设备起决定性作用。现在一个游戏公司或者其他研发公司，谁能决定研发的结果？谁能决定游戏有人愿意要？是劳动者的劳动态度、劳动智慧和劳动的积极性，以及他的天分。这些因素体现了不是资本决定价值，而是劳动决定价值。从这个意义上来说，劳动成果共享是必然的。我有一个朋友是工业资本家，说现在资本不行了，观念产业挣钱太难。他拿4000万元雇了一个游戏开发团队，结果半年时间钱花没了，又投了4000万元，后来他说不干了，团队走了。又过了两个月，这个游戏团队在外面开发出了产品。我对这个朋友说，如果你给团队至少 70% 的分红，团队就不会走了。我这个朋友的心态还是工业资本家的心态，而不是观念经济。观念经济一定要使创意团队成为这个企业的主人，跟经营结果挂钩，因为产品的价值来源于创意，来源于这些劳动的结果。所以从这个意义上来讲，分享、共享成为一个必然的结果，这是微观层面的。

接下来讲宏观层面。现在出现了一个问题，在观念社会中，将来财富的两极分化不但不会减少，还会扩大，以前成就一个 10 亿元的富翁要经过几代人的努力，现在几个月就可以创造一个几百亿元的富翁。一部分人的创富速度和水平明显将富裕者和一般人的差距越拉越大。观念社会是什么呢？一般的劳动者收益是增长的，但是顶层的收入急剧提高。现在所谓的社会矛盾是动态的，不是穷人过不下去，而是他们看富人在那么短的时间内达到那么高的富裕程度，心理上不平衡。

观念社会的整个财富量是由消费决定的，看电影的人越多，电影的产值就越高；用软件的人越多，软件的产值就越高。只有大量的消费才能在不增加劳动的情况下迅速增加社会的财富，如果没有分享，广大的劳动者就只有很低的收入，而现在已经出现了像马云这样的高收入群体，他们的存在是合理的。不是阶级斗争，是创意劳动和一般劳动的差距。十九大的话说得很隐晦，广大人民群众对幸福的追求是什么？还是缩小贫富差距吗？所有的观念财富只有消费才是财富，这个消费是广大人民群众消费，几个富人是消费不了多少财富的。从经济学角度来说，未来的社会如果不能使这些观念产品充分消费，那么这个社会的财富效率就会大打折扣，从这一点上来说也必须通过共享和分享来解决社会的基本矛盾。

刘纪鹏：江南从利润和管理上谈了分享，还提到了马云。如果跟我们比，马云好像是大资本家、富人，但是马云在治理上也是靠劳动在剥夺孙正义。马云拥有 7% 的股权，而孙正义拥有 33% 的股权也得听马云的。刘强东也是一样，他 1 股顶人家十几股，资本就得接受。再看西方，董事会里没有股东参与，比尔·盖茨只有15%的股份。前台的都是职业经理人，职业经理人就是"保姆"，咱们当股民享受资本家的待遇了吗？没有。所以西方出现了这样的扭曲，治理结构怎么办？今天有一个大家，接下来的点评人就是大成律师事务所的吕良彪先生。

吕良彪：我们整个的改制，我们的论坛，我们的国企，我们的企业，我们的社会需要一个明确的规则告诉大家，要一个风险的提示机制告诉大家要怎么办，大家还要严格执行这个规章制度，这才能使一切变得有可能。

我一直以为周放生老师是一个严谨的人，今天他严谨地给我们忽悠了一个梦，这个梦就是企业命运共同体，员工的中国梦。我想到南街村的梦想，它为什么能成功呢？因为政治正确。今天周院长提出了一个梦想，有两大理论突破，非常有勇气和开拓性。

第一个是国有资产和国有企业财产得分清楚，这个在司法实践当中是非常重要的。我做过很多民营企业家的律师，各个地方抓企业家，老早的时候是因为税的问题，2007年我们解决娃哈哈与达能冲突的时候，涉及3亿元的逃税问题。2009年2月份就出台了《刑法司法解释七》，对于偷逃税收的企业家，只有税务机关处罚后依然屡教不改的，才可以抓起来，这是法律的变更。

第二个我觉得具有突破性的地方是如何创造价值，怎么分配价值。我一直说经济是生产创造社会财富的；法律法制是公平分配社会财富的，而且在终端决定财富怎么分配，可以影响到前端资源的配置和生产的过程。还有刚刚讲到，生产者、打工者和资本者是相互转化的，马云厉害吗？是资本家吗？不是的，在雅虎里面他只是个拥有7%股份的打工者。

我当时提到的契约精神不是一成不变的契约文本精神，而是给企业提供的价值。企业的长远发展当中，资本最重要，还是智慧最重要，抑或是实践经验最重要？我一直在做公司控制权之争，从早期的娃哈哈，到国

第五篇
利润共享走出企业改革创新之路

美、万科，都是这样的博弈。博弈的是各方的立体资源，不仅仅是资本资源，不仅仅是人力资源，不仅仅是媒体资源，不仅仅是政治资源。

我认为企业有三个基本的问题。其中一个关键的就是股权的问题，主权的问题。普通的股权就是同股同权，周院长提到一个涉及同股不同权的问题，目前有两类：第一类是同股管理权不同，比如马云，他有一票否决权，有超过50%的决策权；第二类是同股分配权不同。为什么有些企业选择到中国香港上市，到纳斯达克上市？因为他们认同同股不同权的法律制度。周老师提的也是同股不同权，是很特殊的企业分配方式，就像小平同志讲的，咱们毛论就是不争论，把事干起来再说，这个是非常好的。

从治理的角度来看，第一把人的劣根性调动起来，激励和监督相结合，上面的监管和内部的监管相结合，上面的监管是制度的，内部的监管既有制度也有人性。只有把人的利益充分地调动起来才有可能解决问题，这就落实到企业文化的问题了。谈到企业文化，我很认同周院长的观点，员工是目的，不是手段。这是我今晚学习的体会，有很多令人振奋的地方，但是我觉得还有很多不容乐观的地方，我想问，我们的设想能够实现吗？

我认为国有企业，国有资本是行使政权的一种方式，在这个问题上不仅仅是经济的问题。计划经济搞了几十年，到黄江南老师那个时候政府垄断一切，社会毫无活力，整个经济面临崩溃的局面，所以这个社会的问题就在于政府，在于社会，在于民众之间怎么分配资源，怎么分配利益。当下最大的问题是什么？其实是普遍的恐惧感。官员有安全感吗？企业家有安全感吗？这个不安全的因素是什么造成的呢？我写过一篇文章，"两桶油"的价格那么高，房价那么高，税收那么高，费用那么高，民间的财富很大程度变成了国有资产、国有财富。而我们如何实现取之于民，用之于民呢？

整个过程当中，怎样把权力管好，把社会治理管好，这是一个很重要的问题。昆山于海明夺刀把刘海龙杀死了。为什么？因为我们社会当中的事情不再仅仅是单个的事情，大家可以通过互联网、通过媒体看到，每个人可以发表自己的意见建议，这就形成了一种公众意识。大家是有力量可以发出自己的声音的，发出这种声音是能够改变社会的。我最后要讲的就是，各位有幸生在这样的时代，有幸在商学院，有幸有这么一个可爱的刘纪鹏院长和请来的这么多的嘉宾，我希望每个人身上的家国情怀永远不要少。

刘纪鹏：接下来的时间有请冯仲实律师。

冯仲实：周老师和我们一起研究共享制，他的侧重点是国有企业，我们的侧重点是私有企业。回到学问本身，经济学是所有制的改革，吕律师点评的时候提到的不乐观在于体制问题，在于产权问题。为什么民营企业可以很顺利地走到共享制？因为这个资产是自己的，可以占有、使用、处分，可以把收益权拿出来给员工。但是国有企业敢不敢？多数是不敢的。很多国有企业的领导如果这么做，可能就会被抓起来。所以政策和法律必须得先行，否则做的时候就有巨大的障碍。

还有"国进民退"的问题，谁的体制好，谁的效益高？从整个体制的评价来看，我认为民营企业的效益高于国有企业。关于混改我特别怕政治权力介入到民营企业，把民营企业搞坏了。国有企业的改革任重道远，涉及的不仅仅是经济问题，恐怕更多的是观念问题、政治问题。

互动提问

刘纪鹏：我们今天的讲座挑战太少，良彪破了一个题，说周局长提的改革就是梦想，利润共享很难在国企实现，良彪可能是主观判断。但是现实中我们想把今天的话题当作混改的起步，严肃地说，这不是产权制度改革，这是分配制度改革。可是当成分配制度能推行得通吗？22号文件颁布三年多了，就动了一个联通，联通把马云吸收进来叫混改吗？所谓的混改28年的中国资本市场一直就有，那不是最终的目的。

我向周局长提的第一个问题是，你提的这一套是产权制度改革还是分配制度改革？

第二个问题是，刚才谈了宏观环境，人家说你的提议是梦想，是梦想也无所谓，习主席不也有梦想嘛，中国梦。所以我提出一个更严肃的问题，你说你不赞成期权，你赞成利润共享，那么利润共享的优势是什么？期权最重要的是外部协调，是由市场提出来的，从某种意义上讲，期权在资本主义实验已经是比较成功的了。

第三个问题，你说的四季民福是连锁店，一定要有经营权效果才明显。对产业链而言，共享分配制度在车间里的效果不明显，在经营店里效果明显。大家知道张小平吗？他是中国航空工业总公司的一个高科技人员，是一个重要发动机研究所的副所长，就是因为激励机制执行不了，待遇太低，没激励，于是他辞职了。领导傻乎乎地批了，一项大的研究飞机的项目离了他不行，所以在这种情况下，人才流失会导致严重的后果。

2003年制定《中华人民共和国公司法》，李铁映同志是负责人，国有企业是共产党执政的基础，此时此刻我们考虑中国模式、中国道路，这些问题都是混在一起的，很难择出来。我就格外怀念邓小平。只有忠实于邓小平总设计师的改革思路，才有让中国实现两个百年伟大中国梦的可能。如果背离就会面临一个非常重要但又不知道向何处去的转折时刻。

提问：我的问题是，实行利润共享制度时，完成利润指标对高管进行奖励，没有完成指标要不要处罚？

提问：放生你好，我是社科院的卢桐，感谢你今天的精彩演讲，因为时间关系我只提两点质疑。第一个，我认为没有产权改革，只有激励机制改革是行不通的，虽然你举了个别例子，但那个不是实际的。第二个就是，你的利润共享制度实际上只是调动普通员工的积极性，我认为国有企业真正的挑战是缺乏企业家，国有企业更多的是政治家，没有企业家的企业是没有前途的。我的问题是，你怎么来设计制度，让国有企业成长一批企业家？

周放生：首先产权制度改革，这是毫无疑问的。其实我们从20世纪80年代就提出这个问题了，到了90年代，当时搞的是中小企业改制，其实就是产权制度改革，当时我们是悄悄地革命，改了几十万个企业，但是没有公开讲。我们改了几十万个企业，涉及七万人。产权制度改革我们从来没有否定过，但问题是为什么我特别强调通过利润共享进行机制改革呢？因为改不动啊，条条框框，各种束缚太多了。企业从上到下，大家目前最害怕的就是担责任，承担流失的责任。我不是学院派，我是实战派，我到处调查，最后总结出还是得从薄弱的地方改。民营企业给我们做出了榜样，民营企业也有很多的困难，也有很多问题，但是很多很困难的民营企业通过这个改革发生了很大的变化，这个制度能不能应用到国企呢？完全可以，十年前国资委就下了文件。用机制改革做突破口倒逼体制改革，倒逼所有权改革、产权改革，如果可以，同时做我肯定是支持的。我大概的逻辑不是只做激励改革而不做产权改革。

卢桐说我的激励政策针对的是员工，其实也包括了所有的管理层。而且越往上责任越大，分配的数额越多，不是仅针对我们字面上理解的普通员工。

我所讲的不是简单的改革，是一个制度改革。不是简单的分配制度改革，而是一个激励制度改革。我退休以后在拍企业改革故事纪录片。为什么要做这个事呢？因为我是企业改革的亲历者，我见过太多悲壮的、惨烈的人和故事，可是我们没有记录。七年前我觉得这个事应该有人做，但是又没有人做，所以我开始从事宣传片的拍摄。

刘纪鹏：我就是刚刚宣传片中那个公司的独立董事。有那么一批人在西北戈壁的实验室为国家造原子弹。他们到了西北那个地方，一干就是40

年，献了青春献终身；献了终身献子孙。

周放生：今天给大家讲的这个话题，其实是我长期思考的一个想法，而且我觉得这个问题涉及了改革的一些根本问题，借这个场合抛出来，大家来一起讨论。理论问题不是一个人能说得清楚的，广泛地讨论能从观念上、理论上把问题想透。

第六篇
中国道路
——过去、现在和未来

蓟门法治金融论坛第 62 讲

主讲：黄平　中国社科院欧洲研究所所长

主持：刘纪鹏

时间：2018 年 11 月 7 日

地点：中国政法大学蓟门桥校区

点评：潘维、王绍光

纪鹏荐语

今年是中国改革开放 40 年的大年份，40 年弹指一挥间，当年积贫积弱的中国跃为世界第二大经济体，中国 GDP 从不足 7000 亿元人民币增加到了 80 多万亿元。人均 GDP 从 400 多元人民币增加到了 8000 多美元。40 年平均 9% 的年增长率，创造了人类历史的奇迹。

这一切都是在中国改革开放的总设计师邓小平大道至简的改革方法论指导下实现的。他摒弃空洞、不切实际的教条，明确指出，"什么是社会主义我们现在还说不清楚"，回避意识形态之争，顶着一些人对"摸"论和"猫"论的曲解与嘲讽，硬是靠"发展才是硬道理"杀出了一条中国改革开放的血路。

今天，举世公认中国40年改革的成功，但中国改革到底成功在哪儿呢？

我认为两大因素缺一不可，一是确立了市场化目标，二是确立了正确的改革方法论。

我在《大船掉头》一书中总结了中国改革方法论的四个内涵，即渐变稳定、循序渐进的改革方法；从易到难、由浅入深的改革顺序；尊重国情、批判借鉴国际经验和规范的基本态度；内部主体主导改革的正确理念。

"猫"论谈价值观，"摸"论谈方法论，大道至简，凭此我们走出了一条独特的中国道路。

11月7日晚6点30分，中信大讲堂与蓟门法治金融论坛联合邀请中国社科院欧洲研究所黄平所长主讲《中国道路——过去、现在和未来》。

黄平博士毕业于英国伦敦政治经济学院，兼任中华美国学会会长、中国世界政治研究会会长和《欧洲研究》《欧洲与美国蓝皮书》主编。曾出版《寻求生存》《全球化与中国道路》《现代中国从哪里来，到哪里去》等几十部著作。

我与黄平教授相识于中信基金会，他关于中国道路的理论和学说，对中国今天学界方向迷茫、思想混乱的现实具有极其重要的学术价值和探索的现实意义。也只有黄平所长能在此时担纲如此重大的演讲主题。

本次讲座，中信基金会孔丹理事长将致辞。还有两位点评人，一位是北京大学中国与世界研究中心的潘维主任，另一位是香港中文大学政治与公共行政系主任王绍光教授。可以预见，二位的点评也将是本次讲座引人注目的风景线。

致 辞

刘纪鹏：坚持实事求是，践行中国道路，发展中国学派，我想这是我们建设中国特色社会主义市场经济的基本脉络。在改革开放40年之际，如何总结中国这40年走过的道路，现在还有各种各样的看法，但是举世公认，我们的GDP在40年内连续以9%的速度增长，这不仅是世界市场经济发展史上的奇迹，也是人类发展史上的奇迹。

这个奇迹怎么实现的呢？我们走的这条道路和西方的道路不一样，在这个发展道路当中，中国模式也初见端倪。中国模式是不是存在，我们如何总结中国模式，这是我们在40年改革之际必须回答的问题。这个问题不只引起我们国人自己的思考，而且从世界范围内看，也有越来越多的国家在关注中国所走过的道路，并且有越来越多的人在承认中国模式。今天的主题就是在这样一个重要的时点上，在这样敏感的话题上总结中国道路的过去、现在和未来。

一般人是不敢挑战这个话题的，除了今天我们的主讲嘉宾黄平所长。他是伦敦政治经济学院的博士，曾任社科院美国所所长，现在是欧洲所的所长，他不仅经历了中国40年改革，也非常了解英美的状况，在这样的对比中，他今天的演讲谈到的中国道路一定会引发无数思考。

在这40年的改革道路中，我们在改革方法上跟西方的国家都不一样，我们采用的是渐变稳定、循序渐进的改革方法，我们的改革是由易到难、由浅到深、由内部主导的，这是其他国家没有的。

孔丹："中国学派"是我们（中信改革发展研究基金会）在4年前提出来的，我们认为中国学派来自中国深厚的历史和文化，立足于中国本土的实践基础，从我们中国自己的需求和视野出发，有中国气派、中国风格，推动和实践思想创新、理论创新、话语创新。中国学派不是研究中国的学派，我们要研究世界，站在中国看世界，以中国为立脚点，为出发点，为归宿。

关于中国学派现在没有一个明确的定义，各位学者都有不同的角度和不同的理解，包括今天来演讲的黄平老师，还有点评的潘维老师和王绍光老师，他们都有自己的定义并从自己的角度提出问题。我们要举起这个中国学派的旗帜。

今天请黄平所长主讲的《中国道路——过去、现在和未来》，是一个非常重大的题目。我去年在商学院学生开学典礼说的是"昨天、今天和明天"，今天的题目就叫"过去、现在和未来"，像我这样一个70多岁的老同志，对这样的一种提法有直接的触动，中国道路的过去——我们经历的，中国道路的现在——我们面临的，中国道路的未来——我们将达到什么样的前景，这是非常重要的问题，黄平老师的真知灼见一定会令大家非常地期待。

中央现在也开始提及中国学派了，这是学术界很重要的一个认识。我们正在进行的新时代中国特色社会主义建设是前无古人的伟大事业，我们不走封闭僵化的老路，不走改旗易帜的邪路，我们要走中国特色社会主义道路。我相信，通过大家的努力，中华民族伟大复兴、中国梦一定能实现。

在我的经历中有很多的历史节点，刚好差不多10年一次。我长期从事企业工作，1989年遇到了西方对我们的封锁，1998年遇到了亚洲金融危机，2008年遇到了全球金融危机，今年是2018年，又是一个10年，又是一个历史节点，我相信我们中华民族的伟大复兴正在披荆斩棘地前进。现在我们正在遭遇中美贸易摩擦，我认为可以用四句话来形容中美贸易摩擦：表象是贸易之争，背后是产业之争，关键是技术之争，核心是利益之争。这是一个很特别的事情，我们习总书记最近又在讲中美经贸合作，本质上是互利共赢，这是中国的看法。那美国的看法呢？今年10月5日，美国副总统公开讲话攻击我们，我们认为双方是零和的，但美国认为自己是受到损害的。我认为本质上是道路之争，彭斯非常明确地说，他看到中国没有走到他们所希望的道路上去，他们挑战我们是因为他们竞争不过我们中国这种道路、这种模式。所以，2018年应该是我们中华民族复兴历史上重要的历史节点，今天讲这个中国道路具有特别的意义。

我们这些从事科研教育40年的人，也正好经历了中国40年的发展、40年的改革，发展和改革中最重要的一条就是实事求是。今天的主题是中国道路的过去、现在和未来。过去，首先是这40年是怎么过来的，要把这40年的经历讲清楚；现在，就是新时代，十八大以来我们中国特色社会主义进入了新时代，这个"现在"还将持续多久，总书记说行百里者半九十，最后十里爬坡更需要毅力和智慧。但是过去还不止这40年，记得和在座的潘维、王绍光教授等在改革开放30年的时候在香港中文大学开过一次研讨会，当时我说有三个30年，要理解改革开放这30年，一定要理解1949—1979年这30年是怎么走过来的，而要理解1949—1979年是怎么走过来的，就一定要理解1919—1949年，即五四运动到新中国成立这30年的历程。

一、为什么叫中国道路？

为什么叫中国道路？纪念改革开放20年的时候我记得自己用的是"中国经验"，我们已经有相当多的经验可以说了。改革开放30年的时候，我们提过中国道路，当时用中国道路想到的是从井冈山道路到延安道路，所以脑海里的那个道路就是马克·赛尔登那本书名《革命中的中国延安道路》里用的 Way。"Way"在英语里可以是道路，可以是方法，甚至有些人讲《道德经》的那个"道"也用 Way，Way 是一词多义的。

还不到改革开放 40 年的时候，就已经开始有人讲"中国模式"了。我自己主张用"中国经验"和"中国道路"，要用模式也未尝不可。未尝不可的理由有很多，"模式"可以翻译为"Model"，经济学的模型就是"Model"，大学生也能通过学习自己弄一个 Model。不管你的 Model 有多大的解释力，无非是这个模型怎么样，那个模型怎么样，是一种方法。

我们学社会学的，做社会研究的时候为了进行比较，就要到各地去做实地调研，记得我们去过印度一个像贵州一样的地方，叫克拉拉邦，克拉拉这个邦很有意思，我们去的时候已经是 20 世纪 90 年代中后期了。联合国开发计划署（UNDP）的人文发展指数认为，不应该只按人均 GDP 和人均收入来测量一个地方的发展质量。UNDP 用了很多个案研究得出，衡量发展质量不仅仅要用 GDP 加人均收入，还要加两个东西：一个是人均寿命，一个是人均受教育程度，二者共同构成 UNDP 的报告里的人文发展指数。按照 UNDP 的这个人文发展指数来看，克拉拉就不是最穷、最落后、最偏远的地区，那里的人均寿命、人均受教育程度等都非常高。克拉拉的人说，他们学的很多东西都来自中国，虽然当时用人均 GDP 加人均收入测量我们仍然是发展中国家，仍然处在社会主义初级阶段。

中国在 20 世纪 70 年代末的发展质量，按 UNDP 的人文发展指数测量已经达到了中等发展水平。今天，我们中国道路既是改革开放 40 年走出来的，也是新中国成立以来艰苦探索走出来的，还是五四运动到建党以来我们在反帝反封建历程中走出来的，更是我们几千年的文明、文化延绵不断地走出来的。而延续性不只是时间概念和历史概念，它还包含着正当性。很多人说合法性，其实就是正当性，它首先就是连续的，如果它不能延续，还有什么正当性。因此讲中国道路，至少要从 40 年前开始讲起，而其中最核心一个词就是"实事求是"。

改革之初邓小平有一篇重要的讲话，就是《解放思想，实事求是，团结一致向前看》，可以说这个讲话拉开了改革开放的大幕。记得他讲的最深刻的一句话就是，"走自己的道路，这就是结论"。经过这么多的探索与付出，得出的最重要的结论就是走中国的路，这就是"中国道路"。这40年的发展可以从时间上开始梳理——刚开始是农村联产承包责任制，然后是乡镇企业，再后来是城市改革、农民工进城，从东南沿海再到整个国家发展了起来。实事求是、解放思想，一方面是中央拨乱反正，另一方面是基层的、实践的、老百姓的、中国农民的伟大创造。邓小平讲实事求是就是恢复毛泽东思想的本来面目，包括延安道路、井冈山道路也是实事求是，这是基本思想、哲学思想，也是指导思想。

实事求是首先是认识问题，"事"就是事物，"求"就是寻找，"是"就是规律，古希腊哲学里也有类似的短语，就是要寻求事物的本源。实事求是不是把这个事摆出来，而是找到这个事的道理。今天讲到的中国经验、中国道路，乃至有人说是中国模式，甚至是中国学派，不只是能够描述中国，还包括有中国学派的经济学、社会学、政治学、法学等，要能够讲出事背后的理，这样才是达到了实事求是。

改革开放这40年中国何止是在经济领域取得了举世瞩目的成就，连续几十年的时间里，有着13亿以上人口的国家保持着几乎两位数的增长速度，不仅数以亿计的人口摆脱了贫困，整个社会也进入了小康，而且既没有发生大规模的内乱、暴动、起义，也没有发生大规模的对外移民、殖民、侵略和战争，这是人类历史上还没有过的。有人说中国只是一个"个案"，但反观英国，英国其实也是马克思理论产生的个案基础。英国首先是一个岛国，其次它的人口是千万级的，再次它发展的起始阶段发起了多次对外侵略战争，当时拿下了北美、澳大利亚、非洲、南亚，甚至包括中国也差点被它拿下。当年的鸦片战争使我们国家民不聊生，成为半殖民地国家，中国第一次面临千年未见之大变局，近代以来的衰落就是从那时候开始的。这样才有了从"五四"到井冈山道路、延安道路一路走下来，走出了中国道路，有了比英国这个个案规模大得多、代价小得多的"个案"。

二、西方人眼中的中国崛起

西方人跟我们看中国道路这件事情的视角是不一样的。在西方有几本比较流行的书，是关于中国崛起、中国道路、中国模式的。一本是33年前雷默的论文《北京共识》；一本是到我们院里做过访问的学者马克·勒伦写的《中国人在想什么》，他采访过王绍光和潘维等中国的很多学者，花了不长的时间写了这本书；一本是英国人马丁·雅克写的《当中国统治世界》。这三本书在讨论中国道路、中国模式的书中是很流行的，还有一本意义更深刻的书，是《亚当·斯密在北京》，这本书第一是讲亚当·斯密，第二是讲中国，第三是讲世界。《亚当·斯密在北京》这本书不是写中国人多厉害，而是站在历史的和逻辑的角度来介绍中国的。外国人看中国，包括看1840年的衰落，眼光都是不一样的。英国人当年拿下了北美、澳大利亚、非洲、南亚，却没有完全拿下中国，他们觉得中国人太聪明、太高明了，否则也拿下了。当然，我们自己认为是当时清政府太腐败、太无能了，所以我们才沦为了半殖民地。

西方人还喜欢问的一个问题是，古希腊、古印度、古埃及这几大古老文明，或者衰落了，或者只能存在于博物馆里，为什么中国在1840年经历了衰落，仅仅100多年后从1949—1979年又开始发展起来了？

中国这个文明看似衰落的时间只有100余年，和我们5000多年的文明相比，100年只是历史的一瞬间。1972年尼克松访华时见到周总理，问总理怎么看法国革命。周总理当时脱口而出一句话："法国革命到今天还不到200年，要评价它还为时太早。"同样，对于一个5000多年的文明，从1840年衰落到1949年站起来，又经过40年，或者是70年富起来，现在又开始强起来，这是世界奇迹，令世界刮目相看。

三、中国道路的探索历程

我们过去一直是很谦虚的，这也是美德，再发展也要谦虚谨慎。七大的时候主席坚持称马列是老师，我们是学生，不能跟老师平起平坐，所以不能叫毛泽东主义，新中国成立后很多年，我们讲毛泽东思想的贡献就主要是走出了农村包围城市的道路。其实毛泽东思想的贡献不只是农村包围城市，因为中国过去是一个主要的农业大国，几乎没有工业，因此没有城市无产阶级，按照经典的理论来讲，便是没有社会革命的条件，因为经典理论是生产力发展了，生产关系就成为束缚，然后上层建筑成为阻碍，这样"社会革命的时代就到来了"。而我们是反过来的，不是生产力发展，恰恰它是不发展的，所以，区别不只是苏联走的是城市起义之路，我们走的是农村道路，在理论上我们也突破了原来的经典假设。小平同志1977—1978年强调要恢复毛泽东思想本来面目，精髓就是实事求是，改革开放成功也是因为实事求是，这可不是一句空话，不只是形式上把这个旗子举高。小平同志讲农村从分田到乡镇企业，是中国农民的伟大创造，当时有两句话，一句是"摸着石头过河"，一句是"走一步看一步"，与我们今天用的一个词类似——"稳中求进"。

当时确实是走一步看一步，因为改革开放是前人没有做过的事，在中国，一个社会主义国家搞市场经济，的确是闻所未闻，所以还有一句话，叫"解放思想，实事求是，团结一致向前看"，最后说"走自己的路，这就是结论"。什么叫解放思想？解放到什么程度？我们把改革定义为对原有体制的不断完善，既不是推翻重来，也不是"休克式疗法"，而是向前看、朝前走，不断摸索、探索，从联产承包到分田到户，从商品经济到社会主义市场经济，有继承，有创新。后来江泽民同志又加了四个重要的字：与时俱进。当然，如果不懂历史，不知道5000多年是怎么过来的，那肯定不知道未来的路怎么走。只有知道过去才知道今天和未来，反过来说，以史为鉴，目的还是今天和明天。

说过去、现在和未来，还有很多需要提炼和总结，包括经济社会和法律领域、思想文化和教育领域，还有经验教训、从来没有搞过的。前 30 年（1949—1978）的艰苦探索有很多经验和教训，这 40 年（1978—2018）也有很多经验和教训。我们现在的蓝天保卫战，过去是没有意识到的，只知道发展是硬道理，没有将环境生态放在重要位置，直到后来才发现环境影响每个人的健康。环境安全、空气、水，还有食品安全、药品安全等，甚至被提到生态文明的高度来认识。发展是硬道理没有错，但是走到这一步才发现要可持续发展，否则硬道理也坚持不下去。环境只是其中一个例子，还包括教育、医疗、住房，都是新问题。随着经济体量、速度、规模的变化，又产生了新的问题。小平同志晚年也提到过，发展起来比不发展起来问题更多。

四、中国学派的适用性

我在美国所做研究时讨论过一个话题：第一次世界大战怎么发生的？100 年过去了，到现在也没有讲清楚，但我们可以找到一些原因，比如背后的经济原因、政治原因、社会原因等，100 年过去了人们依旧在探讨。这也说明，实事求是、探究事物本原不是那么容易的。回到中国来，我们 1949 年以后的 30 年探索，其中没有走通的路，是不是意味着 300 年也走不通？实践了 5 年、10 年、50 年不成功的事情，是不是实践 500 年或永远不会成功？这里面的道理很复杂，连坚持实事求是在哲学上也没有那么简单，在实践上更难。

20 世纪 30 年代有个维也纳学派，他们当时在哲学界提出，要从所有的哲学文献里把形而上学剔出去，形而上学的命题不是科学命题，它可以是诗，可以是幻想，可以是很美的文学，但它不是科学，因为它们不能用逻辑证明或是被经验证实，所以它们叫"逻辑经验主义"。当时波普提出一个证伪理论，认为经验证实是很难的，但只要找到一个反例，例如，只要发现有一只黑天鹅,"天鹅都是白的"这个命题就被证伪了。我们前30年的探索中的很多东西其实未必仅用30年就能宣布它们是失败了,因此习近平总书记说我们的两个三十年不是互相否定的,而是一脉相承的。

我自己有一个"准科学"的命题:任何事物,它持续的时间越长,覆盖的空间越大,包含的个体越多,那么很可能它所包含的普遍性就越强。假如这个命题成立,那么我们用这个命题去看,中国道路也好,中国经验也好,乃至中国模式、中国学派,都有更深远的意义。过去我做扶贫研究时参加过很多联合国的项目,联合国是最合法、最权威的国际组织,也认为大国小国一律平等,但是当它不管不同体量大小,简单按照国家排序时,如新加坡跟中国排序,显然是不科学的,我们是拥有14亿人口的社会,陆地面积约960万平方千米,历史延续了几千年。改革开放20年时,我们去日本参加学术讨论,主持人是80岁的一个泰斗。当时我们有12亿人口,所谓富裕的人口,估计也就有一个亿,还有十个亿以上的人口等待发展。但日方回应是,日本人总共一亿多一点的人口规模,中国有一个亿人实现了富裕,就已经是一个日本的人口规模。所以,不仅是中国经验的层面,不只是事实上的中国如何,还有理论的中国、文化的中国、道路的中国,究竟是怎么回事,这么大的空间,这么多的人口,这么长的时间,怎么一路走下来的,还会如何走下去。很多人说没有什么中国道路,更没有中国模式,说中国仅仅是一个"个案",是一个"例外",偏离了人类发展的主流,新中国成立70年的探索,100年建党的探索,5000年文明的探索,这么大的经济体,这么长的时间,这么多的人在这个道路上走还只是一个个案、一个例外,而一些比中国小得多的国家,付出更大的代价换来的发展居然具有普适性。如果根据前面所说的那个命题来判断,这显然是说不通的。

更重要的是,如果还有中国学派,那它有没有可能不只解释中国,也能解释别的国家?中国目前取得的成功还在继续探索、继续完善,并且不强加给别人，但中国经验是可以拿到世界上和大家共享的。现在提出的"一带一路"，在哪儿建港投资、某一个项目成功与否、项目在当地能否被接受，这些只是经验层面的东西，它背后的理念是最重要的——共商、共建、共享，这是没有过的。共商，就是连规矩都要一块商量。习近平同志在上海亚信峰会上第一次讲，各国的事各国自己办，亚洲的事我们亚洲人办，世界上的事世界各国商量着办。过去西方讲的是强者制定规则，雅尔塔体系就是斯大林、罗斯福和丘吉尔把世界秩序搞定了，所谓"战后秩序"，其实就是由三巨头主导，由强者制定规则。但我们主张共商。共建，是讲过程的参与性和包容性，包括少数民族的参与、边缘人口的参与，等等，就是在整个过程中一起搞。"一带一路"最难的不是势头，而是民心，要尊重当地的风俗文化、习惯、制度、法律，和当地人民共建。规则是共商，过程是共建，成果是共享，不论成果大小、多少、快慢，大家共享、分享。

五、中国的新型国际关系

我们再回到实事求是、群众路线，还有独立自主。中国一直奉行独立自主的和平外交路线，这是具有一贯性的。从1955年万隆会议提出和平共处五项原则，到小平同志改革开放讲和平与发展是时代的两大主题，再到后来讲互利合作共赢，最后到今天的人类命运共同体，是具有连续性、一贯性的。"一带一路"的核心原则还是共商、共建、共赢。西方人不接受中国"一带一路"和中国的贸易方式，甚至觉得访学者都是国家派的人，这是贸易之争，是利益之争，背后是道路之争，甚至是文明之争。我们认为人类是命运共同体，而西方信奉的是利益至上，市场就这么大，利润就这么点，你多了我就少了，更别说在其他安全领域，更是只知道丛林法则、零和游戏。

新型国际关系的建设，不是要把现有的国际彻底推翻了重建。我们十九大提出两点：一是构建新型国际关系；二是构建人类命运共同体，是共商共建共享，对非洲等发展中国家更是要先予后取、多予少取。我们实现民族复兴，也需要有一个和平安定的外部环境，连我们同美国之间也要讲求不冲突、不对抗，互相尊重，合作共赢，首先是先稳住，没有大的战争发生，有一个相对和平稳定的外部环境。当然，新型国际关系不是随便说说的，需要新形势下新的伟大斗争。

六、令世界瞩目的中国道路

现在中国已经有经济学家，做研究不只是做中国研究，而是试图用新的理念、概念，去解释其他国家的经济。我们今天需要的已经不只是舌尖上、杂技上、武术上的中国，还要有思想上、理论上的中国。我们的理念、概念、方法不但能解释自己，还能解释其他的社会，这样的话，中国道路的正当性就不仅是我们能从过去一路走过来，我们还能从今天走向未来——2020年实现全面小康，2035年实现现代化，2050年建成富强、民主、文明、和谐、美丽的社会主义现代化强国，还具有理论的阐释力、说服力、穿透力。

回顾起来，中国真的是10年一个样。每10年都会出现很多新问题，世界也充满着风险与不确定性。2007—2008年华尔街金融风暴，雷曼兄弟倒下，引发世界性危机，"唯一的确定性就是不确定"。一开始的时候我们也没有将防范重大风险放在重要位置，只提到两件事情：一个是扶贫攻坚战，一个是蓝天保卫战。后来很快意识到金融风险的严峻性，于是把防范重大风险尤其是金融风险作为2018年的第一件事，除此之外还有很多想不到的风险。我们常说行百里者半九十，我们已经走完了前九十里路，剩下的这十里路还有很多的风险与挑战。

点　评

刘纪鹏：中国道路——过去、现在、未来，恐怕要回答两个问题。第一个问题是中国改革到底成功了没有？这个问题举世公认是成功了，但是中国改革到底成功在哪儿？这是第二个问题，这个问题一直没有答案，所以提出中国道路能不能成立，中国模式是否存在。北京大学的一位经济学家说，中国模式是中美贸易冲突的根源所在，他认为，第一，中国模式不符合事实；第二，中国模式很危险，对内误导自己，自毁前程，对外误导世界，树敌过多，相当危险。所以接下来我们就请北京大学著名的教授潘维，请他来给我们的黄平所长点评。

潘维：我实际上非常同意刚才黄平教授讲的所有的观点，接下来我再说几条。

第一，道路是一个线性的概念，是延续性的，它一定会谈过去、现在、未来。道路不会凭空出现，人总是要往前走，所以谈道路是一个历史性的概念。

第二，道路一定是曲折的，沿着这个道路往前走，还会走岔路。当我们说到成就的时候不要忘了，道路是曲折的，成就是有代价的，所以我们一路走过来非常不容易。我们这代人经历过曲折，经历过彷徨，今天的同学们会继续经历彷徨，往前的路你们这一代人接着走，还是会跌跌撞撞。

第三，中国道路有什么特殊之处呢？首先中国太大了，广土众民，人口是美国的4倍，这一点很特别，无法复制。其次是中国历史没法复制，2000多年走的路跟西方是不同的，过去不一样，今天依然不一样。再次就是中国是欠发达国家，从经济上来看，美国人均GDP为6万美元，中国人均GDP只有1万美元。世界上很多国家都是我们这个水平，不过我们是非常特殊的。我们虽然穷得只有1万美元的人均GDP，但我们能在奥运会拿到金牌数量是第一名，能在科技方面跟发达国家比，在基础设施上甚至比发达国家还强，医疗、教育各个方面，我们都不像一个普通的欠发达国家，因此中国是个不普通的欠发达国家。

第四，如何描述我们的道路呢？最简单的标签就是改革开放。改革开放不仅仅是全方位开放、融入世界经济体系这么简单。西方人都说中国农民工世界最棒，中国经济靠农民工支撑，农民工是从乡村企业走出来的，是生产责任制挤出来的人。还有再前面的土地改革、人民公社，一路走过来，我们恢复了家庭耕作，跟几千年前一样，别说这个，我们是人均绝对平均分田，在这个基础上挤出的劳动力。我告诉大家，我们的农民工是最好的劳动力，能写、能读、会算。这都是从前面30年延续而来的，没有教育普及，就不会有这么高素质的农民工。还有基础设施，今天全世界都羡慕中国的基础设施，比发达国家还发达。集中力量办大事，勒紧裤腰带办基础设施，全世界欠发达国家没有一个拥有像中国一样发达的基础设施，这是我们自己勒紧裤腰带得来的。

再来说市场经济，十年间我们做了差不多100万亿元的转移支付，把财富从富裕地区挪到了贫困地区，十年间财政收入的一半用于补贴贫困地区，兴建农民务工工程、山区移民工程，政府补贴新盖了5000万套房子。十年间还做到了城市农民全面覆盖的医疗体系，美国今天都没有做到。再就是政治稳定，我们有绝对的国家安全，欠发达都会被侵略、威胁，而中国取得了国际上的自主独立，保证了人民的安全，这些都是从中国道路而来的。

最后，我们中国的道路怎么描述呢？我们是社会主义的国家，我们走的是社会主义道路，但是中国特色社会主义道路是不断与时俱进、能解决问题的社会主义道路。我们能走上这条路是因为有中国共产党的领导。只有这样我们才能与时俱进、一直往前走，奔着国强民富这个大目标，或者说中华民族伟大复兴的目标往前走。中国发展到现在又出现了新的问题，共产党在十九大上把主要矛盾归结为不平衡和不充分的发展，怎么解决这个问题？既要充分发展，又要平衡发展，这件事情是有难度的。路在前方，我们等着大家继续探索。总结来说，我认为中国模式就是特色社会主义加中国共产党的领导。

王绍光：我们讲中国道路，实际上都有暗含的背景，就是把中国的事放到国际视野里面看。从国际视野来看，我们的改革开放到1988年就停滞了，因为1988年农村改革已经将近10年，人民公社解体五六年，城市改革是1984年才开始的，到1988年已经出现了通货膨胀，海外评价中国的改革是一个坏模式。

到1998年海外对中国的评价有点不一样了。当时的参照系除了欧美以外，又多了从1998年转型的东欧，对比来看，中国走了一条不同的道路——东欧走的是休克疗法的道路，而中国走的是渐进的道路。采取休克疗法的原因很简单，前面有一条鸿沟，不能分多次跳过去，必须一次跳过去，这是休克疗法的逻辑。但是中国没有遵从这个方法，所以到1998年，也就是改革开放20年的时候，中国模式和东欧模式不一样，到那个时候为止，渐进模式看起来效果比较好。

今天回过头来看，如果用人均GDP画线，以1985年为起点，所有的东欧国家（包括苏联）到1998年几乎跌到和1985年的水平差百分之四五十。1998年，中国是一个不同的模式，稍微优于东欧国家。到2008年的时候，中国模式从西方人的角度来看又进了一步。2008年的时候，以瑞典为基地的一个研究机构找了一批中西方学者讨论中国的发展，出了一本手册，标题就叫《中国模式》，一个与欧洲、美国不同的模式。

回头看中国道路和西方的道路有没有一样的地方，我认为有。比如，国家能力的建设，中国真正发展起来是1949年以后，我们在短短三年时间内就做了两件大事：第一件是建立全国统一的人民解放军，这个工作一直到1956年才正式完结；第二件是建立了全国统一的财税统计，到1957年税收占国民收入的比重达到30%，而在这以前都是低于10%的。这两件事和欧美，和日本在经济发展起飞以前是一样的，这个地方是我们和其他一些国家的相同之处。

但是要指出一点不同之处，我们改革开放没有走一条对外侵犯、对内压榨的残酷道路。随着工业革命的展开，资本家的压榨是很严重的，1848

年欧洲革命、工人运动、国际共产主义运动、社会主义运动广泛展开以后，人均寿命才有所改善。

我们走的是和平的道路，用自己的力量发展。其实不只是改革开放40年，我们的GDP从1949年到1978年的年增长率也是高于7%的，到今年为止，这70年的年增长率（平均）在8.81%左右，我们70年增长都很高，改革开放增长速度会更高一点，这是值得我们骄傲的，非常值得我们大书特书。我们要向世界讲这个道理：和平也可以发展。

黄平：我很赞同潘维教授和王绍光教授的点评。我觉得要讲清楚中国道路，只凭一个人或者是几个人是很难的，有待于大家一起探讨，我认为以下几点很重要。

第一，实事求是，最早毛主席说过，不要照抄苏联，照抄照搬不行，反对本本主义。

第二，稳中求进，快了不行，慢了也不行，要把握好度，有时候要只争朝夕、分秒必争，但是稳中求进就是太快了也不行，尤其不能"打无把握之仗"。近代以来，乃至古今中外，改革也好，发展也好，创新也好，革命也好，不管初衷是什么，很多失败都是因为欲速则不达。

第三，东西南北，没有"中"不行。这个"中"既是中庸的"中"，也是中国的"中"，是中国共产党、中国特色社会主义的"中"，它可不是一件小事，不是一个简单的字。

刘纪鹏：我认为中国模式主要有四个特点。第一，共产党对国有资本的领导；第二，市场经济的外部运行环境；第三，有为政府对市场经济的指导；第四，以国有资本为主包容其他多种资本的现代公司制度。中国模式只有这么走下去，中国梦才能实现。今天我们应该为中国模式在中国的诞生大声疾呼，这也是中信大讲堂和我们蓟门法治金融论坛，践行中国道路，发展中国学派的宗旨所在。

第七篇
信用成为金融血脉的场景与逻辑

> 蓟门法治金融论坛第 64 讲
> 主讲：王忠民　西北大学原校长、全国社会保障基金理事会原副理事长
> 主持：刘纪鹏
> 时间：2018 年 11 月 21 日
> 地点：中国政法大学蓟门桥校区
> 点评：胡继晔、胡明

纪鹏荐语

2018 年是不平凡的一年，这一年既是鼓舞人心的中国改革开放 40 周年，也是全球金融危机 10 周年，亚洲金融危机 20 周年。

这一年中国经济内外双重压力叠加，GDP 下滑至 6.5%，创 10 年新低，稳增长的需求异常迫切。过去一段时间里，中央金融去杠杆政策之下，各企业贷款或者债券到期还不上，信用违约频

频发生，消费领域、基建领域、其他投资领域都尽显疲态。

中国的资本市场更加沉沦，A股一度跌破2500点，400多家民营上市公司股权质押爆仓，甚至出现大股东跑路的景象。

为解决这一难题，央行出手降低存款准备金率，主动释放流动性，尤其是公开"拯救"中小企业，在释放流动性的规模、释放的渠道等方面，均已远超过去。但市场反应仍是股市跌、房价跌，可以说实际的效果并没有达到预期。

"中国的货币政策不在于没钱，而在于流动性流不动！形成了资金的堰塞湖。"在这种情况下如何找到监管的"牛鼻子"，引导货币流到更好的场景中呢？

11月21日晚6点30分，蓟门论坛邀请全国政协委员、中央纪委委员、西北大学原校长、全国社会保障基金理事会原副理事长王忠民教授主讲《信用成为金融血脉的场景与逻辑》，解读信用监管的逻辑。

王忠民教授毕业于中国社科院政治经济学专业，是国家有突出贡献的专家，曾任西北大学党委常委、校长，陕西省政府党组成员、秘书长，省政府办公厅主任、党组书记，陕西省安康市市委书记。

我跟忠民教授的相识纯属偶然，我一位多年的好友——中央汇金公司驻工商银行董事汪小雅博士，我们常在一起讨论金融问题、公司治理问题。一天他打来电话，说要向我推荐蓟门论坛的一个最佳主讲人，他就是王忠民教授。

小雅说他听了王教授的讲座，"太敬佩了"。王教授在两个半小时的演讲中，不拿一页稿纸就把复杂的金融问题从逻辑上到内容上以通俗易懂的方式表达了出来，堪当蓟门论坛最佳的演讲候选人之一。

之后我又多次在朋友圈里看到大家对王教授的敬佩和赞许，原以为与王教授只能相见于蓟门论坛，未承想在11月10日我受姚峰市长邀请参加的杭州金融创新发展论坛上，第一个发言的就是忠民教授。他在演讲中充分谈了对浙江改革开放吸引人才的若干对策和建议，语言朴实，但招招措施都可落地，令我敬佩。

在刚刚结束的《财经》年会上，王教授提出要建立信用监管的统一尺度，让真正市场性的工具、市场性的风险交易、市场性的风险缓释有效地在市场当中发挥积极的作用，做好风险暴露、杠杆减除的接盘准备，让流动性充分传导，让流动性不流动成为过去时，这样的讲话令人振奋。而两日后在中国政法大学学术报告厅中，我将和听众朋友们，共同一睹忠民教授的风采！

致　辞

刘纪鹏：今天是蓟门论坛第64讲，题目切中主题，既包含金融又包含法律。法治金融论坛体现法制，信用成为金融血脉的场景与逻辑，展现主讲人的学术问题。

今天的央行是世界上最大的央行，5.4万亿美元的资产，远远超过了美联储4.6万亿美元的资本。中国的央行很大，但只能是虚胖，央行瘦身是治本方略。这么大的央行总资产背后，显示中国人钱很多，但是这种钱多表现的市场流动性却带来了很大的风险。特别是"十三五"规划中我们的三大攻坚任务，金融风险成为我们的第一大风险。钱多本来是好事，金融上称为流动性重组，但是中国却闹出了钱荒，闹出了中小企业融资难、融资贵的现状，以至于今年中美贸易战，股市、债市、房市、汇市成了博弈的主战场。钱多，股市去不了，房市价格奇高无比下不来，汇市往哪儿走？这都跟今天的主题有关。金融的问题，展示金融血脉的是流动性，但是流动性往哪儿流？先不论往哪儿去，就是不去股市。习主席讲话已经是老帅出场，股市还继续沉沦，房地产居高不下，还能让它涨吗？不可能。但是也不能让它下跌，因为十次金融危机五次以上都是房地产。

今天的主讲人王忠民教授是一位资深的金融教育家和政治家，他毕业于中国社科院政治所。在王忠民教授读书的年代，我在中国社科院工业研究所，也算师出同门。但是王忠民教授进步得比我们都快，他不仅到大学当校长，到政府当党组书记，又是社保基金的副理事长，全国社保基金就是为全体职工的保障提供增值性的机构。有这样丰富的经历，又有这样的背景，因此今天的演讲题目《信用成为金融血脉的场景与逻辑》，也只有王忠民教授能胜任，信用问题太重要了。

我只想告诉大家，这次中央决定拯救民营企业一个很重要的原因就是资本市场，4500个民营企业跑路、破产、被打爆仓，都是信用的使用问题。为了拯救这个市场，在过去的一周，144个企业的质押全部解除，否则的话，这个市场不知道到哪儿去，这里面又是信用问题。它们的信用在关键时刻，国家替它们分担了，但是他们的血液还能继续流动吗？无论是从场景上还是从理论的形势、逻辑的推论上，我介绍到这儿大家都已经可以意识到今天这场讲座的学术高度和实战性了。

第七篇
信用成为金融血脉的场景与逻辑

我曾经做过西北大学的校长，因此在大学的报告厅讲台上讲话很多，但是以法律为主的大学，而且是中国第一法律大学——中国政法大学，这个校园我是第一次来，所以我不敢保证今天所有的语言都合法合规，我也不敢保证我所有用到的法律词语都那么专业精到，这也是因为我过去主要是学经济的，是做投资的，主要是做投资管理这样的角色给我留下的烙印。

如果说金融是实体经济的血脉，这一点没人质疑，学术界、投资界，乃至整个社会实体和金融界自身都认为没问题，那么我们要想到的是，谁是金融的血脉？金融和实体是不是互为血脉，还是金融自身有一个血脉？这个血脉是信用吗？如果是信用，为什么是信用？而实体、金融和信用之间的三角关系应该怎样在现实世界当中发挥有效的作用呢？

一、金融场景紊乱的表现

事实上现在有很多的误解，比如说通过套利牟取暴利。我们说金融可以为实体服务，也可以相互在金融工具之间产生某种套利。如果金融有套利，那么一定是它自己的信用场景出问题了，一定是信用场景的维度和逻辑出现了问题。信用成为金融的血脉，对应金融是实体的血脉，我今天就试图说清这个逻辑。

金融是实体经济的血脉，为实体经济完成了重大的任务，第一个就是提供了充足的流动性，不管这种实体经济是法人企业还是自然人企业。

这样一流动就成了资源配置，全社会的资源配置就可以发生了。由于可以以金融的形式产生充分的存量资产和流量效率，才让全世界的资源配置有机、有效，而且是在大家完全充分自由交易的基础之上完成的。

这当中有一个基础的逻辑，金融本身在为实体经济发挥流动性作用的同时承担了好多实体经济的风险，比如股市，企业的固定资产的投资就不会有股东的退出，退出了以后不能退股，不能退股原有的固定资产就是既定的存量，那怎么才能退呢？需要在股市当中通过用脚投票和用手投票来完成自身的波动，让金融股票这一个波动的形式替代公司里面固定资产的周期性波动和价格波动以及自身的问题，这就是让波动风险在金融领域规避了。

今天看信用市场当中出现的杠杆问题，当债券价格波动的时候，事实上企业自身的杠杆率是因为债券价格变动之后资产和利率变化而产生了波动，但是自身原来通过杠杆融到资本的数量并没有发生变化，金融不仅通过担当的方式配置了实体资源，而且承担了应有的风险。金融的风险要不要找别人担当？风险能不能交易出去？这才是金融深化领域当中的关键问题，金融会衍生出一个可对冲的市场，可互换收益的市场，可保险的市场，可把所有的风险通过每一天的波动缓释的市场，也可以通过SPV的方式把风险隔离。把事前的风险对冲，事中的缓释，事后的隔离，才能让金融风险转移。金融的风险转移了，但转移的时候产生了新问题：信用——流动性的信用，债券信贷关系的信用，股权市场的信用，一级市场、私募股权投资、风险投资的信用，这些信用场景使得金融成为一种产品，金融成为某种以产品为基础的交易的市场，和以此建立起来的法律架构体系，形成基于民法、民商法构建起来的法律体系。

我们从信用角度看，今天我们正在面临庞大的问题，第一个问题刘纪鹏教授已经讲了，M2全球最大，将近200万亿元，特别是面临GDP从

6.5%以上往6.5%以下滑行的时候，我们突然发现需要把货币的政策再放宽松一些，再积极一些，甚至把"麻辣粉"（MLF）用上。货币能不能通过信用的场景有效率地传递到社会其他真正对实体经济有用的领域去呢？

我们先看过去，如果过去不是80万亿元的房地产市场能够吸纳过去二三十年的货币，或者说如果不是房地产资产这一个信用场景的话，过去的货币会流到哪去？80万亿元流到任何一个地方都会水漫金山。如果过去不是证券市场当中有50多万亿元到60万亿元的规模，货币之水流到哪儿去？我们有庞大的债券、股市、房地产市场，才让货币在信用的基础上，找到了可以疏散的地方。

当货币政策宽松时，不让银行的资管系统从信贷的角度做优先劣后的评判，把钱用到市场当中去，甚至要求现在国有的银行一定对民营企业用135的逻辑：大银行必须用10%的信贷，小银行用30%，5年以后都要做到一半以上。这是已经用了数量化的，不仅把货币发出来，而且要求各家银行的机构必须按照这样的规模把信贷发上去，银行发了没有？银行贷给企业没有？有可能有几家民营企业能得到信贷，但是其他的民营企业未必能拿到。

再来看两个信用场景。第一个信用场景是所有的银行把钱贷出去是基于自身的基本杠杆逻辑，为了管理银行的风险，银行是做信贷的，不能做直接投资。如果有不良资产，就要做风险准备，风险准备通常在250%～300%，在信用场景当中有多大资产的信用才可以做多大的金融服务。今天如果把银行资管系统近30万亿元表外资产拿到表内，表内的资本金就不够。首先，从理财的角度看总量的信贷场景取决于有多少资本金，不良资产的数量增加，拨备还要增多；其次就信贷资金进入股市的场景来说，股票在市场当中大跌了，资本的总市值减少，过去在市场当中可以补充的核心资本，次级债和其他债券价格已经上涨，再补充就要付出更多的代价——至少存款准备金率要下降1%，但是不足以完成30万亿元的结构。

没有资本的场景做这么大的信贷杠杆投放，不把资本场景解决的话，意味着没有资本准备。因此国有银行的资本场景约束是最重要的。

更重要的是另一个信贷场景。作为银行行长，对所有贷出去的钱要负最终责任，是什么责任呢？信用责任。出现了坏账行长应该怎么办？首先是辞职，其次是终身负责。所以有人说行长是弱势群体。因为行长里面的决策委员会规定行长有一票否决权，其他人没有一票肯定权，就不能决定非得贷给某个人。一旦出现一件风险性的事情，作为行长要负终身责任和离职的责任，甚至还会被送进去。在这种状态下，没有人愿意做信贷。从资产本身的场景和责任体系的场景来看，这两个场景让行长不能随便进行信贷，贷款给民营企业万一有一单坏了呢？民营企业跑路，让银行行长困在这，一生都摆脱不了，今天这种故事太多了。

股票市场当中有大量的股权质押，担心股权质押以后引起市场的波动，政府帮助疏困。一家公司中关村刚疏困一个亿，大股东却跑掉了，原有的市场下跌恢复以后，因为疏困股价又涨了，另三家大股东迅速在两天时间内抛售。股市当中有几个信用场景，第一个信用场景是原有的股权质押，股权质押是说所用股权的杠杆的多少，承担了多大的价格波动的风险和多大的成本波动风险，是参与者要不要把命拴在当中的决策体系。这个决策体系遇到了市场大幅度波动的时候，如果不强制平仓就还得动用其他社会资本，动用纳税人的钱去疏困，而大股东跑掉了，纳税人的钱成了韭菜了。这就是股票信用市场场景的不对称。

从债券方面来看，刚刚这一轮杠杆去除危机的时候，一个上市公司要在市场当中发信用债，新发的信用债是否足以补充过去的到期债务的利息？如果能平衡到期债务的利息可以延期推行。现在债券发不出去，金融债价格的波动反映了自己信用风险的大小，风险越大应该在价格当中溢价水平越多，发不出去一定是这个时候风险太高，风险溢价没有表现出来，愿意认购这种债券的人太少，所以实现不了。

这个时候我们发现如果信用债能够让风险在每一个信用场景的价格端及时地发生变化，才可以保证信用场景不中断，任何一个信用场景中断的话，事后要付出更多的努力和成本。

这就是今天我们在市场当中正在面临的三大信用场景和今天所要解答的问题。这些信用场景，过去国有企业从信贷当中产生银行的不良贷款，但这一次银行的不良贷款没有找到像上几次一样的信用场景，以至于到现在为止几大银行还被不良贷款牢牢锁住。

前年国务院发现银行的不良贷款大都来自国有企业，于是决定债转股，债券的关系和不良资产在债务当中就不存在了，全部转到股票当中去。银行愿意干吗？银行不愿意干，银行是从左口袋到右口袋，银行知道自己的债券，转成股之后成了股东，这个企业盈利还是差，相当于坑了银行自身。所有的银行只能做信贷业务，不能做直接投资业务，就容易关联交易，容易发生利益输送。

银行可以成立不良资产的资管公司，把不良的资产交给资管公司，用一张不良资产的负债表挪出银行的表，但全资子公司年终还要并表，不良资产处置又回到银行的大表里面，这还是个问题，刚开始银行还觉得挺高兴，最后发现还是不对。

上一次的四大资产管理公司为什么在信用的场景当中不一样？上一次的四大资产管理公司谁注资的？财政部注资的，不是各银行自己的全资子公司，央行又跟财政部掐起来了，谁出资？和谁为原有的不良资产打折？上次从银行剥离出来的不良资产，70%没办法收回，如果能够收回30%就算是已经完成了原有的不良资产处置任务，超过30%算是收益，可以发奖金，可以作为奖励。结果那个时候市场突然一火爆，原来的矿山，矿井，煤炭等都又值钱了，收回来不只是30%，四大资产管理公司都挣钱了，四大资产管理公司的问题是太多钱投到市场中，才把市场当中投资的信用场景冲垮了。

再看几个信用场景,一个是不良资产的处置当中谁注资成立新的公司,谁给这个不良资产打折,打多少,剥离的不良资产在资产负债表中怎么体现,特别是还有这样一种情况,通过打折处理后的资产包会形成二级市场,其中有拆资产包的,也是可以交易的。

今天所有的问题都在于金融服务于实体经济,金融到底以什么样的方式去服务,以什么样的逻辑做,完全取决于信用场景是否顺畅,是否合理,是否坚实,而不是金融自身。庞大的 M2 能否为实体经济服务,一定要看有没有新的信用场景,例如能不能发出新的债券,一定要看债券的价格和资产是否反映了信贷对象的资本充足状况。今天的情况是错综复杂的格局让金融乱了,金融乱了以后金融政策也乱了,一会给民营企业少一点,一会又觉得民营企业应该退出,国有企业也不好。

国有企业有问题了以后银行怎么解决?东北有一家汽车企业有困难的时候,四家银行,授信额度一万多亿元,但是我们相信一万多亿元对一个汽车制造商的办法是把汽车买下来,置换银行的资产。所有的金融困境,所有的金融难题都是因为信用场景不扎实,不结实,经常漂移,经常有这样那样特殊的政策,特殊的偏好把信用场景搅乱了,股市的问题,债市的问题,流动性的问题,国有的民营的问题,都是这样的问题。

如果要强制让银行给中小企业的信贷规模做到一定的比例,这个规模怎么产生的呢?如果是高科技的中小企业,融资主要从哪来?不能是股市,因为还没有上市。而是从风险投资那来,只是一个创意,一个设想,是高风险的东西,投资的是风险资本,银行就是不见兔子不撒鹰的,没有对接的渠道,如果能对接不良贷款也就多了。如果不是风险投资看好的企业就不可能获得直接资本,如果企业好,可以每半年重新估值一次。比如蚂蚁金服四年时间,融资了三次,现在估值近一万亿元人民币,全是在直接市场。蚂蚁金服拿了这些钱又发展自己的业务,又去成就自己的业务线和新的创意,还会投一些更加应该投资的东西。这才是直接融资市场。把直接融资这样的投资场景搬到货币的杠杆的信贷的场景中是风马牛不相及的。把高风险让信贷去做，不会有人去做。把信贷当中的利率水平放到50%至60%，50%也足以弥补风险。雷军的小米，全部都是私募股权投资，为什么雷军上市？因为私募股权投资的时候签了对赌协议，如果不能够有效退出，要连本带息回购。所以小米必须赶快到香港上市。在一级市场当中每一批新的投资者和原有的股东之间会进行特殊的交易结构设计，二级市场不具备这样的可能性，中小企业只能通过这个方法，而通过这个方法发大财的人很多。孙正义投了阿里巴巴，从2000万美元到今天值几百亿美元，这是他的眼光。我们不能让风险投资的市场给信贷做，不能让信贷市场做的给风险投资做。风险投资失败了，我们让政府补偿，风险投资项目成功太难，失败的企业遍地都是。风险投资可以补贴的时候，一定是先拿补贴，因为这样很轻松，何必冒险。这是我今天讲的第一部分场景紊乱，金融所有场景的紊乱造成了今天所有一切问题的根源。

二、两个关键词：Credit 与 Trust

有多大的抵押，有多大的担保，有多大的信用，才能做出多大的信贷关系，这就是 Credit。今天中国人在 Credit 中有个场景用得比较充分，即必须有可抵押的东西，没有可抵押的东西不行。有一年一座汉墓里面挖出了寒玉凳，作价两个亿，抵押还可以贷一个亿。但是在汉代的时候有凳子吗？人们都是席地而坐，那个时候可以坐的那个工具，不叫椅子，叫床。那时候凳子都没有，墓里面能挖出玉凳？这个东西的抵押品全是假的，最后出现了信用资产的问题。

在信用（Credit）里面我们国人缺少的是无担保无抵押的信用，有多少的交易，有多少的活动，是按照原来约定的信用场景履约了呢？参与人坚定自己信用的积累了无限的信用资产，但 Credit 的里面都是基于财产的，基于互保的，不是基于信用的，我们财富当中 Credit 的东西太少了。正是因为这样人类才产生了信贷的逻辑，必须用信贷实现高杠杆，必须用信用。有信用才决定这个民族、这个国家无抵押，无担保的杠杆能发挥到多大的程度。杠杆的沉没成本和杠杆交易在这个场景当中最大的问题是信用没有成为信用（Credit）当中最大的资产和能量，过度依赖的担保物和抵押物如果出现泡沫化，越泡沫能抵押出来的东西越多。房地产泡沫了，所有的东西都泡沫了，Credit 资本背景决定了 Credit 有多大的财务数量，资产的部分做到这个程度，同时希望二级市场的股价涨得高高的，这就是 2015 年的"国家牛"，一旦债务达到了整体 GDP 的 250%到 300%，就会把股票市场拉出两个涨停板，把这两个涨停板销售出去，占股票份额当中的百分之一二的时候，所有债券的信用还有余，把资产做大的逻辑当中对债券的资本该有多大，这决定了一个信用场景有效性的宽窄和交易成本。

再看 Trust，与 Credit 区别的是，Credit 信用资产是没有积累的，而 Trust 应用在信托领域，今天所有可 Trust 的资产关系和人的关系有多少，特别是是否可信，可信的程度越深，可以完成资产管理的有效性越强。无论 BAT 还是其他同等量级的中国公司，以及全球市值排行榜前十的公司，都在离岸群岛进行了登记注册。但是用了一个美国存托凭证，到美国上市，注册地在离岸群岛，所在地是我们所在的大陆，上市是香港。那背后美国人图什么？美国用什么机制和信用场景把它所投的东西牢牢地掌握在这个领域当中？这就是 Trust 存托凭证，资本和资本回报率之间的关系就建立在美国用信托机构发行的存托凭证之上。

为了这个信用逻辑，得在美国找一个专门完成 Trust 这些东西的管理机制，即找一家托管银行，托管银行监管利润是否每年都在增长，是否符合预期，以及利润如何分配。一个专业的托管和专业的 Trust 的凭据，可以让全世界注册在或不在我这个地方的公司的上市权益都得到有效的空间。让当地的股票购买者挣钱，让当地的 Trust 的机构发行凭证，远在云端的所有都可以通过 Trust 机构得到服务。今天的 Trust，信用机构，信用银行，信托机构怎么做的？打败信托的是它的资金池，做资产配置，投在境外多少，投在境内多少，投在股票当中，这时候的新场景在哪，应该投什么。政策不允许做资金池，只能单个产品分开做，单个金融产品的风险一定是单一风险集中度高的，必须分开，不分开就会出问题。

证券市场是配置未来资产的，但信息的公开披露和客服信息是不对称的。股东和股东之间，特别是上市了以后和小的、韭菜级的那些小股东之间的关系，一定是都基于忠诚，基于平等，基于无限的相互信任和责任体系去做的。今天看新三板强势把某一个股票退市了，特别是发起股东有没有对二级市场流动的小股东对价？一个公司从原有的非上市股东变为有上市的小股东发行的时候，两个股东群体之间出现了价格关系，如果证明是欺诈上市，需要赔偿损失，需要承担所有诉讼阶段的成本。这种情况下可以让公司强制退市，退市往往找不到发起股东，再开股东会的时候小股东没有发言权，上市公司到美国上市后要退市，再转到中国上市，对价的时候不仅按照过去几日的平均价格还要溢价，在这个领域里面一旦有不真实的情况，一定是对公司的全盘否定，足以毁灭这个公司。人类因为有了基于这样的机制才得以让一个证券市场运行。为什么一个国外的证券市场就可以让未赢利的公司上市最后又赢利了，还长成为参天大树了？为什么这个市场必须赢利，而且还持续赢利三年？赢利达到绝对额多少才可以上市？上市以后如果不赢利，迅速跑路了，前面所有的数据都是假的，就叫欺诈上市。

金融当中无论从流动性，从债券还是股权，还是从 Credit，从 Trust，都是人类为了金融服务于实体创造的金融信用场景，这个信用场景当中会有一个核心，也有核心的信用工具，还有众多的工具，这些工具当中会形成特定的市场，有流动性的市场，同业市场，债券市场，股票市场，有一级的风险投资和私募股权市场。这些场景只是金融信用场景的不同和背后信用逻辑的不同之间形成的专业领域市场，它背后要求的信用逻辑是不一样的。

千万不要把 Credit 和 Trust 用混了，你不能用管 Credit 的事情去管 Trust，如果这样，全部都乱了，现在如果股票质押了以后不能强评，用的是 Credit 的思维，去管了股票端的东西，管了股票端后发现股票大跌，但为什么没有人敢接下这些便宜的股票？因为害怕强制停止交易。即便价格低了，也不能做接盘侠。

回到流动性当中，流动性不能用杠杆的信用问题来解决，因为补充流动性的时候，不能让资产端的价格发生变化以后，去补充一个股权质押当中疏困的只能基于原来的所有的债券，股权、流动性端口进行流动性补充，一定要基于效率和能力，流动性是根据原有的信用场景来把握布局的。所有的金融无非是一个场景当中的制度设计、产品设计，金融越复杂、金融越多维、金融越丰富，但无论场景背后的工具多丰富，都不能相互冲突和矛盾，这是我今天讲的第二部分。

三、信用错配及其解决机制

第三部分信用错配，我问一个极端的问题，IPO 是谁的权利？法人提的，是《民商法》决定的民商行为主体的权利，如果按照信用场景的逻辑来说，谁的信用谁做主，要维护、保护和培育自己的信用，把它当成自己的生命线。今天 IPO 不是个体的权利，是发审委的权利，权利错配了，信用主体就不保护真实信用了。如果发行主体不是企业，民事、商事权利当中的主体行为者就不保护、不培育、不增长。每次股票一跌，证监会着急，领导会责备市场的管理者，那就干脆让市场熔断。但是，市场不是以各人的意志为转移的。这就是因为信用主体不是培育自己信用的。

今天一个银行做信贷，给实体经济信贷多少，怎么分配到民营的？这是统计结果，不是事先的规定结果，规定结果不一定正确，不可能知道民营中小企业正好占多少百分比，或者和这些银行的资产支付之间的关系以及银行贷出去的不良资产比例是什么样的关系。一旦事先规定，如果出现了问题谁能负责？银行如果是负责任的，其行为就是审慎的；银行有了权力却不承担责任，结果会怎么样？银行要么就会胡来，要么什么都不做，什么都不做就不会有什么问题。监管部门应该认识到这个问题。

2015年中信证券的问题几乎导致解体，后来终于出了一个函，说明那些问题都不是问题，但价格损失、股权跌价的责任没有人负。即使不是问题也没有办法解决，这就是由于信用主体错配，信用权利错配产生的问题。

举个产品监管套利的例子。这一轮市场爆发问题的时候，保险业有一个产品引无数保险公司竞折腰——万能险，80%可以用来做投资，百分之十几可以做保险业务的，万能在哪？拿融来保险的钱来做股权市场的投资，可以设立公司，这个设立的公司还可以再扩大，这些被一个野蛮人发现了，用短短一年的公司发上千亿的、几千亿的东西，于是便开始注册股份公司，要么绝对控股，要么相对控股，把其他股东的钱弄在一起，可以做无数的资管计划，可以在市场当中买这家股权，买那家股权，买这家那家的优质资产。这个工具过去早就存在，但不是为野蛮人设计的工具，而是由于工具设计不当，让野蛮人利用了。

信用错配是我们今天最大的问题，而错配的根本问题在于信用所有的民事商事的自然人、法人，即信用的培育成长主体不是用信用场景的开发者和应用者，而是配置到信用权利，信用权利却不担责任。今年年初ADR变成CDR了，一个办学者，在人大会上说了一句话：中国也应该有独角兽——中国的存托凭证，外国的独角兽都长大了，一只脚变成两只脚、三只脚，四只脚，我们应该赶快把独角兽引进中国。我们引入了第一只独角兽4000亿市值，用了28天过会，挂牌上市，现在60%的市值不见了，让我们的股东站在高股价的山冈之上，欲哭无泪。这一家独角兽本身的场景信用担负什么责任？股票都不应该行政定价，信用场景也没有一种保证别人权益的责任。结果是所有的信用配置扭曲了。因为这样一种金融端口的信用配置扭曲，才发现套利不是因为信用主体的利益追求，而是产生了某种套利的可能。

再看证券市场当中的几个特殊市场，中小板、创业板，能不能让中国创新的能量发挥出来？结果还没有发挥出来，我们又做了一个新三板，发现还不行我们就用了独角兽，结果发现独角兽一用变成有毒的兽。那要不要再弄一个板？比如国际板，但原来的问题并没有解决。叫什么板不重要，重要的是让这样的信用场景发挥作用，那时我们中国股票市场才可以真正地牛熊反转，真正地成长起来。

如果信用错配，信用不当，信用紊乱还只是短时间的自发行为的紊乱的话，能不能产生一种主体法、机构法，把它固化到一种逻辑当中呢？我记得比尔·盖茨有一句名言——Banking is essential, Banks are not。信贷业务是永恒的主体，银行不一定。因为提供信贷业务的有其他的机构，如果专门定了一个法是银行法，不是银行的就用机构法，而不是所有的行为法。所有做这个行为当中的人不论你是公有的、私有的、民营的，还是大的小的，只要是这个行为下的东西都受这一套行为法准则规范，由信用场景的体系去约束。信贷业务、信托业务、投行业务、私募股权业务等所有的金融行为最终产生的是金融的行为法，把这个行为用信用场景产生出一整套的法律体系并规范下来，这才是法的起始点。行为都是基于某种特性的，背后的机构和背后机构的人，背后的股东都应没有差异性对待，一致对待，公平对待，只要他符合这个行为当中的约束。

要解决金融领域的问题，会找到机构法、信托公司法、银行法，这些法都是根据错配的逻辑配给行政主管部门的，一旦这些成为主体法而不是行为法，修改很难。如果金融是取决于金融服务的特殊场景，这种场景是金融行为，这种金融的信用行为以行为法的形式表现为今天的信贷、信托，这些东西在永恒的法的行为当中确立起来，对做这个事情的机构无差异，对做事情的人无差异。在证券市场当中，我们把外国人的那套方法用完了，不足以解决我们主体法紊乱的状况。人的行为是有信用场景的，我们今天的信用场景在法律的这层关系当中表现为今天的最大的冲动和最大的问题，反过来要改变这个问题挺难的。

这是我讲的跟法律有关系的部分。如果把这个信用场景从金融，从金融的发展，从金融市场的紊乱到金融法律体系的建立，推广到全社会会怎么样，全社会如果信用场景紊乱又会怎么样？你买到过假货吗？要不要退货？注意，无理由退货是为了防止假货，我不怕买，最多就是耗费一点时间，我可以退货。现在从信用场景的问题角度来说，假货横行泛滥，有谁来负责任？是谁之过？谁的原因？如果是电商的，现在我们要求各家电商负责任，没有电商的实体店铺我们也碰到很多的假货，在一般性的商业领域当中我们怪商家，如果怪最终产品的销售部门会出现什么问题？中美贸易谈判要给大豆加一点税，没有大豆了饲料里面的蛋白质怎么来？大家还记得当年的牛奶，动物奶的蛋白质的一个有效的替代方法，不是用大豆做饲料，而是三聚氰胺。三聚氰胺一检测蛋白质含量符合要求，实际上却是假货一个。如果从信用角度去看问题，不仅金融场景当中是紊乱的，和每一个配置的逻辑也是紊乱的，财富在信用这个端口出现了最大的问题，如果这个信用问题不能有效回补，社会交易成本，社会的信息成本都会非常高，信用场景的信息真实性特别重要。

如果我们从这个意义上去看信用这个场景的话，一般性的社会场景频率、次数、规模、延展远不及金融，金融交易量不是货物的交易量，是社会的巨大的问题。如果是一个先收费后服务的逻辑，那么如何保证服务质量？所有的金融让信用都可以无限扩大交易量，无限壮大，让信用成为资本，让信用成为社会无限交易的东西，让信用可以得到最深层次的发展的时候，才是真正意义上的金融。如果没有把信用配置恰当，没有让信用真正在金融的场景之下有效地发挥作用的话，意味着信用这样一个金融的血脉没有让金融真正地强大、鲜活起来。

所以我找到了金融的血脉，乃信用也。金融的血脉才是决定金融能否全心全意服务实体经济，决定自己是否身强力壮的关键。为社会提供服务者，也让自己生生不息，强大，彼此普惠的同时还可以让每一个点的外部性和成长性都伟大起来，这才是金融的根本的血脉所在。

所以我最后肯定地回答——金融的血脉是信用，今天的信用场景和信用逻辑出了这样或那样的问题，只有进行改革和开放才能解决我们目前的众多紊乱、众多矛盾、我们的社会交易成本高的问题。如果能够认同这个逻辑，就可以真正地让金融慢慢地走向健康的状态。今天金融还背了那么多污名，受了那么多指责，结果不是金融自身的问题，不是我们的病灶所在。需要在信用当中改变整个社会，我就给大家交流这些观点。

点　评

刘纪鹏：信用问题在王忠民教授的演讲中得到了全新的阐述，它绝对不仅仅是一个借与贷的问题，不仅仅是客户的问题。它是我们中国社会的政治文化，它涉及从政府到企业，到我们每一个人、每一个机构的信用问题。

胡继晔：今天非常荣幸能作为点评人，我想对王老师今天讲的这些内容进行三点点评。第一点是信用在货币金融中的价值，货币金融在银行体系里的信用是非常重要的，银行最大的风险就是信用风险，所以巴赛尔银行监理委员会提出了资本充足率的要求，就是要解决银行的信用风险问题。王老师提到我们最近要求对中小企业放贷款，这么高的比例，放贷比例的逻辑在哪儿？如果我是银行家，我会不会严格地遵守这个规定呢？我想我不会。因为作为一个银行家，一定要考虑自身的信用风险问题，所以信用的问题抓住了货币银行的核心。

第二点是资本金融，资本金融是刘纪鹏教授的创举，资本金融领域的信用提到 IPO 主体是谁？主体应当是企业，是上市公司。原来是审批制，现在是核准制，注册制能不能使用还不知道。证监会是起保本的作用？批准上市就可以赚钱？实际上情况不是这样的。IPO 的时候应该把信用赋予上市公司这个主体，让这个主体起到真真正正承担信用的作用。资本金融领域的信用的价值非常重要。

第三点，王老师提到一个法学的问题 Loyalty，是英美信托法的核心。英美信托法的核心就是信用，尤其是英美法系金融法中的一个核心。Loyalty 就是忠实义务，在银行利息方面，银行家能不能履行忠实义务，忠实地对待客户的存款呢？能不能轻易地贷出去呢？这是存疑的。《公司法》一百四十七条，董事、监事、高级管理人员对公司负有忠实义务和勤勉义务，就是从 Loyalty 脱胎而来的。

从传统金融法的角度，同样能看到我们国家的忠实义务是没有得到完整履行的，因为中国人有一句俗话——受人之托，忠人之事，这是我们中国传统文化的核心，和西方英美法系里的信托法 Loyalty 异曲同工，但是这些内容在今天的中国并没有得到非常良好的发展。

最后我还想再提一点，全国社会基金在资本市场当中的年化收益率在 8.4% 左右。大家可以设想一下，在金融市场中，股市如此下跌的过程中，为什么全国社保基金理事会所管理的一万多亿元，到现在变成了两万多亿元，这些资金是如何取得骄人的成绩的？我想对社保基金的运营和管理负责的王忠民副理事长，在其中起的作用应当是不可低估的。所以在投资界大家有一个说法，叫学习社保好榜样。为什么要学习社保好榜样？因为在王忠民副理事长管理社保基金的过程中，关于信用，我想他一定是贯彻于所有投资的理念里的。

刘纪鹏：我希望大家思考几个问题，比如说中国证券市场为什么起不来？因为有一个地方的信用出了问题，就是王教授提到的科创板注册制，这是在一个正确的时间里说了一个错误的话题，可是这件事情习主席能知道吗？全国的股票市场，投资人居然不买账，谁去揭露这个事情？这样的信用主体是谁呢？这个过程中最想让股市起来的人——主管者——出了问题。

我借这个机会也夹带主持人的私权表达了我的心情，这个话题就在我们身边，中国今天每一个有钱的企业，或者是富起来的人，必须考虑钱配置的问题，发现金融监管和场景中的问题，当然，逻辑正确是投资的第一要件。

胡明：王老师从金融发展到所谓的信用紊乱，再到法律方面的问题，我感觉这是一个很系统的链条，它既有所谓的实践意义，还有更深的学术价值。关于实践意义，院长和胡继晔主任说得很多了，我主要从学术这个角度来谈两点我对这个问题的看法。

德国历史学派有一个叫希尔德布兰德，划为三个阶段。第一个是原始的畜牧狩猎阶段，第二个是商品阶段，第三个就是信用阶段。19世纪中期就已经有人指出了，在西方以信用为主导的世纪，信用问题是很重要的问题，一直到现在都解决不好，为什么这么说？各位，我不知道你们对所谓的货币问题了解得多不多，货币现在的主流观点是什么，是信用货币还是商品货币？

学生：信用货币。

胡明：马克思主义经济学中，货币起源于什么？货币如果起源于商品交换，那么马克思就是商品论者、金属论者，奥地利学者米赛斯是商品论者，亚当·斯密也是商品论者。在亚当·斯密前面是信用论，熊彼特对货币问题进行过追述，追述到亚里士多德，亚里士多德的论述是商品论。凯恩斯、弗里德曼是货币名目论者，名目论是货币学说的主流观点也不错，名目论者就是以信用为基础的——国家信用。货币背后是国家，现在的信用缺失与国家有没有关系？与我们现在的某些政策，包括法律，包括政策里面的信用度不高是有关系的。这是第一个问题——信用问题。

第二个问题是流动性问题。流动性问题是凯恩斯使用的，凯恩斯把货币定义为流动性，流动是最高的资产。货币、金融背后就是流动性的问题，名目论坚持的就是信用论问题。在金融危机中，流动性传导不下去，凯恩斯曾经说过所谓的流动性陷阱，你们知道造成流动性陷阱的原因是什么吗？结果是什么吗？流动性为什么流不动？凯恩斯认为是因为信心问题。王教授给我们做的精彩演讲阐明中国存在的问题不是信心问题，很大程度上是秩序问题。秩序问题让我想到哈耶克那一套东西，哈耶克很强调所谓的信任主体，甚至认为货币应该非国家化，你们认同吗？英国《金融时报》首席评论员沃尔夫说，现在货币应该完全国家化，让所谓的货币负起责任来。因为英国97%的债券要么是私人银行发行的，要么是商业银行发行的，他认为现在完全应该归为国有。货币完全国有化是非常有争议性的问题，对我们从事学术研究的人来说是很重要的学术问题，可是到现在我们也说不清楚。

信用问题既是很重要的实践性问题，也是很重要的学术性问题，结果到现在，无论是西方还是中国，对这个问题实际上都是忽视的，大家都只研究那些简单的问题，或者是快速出成果的问题，结果这些本质的问题、根本的问题都没有被认真地对待。

所以我感觉，今天王教授不仅仅给我们普及了很多的金融知识，更重要的是他给我们提出了很重要的学术问题——信用问题。这个问题应该是在座的学生，包括我自己，在学术中研究并解决的。

刘纪鹏：王教授的理论很深，既现实又紧紧抓住了内涵。在中国这个特定环境里，中国的国家信用体现在金融方面，不管是货币市场还是资本市场，目前是我们全面深化改革的关键所在。

互动提问

提问：刚才王教授讲到了主体信用错配的问题，刘纪鹏老师也讲到了中国的证券市场为什么发展不起来，其中一个重要的原因是大家对于未来的预期可能不到位。不仅金融领域，很多领域的信用都成了问题，我们需要改革。金融领域能不能成为真正的全面深化改革的一个切入点呢？如果它能成为切入点，首先对哪一个领域进行改革？

王忠民：我回答你问题的时候再补充两点，一点是金融场景有三个：先是财政金融，再是银行，最后是资本。你现在说的是第三个场景的资本，无非是金融的基础信用场景是基于什么而来的，信用场景当中三个基础场景的描述和改革是递进关系。

能不能以金融作为改革的突破口？我刚才论证了监管者不应该是这个主体当中的决定者，因为他的责任、他的信用不是他的，他不会负责任，甚至没有及时纠错的逻辑，而且一旦有错误，他诿过于人的习惯性的东西就会出现。

谈到监管机构不是行为法，是机构法的问题。如果从这个意义上讲，从职能监管、主体监管变为行为监管，行为监管中应该监管什么行为？主要是监管信用行为，不是监管和信用没有关系的行为，所以在信用产品当中增加金融市场、金融工具，这才是金融市场不断深化、发展的逻辑。

信用主体是自然人、法人和公司，那监管主体在这当中起什么样的作用呢？它应该是什么角色呢？它是负信用的边界的确定者。证券市场的负面清单如下：规定谁不能去证券市场，什么样的法人不能，你有了什么样的行为就不能去等。除了这些不能去的，该谁去不该谁去，那是主体自己决定的事情，主体应该承担这样的责任，应该发挥这样的作用。信用和负信用才是监管最早明确的东西。

过去最大的进步是用信用货币替代了商品货币或者是金属货币，让信用的流动性有效地得到了市场当中的灵活的补充，但是信用货币出现以后发生了通货膨胀的问题，兑换外币时哪国货币更有优势，甚至出现了主权崩塌的情况，首先导致货币崩塌。今天为什么会出现比特币、数字货币和数字资本？如果是基于民间的，基于每一个自然人、法人产生的，就是信用产生的，但是近期出现的种种问题，如比特币和三聚氰胺，这些问题的出现在于背后的货币吗？不是货币，而是负信用。负行为的负信用是公共产品，公共产品应该由监管主体规定什么东西不可违，信用是私人产品，是法人和自然人主动去分享，自己去增值，自己去维护的东西，监管主体需要把负面行为的东西全面清理干净。

在证券市场，欺诈和不公开信息都不行，信息披露必须有原则，说的和做的必须一致。公开市场的估值和一级市场点对点的估值不一样，从进入市场到退出市场都要有回价。监管机构要保护小投资者的权益，不能伤害它。信用错配没有把负面的东西管住，规范做法应该是什么样的，出问题了该如何更正，然后确定量化的东西，应该达成多大比例等，这些我们都应该知道，如果不知道，就会跑偏了。

刘纪鹏：整顿的方式、力度如果处理不好，整顿的动机就可能导致金融不稳定。我昨天在武汉，十几天之前在杭州，场下的听众都给我提了同样的问题，他们的问题不像我们这么腼腆、这么客气，他们上来就问我这轮股市能起来吗？因为股市有一句话：听党的话、跟着政策走，你就吃喝什么都有。但是现在党的领袖都说话了，比如习主席那天的讲话那么大的力度，开放了那么多的领域，大家都认为那天股市会大涨，可它却跌了。习主席扶持民营企业，王教授说大银行必须把贷款的约1/3拿出来扶持中小企业，五年后民营归大银行，一样一半，那天股市也跌了。

现在中国出现一个问题，胡明说不是信心问题，是秩序问题，我觉得信心问题背后是信用出了问题。大家都知道修昔底德陷阱。你的信用一旦出现问题，无论你说好话还是坏话，大家都认为你说的是坏话；无论你干好事还是坏事，大家都认为你干的是坏事。这里面的信用问题背后可能也有信心问题，信心问题的出现就是因为我们不能仅站在监管者的角度看待市场主体的负信用行为。

我们后面还要面临中美贸易战，还要面临股市、房市、债市、汇市的问题。中美贸易战打来打去，特朗普不可能打败我们，但是我们却可能打败自己，自己打败自己的战争就在金融上，就上述四个领域。今天中国的两大风险，一个是房地产市场的风险，这个泡沫的破灭什么时候到来、以什么方式，我们不知道，但是破灭是早晚的事。这是一个风险，就像刚才王忠民教授所说的，可以想办法预防它，但是千万不要导致房地产市场更大风险的灾难发生，这是一个度的问题。另一个风险就是股市沉沦的风险，股市起不来，中国所有的问题就集中在这儿，可是股市今天能起来吗？我回答就是，如果这么干，是起不来的，国家队2015年至今仍陷在里头，它有信用吗？中国证券金融股份有限公司，这三年基本上干的就是，一到3200点就往下抛，一到2800点就往回买，人家救一把就能撤出来，咱们可倒好，一边救一边想着赚钱还银行的贷款，救几轮大家就都看到了，在里面待着吧，甭想出来了，最后股民一个一个真金白银地往里面砸，多激烈啊。所以这种背景下国家陷在那儿了，现在的措施全是行政性的，哪有强制性贷款的。

其实王忠民教授的思路很清楚，提到终身问责，就是如果银行行长批准的贷款发生了风险，这笔坏账要针对行长终身问责，跟国企干部一样。在这种背景下金融问题能解决吗？股市能起来吗？难。习主席下那么大的力度，股市都起不来。别人再问我说为什么起不来，中国股市悲哀在哪儿？最大的悲哀就是很多人虽然有解决问题的能力，也都看到了中国股市的问题，但没有办法一下子解决。

我们今天讨论的这个话题看上去是一个很深奥的理论问题，对此提出了场景逻辑，但是这背后却揭示着中国金融领域目前所存在的问题。对中国问题的揭示不能用一般市场经济条件下解决问题的逻辑和场景的推理，还要考虑中国特殊的背景。这个特殊的背景就是不要忽视了制定逻辑和把握监管的主体，可能他们才是导致今天金融出问题、我们对金融没信心、我们少信用的问题所在，但是今天的改革仍然是他们把握着。舆论如果不公开说，习主席今天也不知道。这就是那一次习主席满怀信心地在进博会上气势恢宏的讲话却导致股市不仅当天，而且连续三天下跌的原因。

第八篇
中国政治改革的历程与逻辑

> 蓟门法治金融论坛第 65 讲
> 主讲：房宁 中国社会科学院政治学研究所副所长、中国政治学会常务理事
> 主持：刘纪鹏
> 时间：2018 年 11 月 28 日
> 地点：中国政法大学蓟门桥校区
> 点评：章百家、杨光斌

纪鹏荐语

2018 年 12 月将召开中共庆祝改革开放 40 周年大会，如何总结中国 40 年改革历程并继续推出全面改革开放的具体举措格外引人注目。

对中国改革开放 40 年的评价是个大问题，对中国改革开放成功了吗、成功在哪儿一直存有争议。而焦点在于中国的改革开放

是不是只有经济体制改革，没有政治体制改革？

尽管中国改革开放取得的成就举世公认，但也有人并不承认。比如，已故经济学家杨小凯生前就反复强调，中国只学西方技术不学西方制度，不能算成功的"后发优势"理论。

对此，我始终不以为然。中国改革成功不仅在于市场经济目标的确立，更在于正确的改革方法论的运用。这一方法论有四个内涵——渐变稳定、循序渐进的改革方法；从易到难、由浅入深的改革顺序；尊重国情、借鉴国际规范的改革方式；中国共产党领导搞市场经济下的内部主体主导改革。

只要中国共产党领导搞市场经济，就只能"摸着石头过河"，不可能搞美国模式的顶层设计。反观苏联一开始就请美国搞顶层设计，先改政治，结果国家解体、政党下台、改革失控；经济上也一上来就先改所有制存量，进行每人一万卢布的全面私有化，导致因社会不公而动荡。

中国则是从经济改革入手，价格改革和企业改革双向推进。价格改革先是生活资料、生产资料、劳动力价格，再到技术和资本价格；企业改革则是先扩大企业经营自主权，再到承包租赁制，最后才过渡到股份制。股份制也是存量不变，增量募集，"老树发新枝"——老树的营养滋润新枝，新枝比例不断扩大，最后老树退出。

俄罗斯的改革则是"砍掉老树栽新树"，砍老树痛苦，栽新树需要过程，二者衔接不上，就会导致社会动荡、通货膨胀，两种改革顺序不同，效果截然不同。

所有制改革，既是经济体制改革的深化，又是政治体制改革的揭幕，它提出政府的所有者职能和经济调控者职能必须分开，通过组建国资委，建立了既符合市场经济方向，又适合中国国情的监管体制，待政府体制改革完成后，再来完善政党体制。从中国40年改革的历程看，只是经改和政改的先后顺序不同，而那种认为中国只改经济不改政治的说法是不客观的。

本次中信大讲堂暨蓟门论坛邀请中国社会科学院政治学研究所房宁所长主讲《中国政治改革的历程与逻辑》，可以说，当今能讲这个题目的专家并不多。房所长将客观分析中国40年政治、经济、社会多种体制改革中的平衡，并从改革的历程和逻辑来指明未来政治与经济体制改革的方向。

本场讲座的两位点评人也是非同凡响，一位是中共中央党史研究室原副主任章百家教授，另一位是全国政协委员、中国人民大学国际关系学院杨光斌院长。相信三位专家"一台戏"，将给与会者提供一场丰盛的改革问题大讨论的精神盛宴。

致 辞

刘纪鹏：今天是中信大讲堂第47期，也是蓟门法治金融论坛第65讲。今天的题目在我们的论坛中是不多见的，因为这个题目太难讲了。在我的印象中，只有一个人能讲，此人就是今天的主讲嘉宾——中国社科院政治学研究所的房宁所长。

今年是中国经济体制改革40周年的大年份，经济体制改革一直离不开政治改革。政治改革和政治体制改革的区别是什么？今天的题目为什么谈的是政治改革？

理论问题不解决，我们在很多问题上都会犹豫彷徨。经济发展不解决，政治问题又怎么考虑？新时代习近平的新思想体现在哪几个环节？共产党领导搞经济，能一上来就搞顶层设计吗？中国改革成功在方法论上，其中一条很重要的经验就是循序渐进、摸着石头过河。党领导下的内部改革主体论,如何定义中国改革是否成功了?

后面还有很漫长的路要走,在这个背景下,只有沿着市场经济继续改革开放,才能化解前行的矛盾,巩固过去的成果。

郭克彤:房宁教授长期从政治学角度研究中国,多次参加国家重要调研。2010年9月,他为十七届中央政治局第23次集体学习讲解《正确处理新时期人民内部矛盾》;2013年5月,他为十八届中央政治局第5次集体学习讲解《我国历史上的反腐倡廉》。今天他主讲的题目是《中国政治改革的历程与逻辑》,相信大家充满了期待。

我们正在进行新时代中国特色社会主义建设,不走封闭僵化的老路,不走改旗易帜的邪路,我们坚定不移地走中国特色社会主义道路。我相信通过大家的努力,中华民族伟大复兴的中国梦一定能实现。

时建中:今年是改革开放40周年,是回顾之年。历程是事实判断,或者说事实归纳,我更感兴趣的是逻辑。我们中的很多人经历过这40年当中的一部分,看书也了解了我们所没有经历过的部分。客观来讲,梳理历程不是太难的事,如果说难,那么关键是后面的两个字:逻辑。逻辑表达的是关系,同时逻辑表达的是规律,只有规律性的关系才有可能成为逻辑。逻辑又包括两个层面:一个是实然,一个是应然。归纳改革40周年的实然关系,这是一种价值,在40年的基础上再去展望40周年,这是应然的价值。把握规律之后我们才能找到方向,才能找到目标。

第八篇
中国政治改革的历程与逻辑

各位老师、同学们大家好！

刚才刘院长提了一个问题，我必须要破破题。刘院长讲，说到改革开放一般人都是讲政治体制改革、经济体制改革，到你这儿怎么成了政治改革？

2018年中央决定庆祝改革开放40周年，中国改革了40年，我们现在说社会主义需要改革是天经地义的。早在20世纪50年代，社会主义的改革就开始了，特别是60年代，东欧很多国家开始改革。但在当时，改革可是名不正、言不顺的。从苏联十月革命到社会主义阵营建立，大家都认为社会主义是神圣的，不存在改革的问题。怎么能把社会主义这么美好的东西改了呢？

是东欧的经济学家首先提出了改革问题，代表人物是波兰经济学家布鲁斯[①]。他的理论贡献是，提出了社会主义国家经济改革中的经营权和所有权的分离问题，也可以说是中国现在常常说到的产权问题。布鲁斯巧妙地运用了一个马克思主义哲学范畴——内容和形式。社会主义从内容上来说是没有问题的，不存在改革的问题，但是它的实现形式可以是多种多样的，如果实现形式不好，就可以改革。这样就为社会主义改革提供了合法性。具体讲，他用制度来代表内容，发明了一个体制来代表形式，所以社

---

① 布鲁斯是巴山轮会议的参与者，身份是世界银行派来的顾问。

会主义改革不是改制度，而是改体制；不是改内容，而是改形式，这样改革就说得通了。这就是"体制改革"的来历。

但我今天并没有用"政治体制改革"这个说法。改革开放已经40年了，我们已经没有必要像当年那样晦涩了。说到"体制"，体制在中文当中有确切的意思，是指关系、程序性、权力配置等问题。中国的政治改革远远不是体制问题，所以中国政治领域中的改革应该直接说是政治改革。

一、中国政治改革的历程

我们把改革开放定在40年前，即1978年12月的中共十一届三中全会。在这之前有一个非常重要的中央工作会议，邓小平在会上做了《解放思想，实事求是，团结一致向前看》的重要讲话，三中全会随即召开。三中全会的公报提出要实现四个现代化，就要大幅度提高生产力，多方面改革同生产力发展不适应的生产关系和上层建筑，改革一切不适应的管理方式、活动方式和思想方式，这是一场广泛而深刻的革命。

（一）改革的缘起

图8-1是1953—1979年中国GDP增长率的折线图。最高点出现在1958年，接着断崖式下落到1961年的最低点，然后又上去了，又下来了。1966年"文化大革命"开始，1967年的低点是-5.7%，1968年又上去了，又下来了。打摆子一样忽高忽低，这说明我们显然没有掌握规律，政治上也是忽"左"忽"右"。1976年再一次跌到负增长，这一年多灾多难，周总理、朱总司令、毛主席在这一年相继过世，中国面临巨大的考验。

当年我们常常唱一首歌——《社会主义好》，但社会主义真的那么好吗？这是需要比较的。中国在改革开放的时候，我们大陆地区与周围国家和地区经济发展对比，如日本、新加坡、韩国、中国台湾地区，经济发展得很慢。当中国以"阶级斗争为纲"的时候，经济开始了全球化，主要是产业资本全球化。经济全球化就是马克思主义所说的，商业资本到借贷资

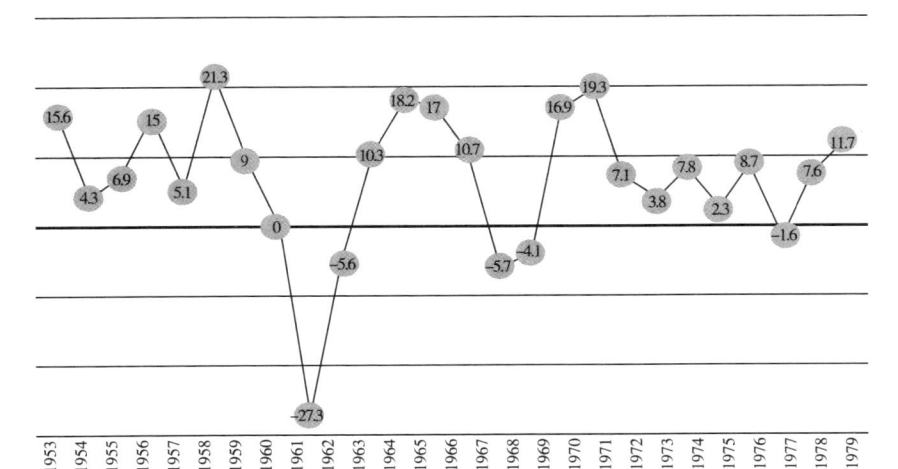

图 8-1　1953—1979 年中国 GDP 增长率（%）示意图

本，再到产业资本的国际循环与周转。"二战"后，经济全球化达到了一个新的高潮，产业资本全球化改变了世界经济的产业链和价值链。最早赶上产业资本转移的就有亚洲的发展中国家，20 世纪六七十年代以后，亚洲出现了"四小龙"，还有后来的"四小虎"，这些国家和地区借助经济全球化实现了工业化。而同时期的中国经济却每况愈下，最后陷入了"文化大革命"。这时凋敝的经济使中国在道义上面临巨大的压力，社会主义优越性体现在哪里呢？只能实事求是了！改革开放是万般无奈之选。

这是改革开放大的背景。今天说起改革开放还不能不提两件事，这两件事成为启动改革开放政策调整的具体的契机。

第一件事是云南知青罢工，上访。"文化大革命"导致经济大混乱、大倒退，出现了人类历史上极其罕见的逆工业化、逆城市化进程。"文革"期间，中国城市里的工厂基本不招人，大学停办，大批城市知识青年被迫下放农村，"接受贫下中农再教育"。"文革"结束后，大批知识青年要求回城。首先是云南生产建设兵团农场的知识青年发动罢工，要求回城，三中全会召开的那一天，云南知识青年上京请愿团冲破重重阻力，从昆明出发来京上访。这可是一件非常不得了的事情，如果上千万知识青年无序回城，国家就要崩溃了。此事必须妥善解决。

第二件事情就是"大逃港"。1977年年底，刚刚复出的邓小平同志到广州参加一个军事会议，当地边防军向他报告，广东以及广东周边的省，包括湖南、广西、江西这些省份，大批的农民、居民从深圳强行渡海，冲破边防军的封锁线去往香港。当年的深圳大批贫苦农民、居民逃亡香港，已经十室九空，青壮劳力基本跑光了。官方记载，20世纪60年代以后有四次大逃港，香港方面公布，前后大概有50万人成功逃港，当然，还有很多人没有成功。当时边防军问邓小平怎么办？怎么堵？邓小平沉吟良久后说了一句话：这是我们的政策有问题，不是部队能管得了的。

改革开放就是在这样的情况下开始的，当年真是内外交困，走投无路啊。邓小平跟广东省省委讲："你们大胆闯，杀出一条血路来。"

（二）改革的开端

刘院长刚才谈到一个问题，即经济体制改革的争议不大，但是关于政治体制的改革则存在争议。例如，有人说没有政治体制改革，政治体制改革还没有破题，政治体制改革和经济体制改革有落差、有滞后，等等，说法很多。但这些对我们专业的人来讲，无论是从逻辑上还是从事实上都不是不能成立的。

什么叫改革？从逻辑上讲，就是从"文化大革命"的体制下，从那种政治高压、全面管制的体制下走出来。要改革那样的体制，需要怎么办？首要进行的当然是政治改革。

再讲一个故事，时任广东省委书记吴南生，十几岁光着脚从家乡汕头跑出来参加革命。1979年1月份，他参加革命后第一次回汕头老家，传达十一届三中全会精神。回到家乡，他被眼前的凄凉震慑住了，他愤慨地说，如果要拍旧社会的电影，就到他老家去，都不用搭电影棚。他心酸地说，汕头比他出来革命的时候还凄凉。他夜不能寐，第二天居然发了1000多字的电报给广东省委，坚决要求实行改革。他在回广州的路上下定决心，就是坐牢也要改革。当时那样的情况，改革首先改什么？当然是政治问题，怎么能是经济问题？没有政治改革，大家都害怕，还怎么改革开放？

20 世纪 70 年代末 80 年代初，四大政治改革拉开了中国改革开放的序幕。这四大改革是：废除领导干部终身制，废除人民公社体制，简政放权，废除"四大自由"与恢复法制。

第一个是废除领导干部终身制。改革开放 30 年的时候，我访问了改革开放一路走来、参与了政策制定的一些老同志，做了一个口述史。他们都不约而同地讲到这个问题：改革开放是从干部"四化"、废除领导干部终身制开始的。

改革开放首先要在政治上解决问题，干部是决定因素，要把一大批年富力强的干部放到各级领导岗位上，推动中央改革开放。让老同志退居二线，成立中央顾问委员会，并且提出干部"四化"：革命化、年轻化、知识化、专业化。革命化就是拥护改革开放，年轻化就是任用年轻干部，年轻干部要实现知识化和专业化。

第二个就是废除人民公社体制。"文化大革命"之前的思路是，通过内部积累来实现国家工业化，为此需要给农民最低的社会保障，同时对农业、农民进行最大经济提取。人民公社就是在这样的背景下探索着建立起来的。它有两个功能，一个是最大限度地提取农业经济剩余，另一个是给予农民最低限度的生活保障。实行"政社合一"，这两方面的功能，即经济职能和社会职能归于一个统一的行政体制——人民公社管理。

改革要发挥市场和商品经济的作用，自然要把人民公社体制瓦解掉。我们在调研中发现，实际上在"三年困难时期"以后，东南沿海地区的人民公社就已经逐渐解体了。当时农民自发成立所谓的"小小队"。人民公社体制是"三级所有，队为基础"。三级组织是生产队，生产队是基本经济核算单位。"大跃进"和"三年困难时期"以后，东南沿海地区的许多农村到了晚上，每家出一个家长，拿锹把子把地一量，这就是"分田到户"了。生产队下面再搞一个"小队"，那就是家庭了。

第三个改革也很重要，就是简政放权。对于中国改革开放，有人说，没有什么新鲜的，就是普世价值，搞了市场经济。这话对也不对，至少是不全面。大家想想，搞市场经济的国家多了，但并不都像中国发展得这么快。

我给大家推荐一个人，当代美国头号的中国问题专家傅高义先生。他是中央情报局出身的，专门研究亚洲的问题。开始他是研究日本的，中国改革开放了，他就转而开始研究中国。20世纪80年代他在广东、深圳做研究，90年代出版了《领先一步：改革开放的广东》，预言在发展中国家中，中国将会发展得很快。他很早就发现了中国改革开放成功的奥秘。中国之所以比许多国家都发展得快，比许多国家更为成功，是因为中国的发展犹如车之两轮，鸟之双翼，这就是所谓的"社会主义市场经济"，也就是说，中国有两个积极性：一个是"市场经济"——人民群众的积极性；还有一个就是"社会主义"——政府的积极性。傅高义先生注意到我国地方政府在因地制宜、组织发展方面起到了很大的作用。像我提到的吴南生、袁庚，改革开放应该感谢他们，他们以自己的眼光、极大的勇气、实事求是的精神，在基层推动了改革。

中国为什么发展得快？政府间竞争是一个独具中国特色的经济发展动因。实行改革开放的条件下，中国各级政府在组织经济活动、组织市场中，是积极作为的，而且是激烈竞争的，这种行为后来被概括为"锦标赛体制"。我多年来行走于中国大地，在大量基层调研中发现，在中国，每一个成功的民营企业家的背后都有官员及政府，可以说是无一例外。府际竞争推动了中国发展，这是政治改革带来的，这就是中国改革开放的关键一招——简政放权。

最后一个也是非常重要的，就是废除"文化大革命"中的"四大自由"，恢复法制。所谓"四大自由"，就是大鸣、大放、大字报、大辩论。

粉碎了"四人帮",结束了"文革",邓小平及其他老干部痛定思痛,他们痛切地意识到,要彻底摆脱"文革"的混乱,摆脱所谓的大民主、阶级斗争,就必须实行民主政治,恢复法制,以重建社会秩序,恢复人们的预期,使人的行为有章可循。这也是改革开放后,党中央首先要做的一件事情,否则就不可能有各种自主的经济行为,不可能有经济体制改革和经济的发展繁荣。

以上谈到的都是政治改革。20世纪80年代初,中国做了这四个改革,拉开了中国改革开放的序幕,也为改革开放开辟了道路,提供了保障。

(三) 改革的实施

从中共十二大到十三大,中国政治体制改革进入实施阶段。十二大以后,中国全面的改革就展开了。此时,对于中国的改革,有一个整体的规划和设想。大约是在1986年形成了一个关于全面政治体制改革的规划,非常详细。

当时提出了党政分开,这是改革的重点之一。当时有个疑问,为什么社会主义有优越性而实现形式却不好?因为体制上有一个问题,就是党政不分,过于集中统一。想要体制有活力,要让经济社会快速发展,首先要解决权力过度集中、过度刻板的体制。

我们今天已经概括出一个成语:改革开放。1984年阅兵的时候,长安街上游行队伍里的标语车上是六个大字——三个词组:改革、开放、搞活,当时这三个词是连用的。所以当时提出来政治改革的整体思路就是党政分开,党管党事,党管大事,不要干预太多,让政府、社会、经济、人民群众自己去发挥作用。

接着一个很重要的制度也由此诞生了,就是基层群众自治制度。中国政治制度有四个:人民代表大会制度、共产党领导的多党合作和政治协商制度、民族区域自治制度、基层群众自治制度。前三个制度在改革开放前就有了,基层群众自治制度是改革开放的产物,是政治体制改革的产物。

在农村是村民自治，在城市是居民委员会、职工代表大会等治理。

中国改革开放可以和日本明治维新做类比。明治维新的纲领《五条誓文》当中最重要的就是第三条："官武一途，以至庶民，各遂其志，使人心不倦。"日本1868年的明治维新，比中国洋务运动晚了7年。明治维新为什么在30年内就改变了日本，让日本从一个千年里一直仰望中国的"蕞尔小国"，一举超过中国，在甲午战争后把亚洲工业化的最后一张"旧船票"拿到了手里？我们则不得不走上了一条革命的道路。日本走了改良道路，是因为明治维新成功了。美国人概括了一句话：明治维新把日本从一个以世袭为主决定地位的社会，变成了一个以个人教育和个人成就为主决定地位的社会。这是最根本的改变，是社会价值的改变，由此日本人民的积极性、主动性、创造性就迸发出来了，国家快速发展，实现了工业化。

日本当时也有一个争论，即"国权论"与"民权论"之争。明治维新的先贤们意识到一个国家的改革和发展，最根本的是制度性的改革。这已经很了不起了！但更加了不起的是，日本明治时代的政治家居然能分清先进的西方实际上是有不同的体制的。一个是英国的议会制，强调民权，强调社会的权利，强调自由；还有一个是德国模式——君主立宪，强调一方面给人民群众权利，另一方面集中国家的权力，实现战略性的发展。明治初年，日本人就国权优先还是民权优先争论了13年，最后得出结论：走国权优先的道路。日本明治十三年政变，驱逐了大隈重信等主张走英式道路的"民权派"。

20世纪90年代，中国最重要的政治改革是在财政方面，即1994年的分税制改革。分税制改革实质上是中央地方权力和资源配置的重大调整，这是一项重要的政治举措，是政治改革，通过分税制改革加强了中央的权力。政治改革、经济体制改革、社会体制改革，无非是角度、抽象层次不同，实际上对象是一个。有时候不必把经济、社会、政治分那么清楚，实际上也是分不开的。当时中央财政非常紧张，要向地方借钱。分税制改革以后，中央集中了财力，集中力量办大事，90年代以后进入了快速发展的黄金10年。当然也带来了很多问题，就是越到基层事情越多，资源越少，责任越大。这当然需要在改革中不断调整，所以改革永远在路上。

（四）新世纪中国模式的形成

中共十六大把中国的政治模式概括出来了：党的领导、人民当家做主和依法治国有机统一起来。只有中国共产党带领人民进行改革开放的伟大实践，才能够发现这种规律。内在的规律性、张力及其平衡，要在党的领导、人民当家做主和依法治国之间形成。这是一个政治语言，翻译成学术语言就是说，在世界经济体系、秩序形成既定格局的情况下，一个发展中的大国要想发展，不能走寻常路，要从两个方面入手：一方面要集中国家的权力；另一方面要给人民权利与自由，当然，主要是经济社会权利。

马克思主义讲经济基础和上层建筑之间的连接是通过社会大流动实现的。改革开放使社会流动从第一产业流向第二产业、第三产业，从农村流向城市，从低社会身份流向高社会身份。社会流动带来身份改变，身份改变带来社会积极性、主动性、创造性，财富增加以后形成新的社会结构。所以社会大流动、身份大改变、财富大增加、关系大变化，这四大变化是经济基础与上层建筑的连接。

不同的权力结构会形成不同的效果，人们实现社会流动、身份改变，追求美好社会生活，占有社会财富，追求成功卓越，有两种办法。一种办法就是受教育，创造性地劳动，勤劳地从事经营活动；还有另一种，亚里士多德说过，人是天生的政治动物，人们可以通过选举来改变政治权力的归属，利用政治权力、政治行动去改变社会价值的分配。戴维·伊斯顿给政治活动的定义是社会价值的权威性分配，权威性就是强制性的，是政治权力带来的。

经济社会发展具有这两种机制，如果在工业化的过程中开放政治权力，选举就会导致一种分配性的激励，即鼓励社会成员通过集体行动、政治、选举来改变"社会价值"的分配方案,从而直接占有经济、社会成果。如果那样,整个社会就不是以经济建设为中心了,而是以阶级斗争为纲。为什么现在许多发展中国家"一选就乱"?就是这个原因!

在这种情况下,中共在改革的探索中逐渐意识到,中国在改革开放时期,要实现一种"对冲",即一方面开放社会流动的"权利通道",即给人民群众以自由,迁移的自由、向上流动的自由。中国教育制度的核心是高考制度,中国高考问题很多,为什么总也改不了,其实原因很简单,是因为高考本质上是一个政治制度,是社会分层和政治录用制度的一部分,是用相对公平的手段对人们进行分层。

另一方面就是集中国家的权力。强调党的领导即意味着国家权力的集中。集中国家权力实现"战略性发展"。何谓"战略性发展"?其实包括以下四个方面。

第一,提供一种规划,改革在政治层面上,实质是提供、提出国家战略规划,比如,传统的"五年计划",后来的"五年规划"、中国制造2025、两个"一百年"战略目标、"新时代",这些都是国家发展的战略规划。第二,提供初始资本,开放金融活动、土地财政等。第三,建设基础设施,搞结构性的调整。第四,提供软环境,包括法治、医疗、社会教育、政治保障等。

党的领导与人民当家做主的关系,可以用"依法治国"来概括。依法治国是一个政权与人民之间的契约,是一种最高级别的政治关系。在中国党是领导一切的。这没有问题!而问题是共产党怎么领导。党的领导、人民当家做主与依法治国的有机统一,意味着,共产党要用规范性的领导方式来进行领导,即用法治的方式来领导人民。邓小平在改革开放之初就说过,不能因为领导人的改变而改变。在这个发展阶段,我们只能集中国家的权力,不能各行其是,国家权力必须集中。而在这种体制下,权力中心的领导方式就变得非常重要。

亨廷顿有一个很重要的政治学贡献，就是提出了"制度化"的概念。亨廷顿讲，一个好的制度不管怎么样，不管是协商，还是选举，抑或是独裁，只要规范就行。政治体制的动力定型就是制度化。制度化、规范化、程序化，能够做到这些就是好的制度。通俗点说，行得通还是行不通，是衡量政治制度好坏的根本尺度。行得通的政策就是好政策，行得通的制度就是好制度。

二、中国政治改革的逻辑

第二大部分讲讲中国政治改革的逻辑问题。

和我们同时改革的还有苏联，苏联比我们的历史长，比我们发展水平高，比我们国力强。1986年，戈尔巴乔夫启动了苏联的改革，但5年之后，苏联竟然解体了——改革失败了。中国的改革到目前为止仍是成功的，初步实现了中国的工业化、城市化。

一个成功，一个失败，原因是什么？内在规律是什么？改革有风险，比中国更厉害的苏联居然改革失败了，而中国避免了失败，这是什么原因造成的？

（一）中国改革的逻辑起点：四项基本原则

中国的改革为什么能成功？我们真的要感谢邓小平。1979年3月，理论工作务虚会结束的时候，邓小平发表了《坚持四项基本原则》的讲话。这个讲话后来被收录在《邓选》第二卷。坚持四项基本原则是中国改革开放的逻辑起点。

十一届三中全会原本的主题并不是研究改革开放的。以陈云为首的部分老同志在会议上提出要总结"文化大革命"的经验教训，引发了一场讨论，会议决定做出重大政策调整。中国共产党的执政经验是，要在党内就重大问题达成共识，要提高认识，统一思想。全党步调一致，事业才能成功。三中全会后，叶剑英提出，现在党的中心任务要转移到经济工作上来，要实行改革开放，因此建议中央开一个务虚会，先行统一思想。

1979年1月18日，按叶帅建议，由中宣部和中国社会科学院联合主办了一个有160人参加的理论工作务虚会。但是，完全出乎主办者意料的是，会议上"思想非常活跃"。与"庙堂之上"的理论工作务虚会遥相呼应的是民间的"西单墙"。1976年粉碎"四人帮"，拨乱反正，但"文化大革命"的传统还在，动不动就写大字报。当时西单有一个所谓的"民主墙"[①]。理论工作务虚会的参会人员晚上三五成群地去西单看大字报，第二天就在会议上有所反应，气氛非常活跃。中国社科院政治学研究所第一任所长严家其当时就在理论工作务虚会上，当然，那时他还只是一个普通的年轻学者。很多老同志回忆说，严家其当时非常活跃，大讲改革，讲南斯拉夫体制。

理论工作务虚会从1月18日开到农历春节，春节之后接着开。春节后由中央召开，中宣部一家主办。会议规模最后达到三四百人，越开越热闹，一直开到了3月下旬，会议还没有达成统一思想。会议组织者坐不住了，想总结一下，该收场了。问题越说越多，不仅没有统一思想，还导致了一定的混乱。

无奈之下会议的组织者去找邓小平。大大出乎他们意料的是，邓小平非常关心理论工作务虚会的情况，并痛快地答应去会上做总结。1979年3月30日，邓小平到理论工作务虚会上发表讲话，讲话内容就是《坚持四项基本原则》。

美国学者十分了得，他们当中的一些专家非常深刻准确地了解中国。一位美国专家指出，中国和苏联改革为什么一盛一枯？他们指出，1978年

[①] 民主墙位于西单图书大厦西侧的西单体育场，当年一些思想活跃的人仿照布拉格之春，写所谓的解冻文学。当时有七大名刊，为首的就是《北京之春》，还有《四五运动》《启蒙》等。大概是1978年10月18日的早晨，当时新华印刷厂的青年工人魏京生刷了一个大字报：第五个现代化——民主化。外国记者非常敏感，马上就带有导向性地把西单墙称为"民主墙"。官方论述是西单墙，西方论述是民主墙。

时邓小平要搞改革，但是怎么改、改革会遇到什么风险等都不知道。只知道当前制度不行了，必须改革。要杀出一条血路，给中国人民一条生路，社会主义要有它的优越性，应该比日本、比"四小龙"搞得好。但这只是一个原则性、方向性的问题，具体怎么改还是不知道。那怎么办？这就是中国人的思维，邓小平说要改革，又不知道怎么改革，那就首先决定什么不能改。什么不能改？马克思主义不能改，共产党领导不能改，社会主义制度不能改，无产阶级专政不能改。这种思维方式现在叫作"风险控制"，在保证基本政治安全、社会稳定的情况下开始改革。政治改革是个单行道，经济问题弄坏了还可以重新再来，某条法律定坏了也还可以调，但是政治是整体性的，很难去重复。所以我们一直要从局部开始，经过试错来进行改革。

1979 年的四项基本原则，和 1989 年、1992 年、2008 年、2012 年以及现在的四项基本原则并不是一模一样的，它是有弹性的。当年讲什么是马克思主义，和今天我们理解什么是马克思主义，有很大差别，我们是与时俱进的。

上述就是中国改革的一个逻辑起点，我们再对比一下苏联的改革就很清楚了。苏联的逻辑起点和我们不一样，戈尔巴乔夫一定要破除障碍，他的思想并不是他个人的思想，是整个苏联的共识。当时苏联处于停滞时期，这个不是谁说的，这是事实，所有人几乎都是这么认为的。为什么停滞？就是因为权力过于集中、僵化、老态。苏联人认为这是共产党导致的问题，所以改革就先改共产党，这就是苏联的逻辑，带有根本否定性，而没有辩证的思维和渐进的方式。

（二）改革的逻辑展开：四大基本经验

四大基本经验：在经济社会发展进程中，把保障人民权利与集中国家权力统一起来；在工业化阶段，选择协商民主作为民主政治建设的主要方向和重点；随着经济社会发展进步，循序渐进地不断扩大和发展人民权利；在民主政治建设和政治体制改革中，采取问题推动和试点推进的策略。

西方教科书对民主的定义不是唯一的。在中国，邓小平也给了一个定义：调动积极性是最大的民主。给人民以自由、以权利，开放权利，自由迁移，自由流动。地方工商局的前身是打击投机倒把办公室，摇身一变，成了工商管理，社会就流动起来了。

西方的民主是点厨子，中国的民主是点菜。政策可以商量，实行协商民主制度。在社会政策上吸收大家的意见，可以有反馈，可以协商，我们现在在大力推进这一点。中国以协商民主为重点，以协商民主为重点是有潜台词的，它的潜台词就是不以选举民主为重点。

随着社会经济发展的进步，我们在循序渐进地不断扩大和发展人民的权利。中共十八大以后，习近平总书记讲了七个不允许，其中包括不允许"讲宪政"。这是什么意思？有些人讲的宪政的意思是，宪法司法化，要让宪法里的所有的原则立即兑现。可是大家要知道，在世界政治的发展史上，宪法变成法律再变成社会的实现，是一个漫长的过程；要知道，人民的权利不是天赋的，也不仅仅是法定的，从根本上说，权利是经济社会发展逐渐带来的。

美国建国 80 多年以后，宪法才确认了立国的基本原则：人人平等。完成宪法到法律这个过程，美国大概走过了 200 年。我不是说中国的宪法变成法律也要走 200 年，而是说这是一个逻辑上的问题。中国的发展一定要随着经济社会的发展，逐渐地扩大人民的权利，而不要超速，不要理想化。

试点就是摸着石头过河，采取问题推动的方法，因为改革不知道改什么。戈尔巴乔夫试图一揽子解决问题，从根子上改，就是挖老树。但整个社会不能停滞下来，一旦失误，社会就会被别的力量补充真空，所以中国的改革不能从顶层设计开始，只能从问题开始。现象大于本质，问题背后一定是有原因的。改革有风险，通过试点的办法来做，会有纠错的机会和空间，所以要采取试错的方法。

这都是改革的思路，或者说是策略方法，这和大逻辑是一体的，是下面的一些小逻辑。为什么十八大以后提出了顶层设计和摸着石头过河相结合？因为中国的情况越来越复杂，很多政策互相打架，两者结合为了加强政策之间的协调性，法律之间的协调性。

顶层设计和钱学森的系统工程理论有关系。钱学森是一个科学家，不仅如此，他还是个思想家，他除了在中国一穷二白的情况下把导弹搞了出来外，还做了一个理论的总结，我们就称这个理论为系统工程理论。系统工程理论简单来说，第一个要点就是要有顶层设计，是单一的，不能是综合的；第二个要点是，在整体设计的基础上搞分层设计；第三个要点是，分层设计后再搞系统集成。

但问题是社会领域能这样搞吗？社会制度和政策有没有整体设计？形式上可以有，但是实际上很难，因为政治的本质就是利益综合，不可能按照一个思路来。例如，房地产政策的设计是按照"房东"的思路，还是按照"房奴"的思路？是按照房地产商的思路、政府的思路，还是老百姓的思路？

王沪宁同志说过一句话，政策就是共识。中国什么时候达成共识，政策就什么时候出台。共识就是利益综合，这是政治学的原理，所以在政治领域中很难有整体设计。党中央是民主的，吸纳各方意见后一定是综合。在我看来，所谓的顶层设计其实就是加强政治之间的协调性，而不是重新设计。

点　评

章百家：我上次讲改革开放的时候强调了一下，在改革开放的过程中，政治方面的改革内容还是相当丰富的，而且对经济体制改革起了清扫道路和推进的作用。我想讲的是这么几点。

第一点，改革开放初期，政治体制改革的力度是比较大的，十三大以后，其实有一段时间邓小平是急于推动政治体制改革的，当时一件很重要的事情就是党政要分开，十三大政治报告里面关于政治体制改革的近期和远期目标都有一定的说明。后来做得比较多的是行政性的改革，这跟怎么理解政治改革是有一定关系的。比较明显的改革是确立社会主义市场经济体制之后的政治职能的转变。这算我对房宁所长刚才讲的做的一点补充。

第二点，政治体制改革在20世纪80年代和90年代有比较大的差别。80年代力图从上到下实行政治体制改革，但是到了1988年、1989年，邓小平讲政治体制改革太难，涉及权力的分配问题，风险比较大，一定要想好了再做。政治上党政分开是很难的，当时政治改革的一个主要目的还是提高政府的效能，从这个角度来强调党政分开，本质上还是推进改革的措施，不是真正地考虑政治体制改革。90年代以后，中国政治体制改革力图自下而上地进行推进，强调基层自治，和80年代形成对照，这是我感触比较深的一点。

上次讲座我讲了一个观点，政治体制改革对一个国家现代化来讲，是必不可少的内容。邓小平说到本世纪中叶，中国实现现代化的时候，制度应该是基本比较稳定的。从这个角度来看，我觉得目前的改革在调整时动作很大，从上面就开始了。

我在党校学习，跟许多高级干部交流时发现，他们谈到自己部门遇到的问题时说得非常清楚，但是他们面临的问题靠自己部门解决不了，必须得大系统调整。这是我们政治体制改革不到位的最明显的表现之一。一个到位的政治体制改革，应该是大系统相对稳定的，遇到问题的时候，底下的子系统可以自调。从这个角度看，我们政治体制改革面临的问题还很多。

从现代化史看各国现代化的过程，都有权力重构的问题，就是政府权力的重构问题。随着社会经济的发展，政府会面临一些新的问题，这些问题需要集中权力去解决，同时需要释放一部分权力，有些权力可以交给社会。欧美国家传统上不信任政府，因此要求有小政府，只有社会解决不了的问题，才把相关的这部分权力交给政府。中国很不一样，中国传统是对权力比较崇拜，强调官本位，从中国政府的角度来说，习惯当父母官，所有的事都要包下来。在我们国家现代化的过程中，政府和老百姓都需要考虑一个问题，就是随着社会的发展，哪些东西应该由社会组织承担，哪些东西应该由政府负责。

改革开放以来，我们面临的一个很大的问题就是机构精简从来不曾成功。现在也有同样的问题，不仅有一套办事机构，两套办事机构，还要加上一套监督机构。社会成本是非常高的，出现这种情况，最根本的原因就是减人不减事，事不减，人一定减不下去。随着现代化经济社会的发展，怎么解决政府和社会、企业、市场之间权力的重新分配，是一个特别需要研究的问题。

杨光斌：我讲的第一个点是，什么叫政治？我的理解是，政治是权力关系的总和。具体来说，它是经济权力、军事权力、文化权力互动的结果，它是结果，而不是原因。中华人民共和国政府的权力是怎么来的？是军事、经济、文化互动而来的。

但是在生活当中，我们遇到问题的时候，比如，遇到民事问题、军事问题、文化问题，往往会说这是体制问题，什么体制问题？其实就是政治体制问题，政党制度问题。如果说是政治体制导致的这些问题，那么我们在碰到问题的时候会毫无疑问地想到通过政治改革解决问题，试想一下，结果会怎么样呢？

20世纪60年代、70年代，中国、美国、苏联都陷入到了大危机当中。大家都知道，中国和美国摆脱了危机，走到今天都还不错。我说都还不错是非常宏观的，人们在生活当中都还会碰到无形的许许多多的问题，不过政治上整体是不错的。但是苏联为什么没了？我们碰到的问题比苏联的问题更严重，美国的问题也比苏联的严重，美国陷入了反黑人运动，问题层出不穷。美国靠林肯上台解决了问题；中国靠邓小平经济改革解决了政治危机；苏联认为政治问题是政治体制导致的，要清除政治体制总障碍，从政治上下手。1986—1988年苏联经济改革搞不下去了，1989年开始搞政治改革，两年就把苏联搞没了。

第二点，这40年里，中国政治变迁的基本特点是什么，或者说规律是什么？我总结为一句话：坚持方向，混合至上。

坚持方向，简单地说就是共产党领导，实行社会主义制度。房老师讲到改革的逻辑起点是四项基本原则，这个东西特别好。混合至上，因为人的利益有上、中、下，观念有左、中、右，任何好的主义，无论是社会主义还是保守主义，只能满足一部分需求，不能满足另外一部分人的需求。左、中、右，上、中、下就意味着政策一定是混合的。

过去100年的历史，人类不停地遇到灾难，不停地遇到危机，就是各种主义太极端化了。1900年以来，自由主义泛滥，接着是凯恩斯主义在西方泛滥，社会主义在东方泛滥，接着是新自由主义泛滥，导致新自由主义崩盘。

我们的政体是混合的，有民主，有集中。在这个基础上，国家和地方的关系是政治单一制，是经济联盟主义。国家的社会关系是混合的。一方面，一些行业是禁止的，比如说，法律、民族、政治、宗教、社团的更改或成立不能随便进行，必须获政府批准。另一方面，很多其他的社团，如教育、文化、经济类的，都实行申请制，这也是民主和集中的混合。政治和市场的关系是混合的。我们有发改委，有五年计划、十年规划，我们也有市场经济。

这些方面我们都称为混合至上，就是在民主集中制下，国家与社会的关系，中央与政府的关系，中央与市场的关系，乃至中国社会主义核心价值观都是混合的。这就是我们40年的坚持方向——混合至上。

"一个是社会主义，一个是资本主义"，这句话很老，社会主义怎么来，资本主义怎么来？第一步都是市场经济，没有市场经济就没有竞争，就没有更多的财富。第二步，市场经济必然导致社会的分化，比如说，有人读书，有人经商，市场经济带来社会分化。第三步，西方的道路是，社会分化以后就是多党制，我们是共产党领导，分岔就在这个地方。

西方的多党制之后是代议制民主，结果就是寡头政治。我们是共产党领导，政体是民主集中制，结果是以人民为中心。

世界上人口过亿的13个国家中，10个是发展中国家，其中9个是代议制民主。"二战"以后，新兴的国家有150个左右，我国是民主集中制，大多数发展中国家是美国式的代议制民主。比较下来结果是什么样的？"二战"以后的发展中国家，没有一个因为实行代议制民主而走向发达国家行列，所有发展中国家在治理意义上都没法与我们比。我们讲制度自信、道路自信，只有在比较当中才能发现某些东西。

刘纪鹏：下个月将召开中共庆祝改革开放40周年大会，大家盼着这场盛会解决我们的困惑。期待这次庆祝让我们以更新的姿态沿着市场经济的方向，全面改革开放，健全习近平新时代中国特色社会主义经济思想的理论体系。让我们共同期盼这样一场盛会的到来。

第九篇
幽默与情商在商学中的运用

> 蓟门法治金融论坛第 66 讲
> 主讲：姜昆　中国曲艺家协会主席、著名相声表演艺术家
> 主持：刘纪鹏
> 时间：2018 年 12 月 12 日
> 地点：中国政法大学蓟门桥校区
> 点评：孙鹤、李东方

纪鹏荐语

我常对我的学生说，优秀的男人要具有"二感"，一是责任感，二是幽默感，这不得不提到姜昆对我的影响。

40 年前我见识了姜昆的智慧和勇敢。相声刚重新走上舞台后他的一段响透大江南北的相声，用智慧幽默的语言，辛辣地讽刺了那个荒唐年代的真人真事。我一直以为，以诙谐幽默的语言针

砭时弊，是相声艺术由勇敢和智慧共同支撑的生命源泉所在。

20年前我领略了姜昆的创新和商感。20世纪90年代末，互联网引领新经济，姜昆创办了昆朋网城，要把相声搬上互联网，经朋友介绍与我相识。姜昆欲引天使投资并IPO上市，他超人的悟性和聪颖令我慨叹。之后他虽然受领导之托走上曲协分党组书记的岗位，放弃了昆朋网城，但在我心中，姜昆是我国真正探索艺术与资本结合，站立于公司时代文化产业改革大潮中的第一弄潮儿。

15年前我感受了姜昆的仁爱与善心。那时我们有个金融朋友圈，十来位朋友经常聚会，我常常是勤务组织者。由于大家公认姜昆的相声雅而不俗，一致同意邀请姜昆。姜昆来时还带了个灵气十足的小男孩——姜何，姜何见到我们就一连串地前空翻，姜昆说这是他到东北义演时领养的听障儿童，被送到了沈阳杂技团学习。后来中央电视台采访姜昆夫人，大家才知道，姜昆把这个孩子领回家居然没跟家里人商量，难怪静民大姐呶着嘴说："我支持他做善事，可家里添口人也得打个招呼啊。"我们这个朋友圈后来出了两个央行行长、两位证监会主席、一位银监会主席、一位中投公司总经理和一位汇金公司董事长。我开玩笑说，幽默、有爱心的金融界人士进步才快。

10年前我知晓了姜昆的多才多艺。2009年，我请姜昆为我的《大道无形》一书写推荐语，姜昆则邀请我出席他女儿姜珊为一位加拿大朋友在798艺术区举办的画展。得以初访姜家，进门即见硕大的书法条案，昆哥每天坚持写字作画，字写得潇洒飘逸，画画得栩栩如生。上周我又收到了他和著名画家喻继高在保利国际会展中心举办书画联谊展的邀请函。

回首与姜昆相识的20年，快乐与幽默常相伴。

两年前，我在退休的年龄就任中国政法大学商学院院长，发现商科课程设置中"三无一少":无情商学,无幽默课,无演讲与辩才训练,少艺术鉴赏。所以我在积极组织写作世界上第一本《情商学》,在学校高度重视的开学典礼与毕业典礼致辞中,我要么以《学以致用,方为大学》为题,要么以《管理是科学还是艺术:论智商与情商》为题,阐述在商业中运用情商的重要性。

幽默是情商最重要的表象特征,它不仅能拉近人与人之间的感情,还能化解人与人之间本来并不难化解的矛盾。幽默既是文化艺术与娱乐的表现方式,更是商学院学生必须学习的基本功。一般人教不了,非得请著名表演艺术家不可。姜昆教授的讲座将为法大商学院培养优秀商业人才探索新路,也将为2018年蓟门论坛画上一个完美的句号。

致 辞

刘纪鹏:今天是蓟门法治金融论坛第66讲,主题是《幽默与情商在商学中的运用》。大家都知道,我们以往的讲座主题囊括范围极为广博,涉及英国脱欧、中美贸易战、中国政治改革的历程与逻辑,整体看来都太严肃。今天是2018年论坛的收官,我们从第一讲开始就盼着姜昆大哥来,今天终于盼来了姜昆大哥,此刻我想说的第一句话就是:"大哥,你真把我们想死了。"今天政法大学的礼堂座无虚席,这是很难见到的,可以说,今天的听讲人数达到了顶峰。为什么我们这么想姜昆?因为幽默和情商对商学院来说太重要了。今晚的蓟门论坛邀请姜昆大师,以《幽默与情商在商学中的运用》为题进行专题讲座,我们将与一位不凡的演说家、创新家、慈善家、艺术家,共同在欢声笑语中度过三个小时的快乐时光。

我特别喜欢到大学来，因为上大学是我这辈子没有完成的梦想。初三毕业后，我们都到乡村参加上山下乡运动，一去就是 7 年，从乡村回来以后我就开始说相声、写相声，没有上大学，所以我一到大学就特别高兴。但是我又特别怕到大学来，本来作为相声演员，我什么都不怕，因为说实在的，什么样的场面我都见过，什么样的大领导也都见过。但相声演员就怕有学问的，因为相声演员说话嘴没边，说出来的东西一般人不知道是真是假。实际上我们说的相声有很多漏洞，有学问的人能听得出来。

你听了一段相声觉得特别有理，但事实上真假还需要考证。过去我们讲相声也是在传递知识，相声告诉你"煤炭"这个词，"煤"和"炭"的顺序排错了，应该叫"炭煤"。"煤"字是由"火""甘"（音同"干"）和"木"组成的，火烤干木头叫炭。那"炭"字是由"山"和"灰"组成的，山里面的灰应该是煤。相声演员说这应该是活字印刷的时候弄错了，没有倒过来，大家说有没有道理？有道理。但是你怎么考证？真错还是假错？不知道。也就是说，相声演员说出来这事，你不知道是真的还是假的。相声演员经常把这些模棱两可的、大家似懂非懂的东西变成我们所讲的相声素材，按照现在的说法讲，叫作降维，即把这个知识的维数降下来。我们相声演员就是把人民群众的生活素材收集起来，进而演化为独属自身的一种创作规律。

第九篇
幽默与情商在商学中的运用

刘纪鹏院长说外汇储备是中国的贸易顺差，或者说是外国人到中国投资，按照结汇制度形成的美元对人民币的兑换。人民币怎么来的？人民币是储备货币里面的，是中国印刷货币的一部分。人民币流转出去了，美金不花，我们就把这个票子在现实中应用，这就会出现货币过剩的问题，商业银行和金融机构都把存款存到央行来，这笔钱结汇完变成了中国人的外汇，即美元资产成为中国超印货币的金融机构的资产。我们现在就知道它是资产了，会从资产的角度出发，考虑资产性质和债权关系及对国家和经济发展的利害关系，这么讲就清晰很多了。他还讲主义，讲了利害关系。中国贸易方面的贸易顺差和资本方面的顺差进来，收入就等于支出了，所以在这种情况下，拼命创汇的同时，靠中国8亿件衬衫换一架飞机，这笔血汗钱挣回来的是一堆外汇钞票，现在这堆钞票变成了最大风险，这就是中央为什么说中国必须实行战略性转型，要扩大内需。这是什么时候说的？这是9年前说的，我看现在还管用。

现在说外需和内需并重，总体要看转型，因为国家外汇储备太高了，当年是为了安全，今天已经是国人心中最大的痛，是一把剑，必须利用美国这两年经济衰退花出去，要分给老百姓，农民一人要分1400美元。这是张维迎说的。

刘纪鹏还将很多人的教训讲给大家听，让大家引以为戒，不要重蹈覆辙，值得大家一听。他谈经济，五洲四海，纵横捭阖，天地人和，涨落起停，让你于情于理都信服。大家可能觉得他说的是远在天边的事，但是事实上每件事情都跟我们每个人有着近在眼前的密切联系。也许你不知道华尔街的门牌贴在什么地方，也许你认为纽约股是一个创业板的乱投地，但是汽油价格的涨落和大家有着直接的联系。一说到金融风暴、市场价格不稳，老百姓都有体会。破产的企业出现了，停产的工厂变多了，大学生毕业不好找工作，农民工回家回不了，这些都是实实在在发生在眼前的事情。刘纪鹏讲的事，老百姓都在听，而且能听出国家政策的大门道。"为什么中国是世界公认的最具发展潜力的国家，是最有希望走出金融风暴的？因为经济危机抓住了就是机遇，而抓住这次机遇一定是中国经济崛起的一个大好时机。"这是我看他书的时候提炼出来的，他就是用大白话讲，讲一个大家看得懵懵懂懂、不太明白的东西。我一直在琢磨，这次让我在金融论坛做讲座，我想搞金融的人是不是也有自己的生活态度？要把特别复杂的东西给大家讲清楚，这不是一件容易的事情。我特别认可现在流行的一个词，叫"降维"，降维的英语你看不懂，也是大家在平常的生活中没有遇到过的词。降维就是把维数降低，用老百姓的大白话讲最复杂的东西。我看过一个讲印度历史的纪录片，这部纪录片做得特别好。它用很简单的话讲述了印度极其复杂的民族历史的发展、文化宗教关系，还有国家在历史进程中的方方面面，将印度历史阐述得非常清楚。

我对金融的了解特别少，刘院长让我给大家做讲座，我不由得想起20年前我到中央党校去讲课的事。那时候我的战友在那儿当副校长，他说："姜昆，你能不能过来给大家讲课？"应邀上台后，我特别诚恳地跟大家讲："我不是来讲课的。我知道大家为什么让我来，因为你们这儿太严肃了。这么着吧，别的我讲不了，我给你们讲领导人讲话要有点儿幽默感。你们是领导人，你们幽默起来特别容易，因为你们居高临下，所以你们能幽默。底下的人看着你们，他们不敢幽默，他们幽默出来也不是幽默，所以我今天跟大家讲讲。毛主席跟他的警卫员小王说，'小王，我们是亲家。'小王说，'我们怎么是亲家？'毛主席说，'要写我的毛字，还要先写好你的王字。'这句话要是小王说的，其他的警卫员会要把他抓起来，而毛主席说就完全不一样了。大人物好幽默，你们身为领导，讲话要多一点儿幽默感。"幽默不是简单的技巧，幽默本身是人的基本素质，是深层的文化内涵的反映。

我有时候总在想，人干吗要幽默啊？无非是为了让自己快乐一点儿，让自己的生活更有意思一点儿。我曾经给朋友们讲过这样一个故事：有一

第九篇
幽默与情商在商学中的运用

个性格比较内向、面对陌生人容易紧张的年轻人，他到开放的办公室里找一位名叫凯文的人。作为一个陌生人，年轻人看办公室里有那么多人，感到很紧张，这个年轻人问坐在门口的职员，请他帮忙找一下凯文。这个职员站起来说："凯文不在。"接着这个职员又说："我忘了，我就是凯文，你找我什么事？"这个来找凯文的年轻人一下就乐了，处在陌生环境中的紧张感随之消弭。凯文用了一点儿小幽默，就缓和了人和人之间的关系。

1984年的时候我第一次到美国，跟中央智力人才引进办公室的一帮领导人去看望我们国家在美国的留学生。我们来到了康奈尔大学，康奈尔大学的农业系非常有名，当时不少中国留学生在那儿学习农业相关知识。在向学校的教务长做介绍时，别人介绍我说："这位来自中国，你别看他年轻，他挺有名的。"教务长问我的名字，我说："我叫JK。"他问"JK"是什么意思，我说："姜昆。"他一听就笑了："我记住你了。我给你讲个笑话。我们学校有一个人，早上不肯起床，他妈妈急坏了，催促他赶紧起床，'你要到学校去'。'我不去。''你不能不去。''我就不去。''你凭什么不去？''他们老骂我，骂我是笨蛋，骂我什么都不会。''那你也得到学校去。''我不去，他们都对我不好。''孩子你必须去，你别忘记你的身份是这个学校的教务主任。'"他跟我讲了这样一个笑话，便拉近了我们之间的距离，缓解了初次见面的生疏感。这也是一种生活态度，一个人性格外向也好，内向也罢，个性可能是天生的，但绝非不可以改变。每个人的幽默感有弱有强，但是幽默感特别弱是个别现象，而非普遍现象。在一个幽默的环境当中，一个人是能够提升自身的幽默素质的。

美术家钟灵给我讲过这样一个故事。钟灵说他们工作的地方有一个老阿姨特别严肃，因为这位老阿姨脑子里缺了一根叫作"幽默"的弦。有一次大家聚在一起，钟灵说起一个笑话，说狐狸的体味特别难闻，恰巧几个外国人发现一个狐狸洞，这几个外国人分别是法国人、德国人以及吉卜赛人。他们一人掏出一点儿钱作为赌注，谁能在狐狸洞里待的时间长谁就能赢得赌注。第一个进去的是法国人，法国人刚进去没一分钟就出来了，他说："我交10块钱，这地方哪儿能待啊，受不了这个气味。"德国人不相信，转身就进去了。五分钟后，德国人出来了："我认为德国人是意志最坚定的，但是我也坚持不了。"最后，吉卜赛人进去了。一分钟后，狐狸出来了，狐狸说："吉卜赛人身上的味儿我受不了。"别人都笑了，唯独这个老阿姨没有笑。五分钟以后，老阿姨笑了："原来狐狸也会说人话。"这个事例说明，不同的人发笑的思维不一样，幽默感低的人是极个别的，广大人民群众不是这样的。

我曾写过一篇有关金融的文章，是关于北京人的侃山的。这篇文章是写侃山的人也有当局者迷的毛病。北京有一个哥们儿专门给别人讲股票："什么叫股票？股票就是鼓着你让你往外甩票子，所以我算琢磨透了，你到证券交易所以后看阵势，大家伙儿冲的时候你撤，大家伙儿撤的时候你冲。股票市场赚钱的人占少数，赔钱的人占多数，这是我几十万元买来的经验。"这个北京人现在又投入了几十万元买股票，大家心想：他是明白人，按照他总结的经验他准可以赚钱。可这回这哥们儿不干了，说："股票市场风雨莫测，别往里面扔钱了。"别人就纳闷了，问："你不是琢磨透了吗？""谁琢磨透了谁是孙子。"我在生活当中观察到的人和事既有可笑的地方，能给大家带来愉悦，也有能给大家带来感悟的东西，大家听了能悟出一些东西。

我们生活当中有很多高深的东西，大家都知道中国最古老的诗歌总集《诗经》，里面的诗篇大家初读的时候不知所云，因为它不是大白话。《诗经》其实就是老百姓的一个民歌辑录，但是过去的文言文传承到今天，普通人觉得特别深奥，不太容易看懂。我们现在看觉得它很高大上，从而对它产生了距离。《诗经》里有一篇名叫《硕鼠》，用大白话说就是，大胖耗子你别吃我家粮食了，三岁我就惯着你，你一点都不照顾我，我现在就把你弄掉。我离开你，到一个乐土去。我向往的乐土，那是我一生当中追求的地方，那是理想的王国。这些也都是普通的老百姓创作的歌谣、写就的民歌，大家不要觉得距离生活太遥远。

我为什么跟大家讲《诗经》呢？是为了说明，无论是大家都知道的东西，还是大家认为高大上的东西，如果将其幽默化，就是非常有意思的一件事情。就像《诗经》，大家将其幽默化后，可以感觉到诗歌中存在的无限情趣，这些情趣是以往大家死记硬背时所得不到的意外收获。

我再给大家讲讲打油诗。中国的第一首打油诗是描述雪景的。按照真正的诗歌来写，写雪景一般是写天地与世界，这些东西常人根本记不住，大家看完了会觉得挺美的，但是脑袋中留不下印象。真正的诗歌之于情趣，情有而趣味不够。中国的第一首打油诗是这样的："江上一笼统，井上黑窟窿，黄狗身上白，白狗身上肿。"大雪纷飞的时候江水没有变化，除了江边上是白的，江水该是黄的还是黄的，该是蓝的还是蓝的。井上是黑窟窿，黄狗身上被雪覆盖，变成了白色，白狗被雪包裹，又加了一层，看起来肿大了一圈。这首打油诗一下子就让人记住了。唐代是中国诗歌最为繁盛的时期，杜甫、李白、王维、孟浩然都是当时的杰出诗人。而唐代还出了一个人，叫张打油，他写就了这首诗，后来人称之为打油诗。这种诗歌体裁是当时的非主流，因为打油诗虽然押韵，但是在平仄方面并不讲究，大家就不把它列为诗，而是列为打油诗。

比唐代的《咏雪》诗出现得更早的是陈胜、吴广的《咏石塔》："远看石塔黑乎乎，上面细来下面粗，有朝一日翻过来，下面细来上面粗。"大意是，你现在认为我在底下，有朝一日我给你翻过来，把政权都给你颠覆了，这样理解大家马上就可以记住了。

鲁迅先生也爱写打油诗，我们熟知的有："横眉冷对千夫指，俯首甘为孺子牛，躲进小楼成一统，管他冬夏与春秋。"鲁迅先生是特别幽默的人，他自身也有很多的笑谈，在网上搜索"鲁迅的笑话""鲁迅的幽默"，会出现很多条搜索结果。有一次鲁迅先生去理发，理发匠收费五块钱，鲁迅一看头发理得好，就给了理发匠十块钱。之后再去理发，理发匠一看，给十块钱的人夹了，就仔仔细细地为鲁迅理了头发，但是最后他只拿到五块钱。理发匠不解，问鲁迅："这次先生为什么只给五块钱呢？"鲁迅先生回答道："我想快一点儿，你理得太慢了，因此给你五块钱。"鲁迅先生的幽默可见一斑。

冯玉祥写过一首《植树诗》："老冯驻徐州，大树绿油油，谁砍我的树，我砍谁的头。"他提倡的是，无论如何都要为大家做好事，要照顾民生，不准砍树，"谁砍我的树，我砍谁的头"，这首打油诗可谓简单易懂。

启功先生是北师大的教授，老先生是最幽默的，他在世的时候我也常去拜访。启功先生66岁的时候，自撰墓志铭，以幽默的语言记录一生："中学生，副教授；博不精，专不透。名虽扬，实不够；高不成，低不就。瘫趋左，派曾右；面微圆，皮欠厚。妻已亡，并无后；丧犹新，病照旧。六十六，非不寿；八宝山，渐相凑。计平生，谥曰陋；身与名，一齐臭。"老人家是大学者、大书法家、大鉴赏家，学识满腹，也算是名门之后、贵族之后，而他的墓志铭却把人生看得非常透彻。我在担任中国文学艺术基金会秘书长兼副理事长的时候，曾出资拍摄启功先生的一生。先生受过很多的委屈，但是从不计较。我们到他家的时候，眼见不过三间小房，跟他的知识不相符，但是他的生活态度让他对生活很满足。

启功先生还有一首诗："昔有见鬼者，自言不畏恶。向他摆事实，向他讲道理。你是明日我，我是昨日你。鬼心大悦服，彼此皆欢喜。"此诗可见启功先生对人生参悟之透彻。

乔羽老师作词特别有名，我们熟知的有："你从哪里来，我的朋友，好像一只蝴蝶，飞进我的窗口。不知能做几日停留，因为我们分别得太久太久。"

有一次，乔羽老师到酒厂参观，酒厂老板求其题首诗。乔羽老师说："以后再说吧，写诗太难了，我还要琢磨，先喝酒吧。"老头儿喜欢喝酒，喝完酒后灵感闪现："都说山西杏花村,此处有酒能醉人,老汉偶然夸海口,三杯入肚已销魂。"这首诗后来刻碑立在山西杏花村。

讲一个小故事,宋丹丹的哥哥在山西省当副省长,一个企业的总经理想见宋省长,宋省长说："别见了吧,我们这些当官的跟企业家交往过密会让人议论。"我从中调和让他们见了一面,这个老板说了一大堆话,宋省长说："别叫父母官,父母官什么意思?我是父,我是母,怎么能这样说呢?!邓小平说我们是人民的儿子,邓小平都是人民的儿子了,你说我们是哪辈的?"我在旁边一听就愣了,国家高级干部也是懂幽默的,用这种语言劝咱们别一口一个"父母官"地叫,官员是给人民当儿子、当孙子的,要为大伙儿服务。

我也写过一首打油诗,为祝贺邹振先和郑达真新婚。邹振先是亚洲第一飞人、跳远健将,郑达真是著名跳高运动员。我的打油诗是这样写的:"金杯几十座,奖状一大包,丈夫蹦得远,媳妇跳得高。"

我还给魏明伦作过一首打油诗。魏明伦在刚刚提倡下海的时候成立了一个文化公司,大家纷纷给他写打油诗,有人写:"下定决心不怕牺牲,排除危难去争取生意。"我当时写的是:"二十世纪大新闻,下海不会淹死人。扑通有人跳下去,蜀国秀才魏明伦。"

我在网上抄了一些打油诗,也分享给大家。老百姓通过网络,通过微博、微信,已经把打油诗运用在生活当中。下面这首打油诗就是老百姓健康生活的生动体现。

天尚好,云已散,夕阳正把黄昏恋;
退了休,上了岸,人生旅途又一站;
图心宽,求康健,是是非非全看淡;
钱多少,莫细算,多活几年就是赚。
柳树旁,小河畔,手把鱼竿放长线;

没有鱼，也无憾，开心健体是关键。
练歌房，把歌练，好歌不怕唱千遍；
心情好，唱不厌，所有烦恼都驱散。
保健康，驱病患，早晚户外走两遍；
老姐妹，炫一炫，广场跳舞比曲线；
扭秧歌，舞长扇，练就一副好身段；
保健品，不保健，不如每天都锻炼。
人难免，有恩怨，就此一笔全了断。

静与动，常变换，电视闲书适当看；
取笔墨，拿纸砚，文房四宝摆上案；
先抬肘，再悬腕，飞笔行墨似舞剑。
学诗词，阅万卷，写得春天百花艳；
写内心，写表面，写好人生各阶段；
写春鸟，写秋雁，春花净尽秋花绽。
说一千，道一万，夕阳红时最风范。
老小孩，亲伙伴，嘻嘻哈哈童心现。
玩潇洒，寻浪漫，不如围着老婆转；
切个葱，剥个蒜，帮着家里做做饭；
巧使劲，不怕慢，时间一长就熟练；
家务活，都会干，全听老婆一声唤；
出点力，流点汗，争取在家当模范；
心态好，是关键，老来幸福金不换。
……
不传谣，不杜撰，不给社会来添乱；
早中晚，三顿饭，多菜少肉常吃淡；

第九篇
幽默与情商在商学中的运用

宁可缺，不可滥，养成饮食好习惯；
学饮食，长经验，吃好这碗长寿面；
坏毛病，快改变，要给身体道个歉。
进豪屋，住宝殿，不如乡下两间半；
杂物多，理还乱，但是老伴愿意看；
孙子乖，绕膝转，天天都把爷爷伴；
想观景，家里看，这是一道风景线；
走好路，往前看，回头未必就是岸。
没有愁，没有怨，幸福晚年才实现。
……

我给很多老年朋友读了这首诗以后，他们都说："赶紧发给我。"都觉得这首诗讲出了人生的道理，讲出了他们自己的心里话，这首诗的每句话都印在人的心里面。这类打油诗通过这种非常有趣的押韵的形式，把健康生活的理念一点一滴地渗入了大家的心中。

大家聚在一起聊天、侃大山的时候，通常会说各种各样的笑话，各种各样的笑话本身就是自身幽默情趣的一种表达，这种幽默对每个人来讲，都是一种素质的培养。打油诗是一方面，平时讲个笑话、出个有意思的题，只要是有趣的东西，都会让人深深记住。在座的大家都是大学生，大学生都会讲英语，我给各位出道题："'我'进到水里，'我'变成了什么？答案是'water'"。就是这么一个小方法，孩子们都能学到英语单词，大家对于单词的记忆也加强了，因为这种方法有趣。每个人都应该把自己的生活变得更加有趣，每一个阶层有每一个阶层不同的生活追求，而生活有趣是最普遍的追求。

我再给大家分享一个生活经历。之前我在中国曲艺家协会工作时，为了宣传天津的小剧场，我们邀请了《北京日报》《光明日报》《人民日报》

以及《北京晨报》的所有记者前来参观。天津的相声曲艺非常发达，天津的小剧场已经发展起来了，我希望记者在参观后能够报道天津的小剧场在满足观众不同文化需求方面所起到的重要作用。我们带记者去了7个小剧场，一个剧场平均待半个小时，总的参观时间就是三个半小时。每到达一个剧场，进去后我首先坐在场内认真观看表演，看完后我才去演出。天津人对相声的热爱和对名家的捧，是北京达不到的。

有一次我开车的时候不知道往哪边开，便下车看路。警察过来问："北京牌照的车你往哪儿走，赶紧开门上车。"我说："不好意思，我是姜昆，我从北京到这儿来演出。"他说："演出，走你。"

宣传天津小剧场时，陪我一同考察天津小剧场的党组书记孙书记热情地邀请我听当地的鼓书，强调最起码要听一段，天津的鼓书一唱就是25~30分钟，听完鼓书已经上午11点多了，一路奔波，我才赶到下一个剧场。剧场里面坐着30多个观众，全是老人，不到12点不肯离场。我进门的时候老大爷就说："姜昆，干吗来了？说相声？"我说："听相声。这么晚了大家都在这儿，坐坐，认真听。"这时候孙书记说："咱们这是最后一个剧场，你演一个相声。"

我上台了，先是给大家鞠躬，说："都十一点半了，老人家还在这儿，在北京没有这样的情况。我给大家介绍一下，今天来的都是北京的同志，他们是来自《人民日报》等报社的记者……"我刚讲到这儿，底下的一位观众说："别讲话了，说相声。"我说："我不是讲话，这些客人来到这儿是替大家宣传的。我给大家说一段相声，就说说我姜昆在天津遇见的事。"我刚说到这儿，底下又有一位观众说："别讲新的，说个旧的。传统活儿会吗？背个'菜单子'。"天津的老人、天津的演员都是票友，他们到剧场听相声，相声演员说上句，他们能说下句，说得好，他们给鼓掌；说得不好，他们就给演员轰下去。天津的观众特别难伺候，因为他们懂。

我在一个相声里讲过，一个相声演员在天津演出，唱歌拉长声，底下的观众说:"别鼓掌,憋死他。"我说这个有点儿意思,回头就把这件事写到我的相声里面了。相声也有师承,我的老师是马季,马季的老师是侯宝林,相声演员讲相声不是卖弄,而是拼技巧。马季老师教给我一句话:"到天津演出你要注意,得不到天津观众的承认,你就不算是真正的相声演员。"我这回把这句话想起来了。当时我的汗都出来了,可是别忘了,下面有很多的记者。没有他们,我能糊弄过去;有他们,我糊弄不过去,他们第二天会写文章。我稍微冷静了一下,说道:"刚才你们一嚷嚷我就知道了,你们一定要听传统段子,认为我不行,我给你说句实在话,我还真不行,因为我没有演过。但是没有演过不见得我没有练过。"我接着说:"这么着,我把《八扇屏》当中最难的楚国霸王项羽那一段给大家说说。我试一试,我已经有20多年没有说过,看还能不能记起来。"

现在想起来,当时都是一瞬间的事情,我嘱咐自己:"姜昆,你不能打磕绊,下面都是专家。"我想了一下,就开始讲《八扇屏》。当时背完我都虚脱了,我感觉腹部隐隐作痛,用现在的词讲就是肾上腺素不足,人要虚脱了。底下观众刚要鼓掌,一个老大爷站起来了。他说:"姜昆,这老几位知道你不是说这个的。行,老几位,呱唧呱唧。"我心里石头落地,第二天报纸上写着:姜昆考试过关。

你说这老头儿干吗啊,他们是为难我吗?是考试吗?不是。他们是在找乐,在生活当中,人要增添自己的生活乐趣。这位老先生拥有一种很愉悦的心态,我当时要演不出来,场景就充满乐趣,因为老先生出了个考题,这小子没有做出来,他们是在找乐。相声演员就是通过观察老百姓的生活态度来引发自己对相声演员这个职业的思考的,相声演员就是为老百姓找乐的,我们就是要从各个门类当中选择那些讲相声时能用得上的东西,无论是国外的东西还是国内的东西,生活的素材永远是我们要学习的东西。作为相声演员,我们必须要做有心的人,所讲的相声既要有趣味,还得有知识。让相声既有趣又有知识含量,就提高了整个相声艺术的水平，这关系到相声档次的问题。所以今天我讲打油诗，讲我对生活的体会。我想跟大家说，欣赏相声的时候，判断相声有没有档次，不是依据家长里短，不是看相声包袱是否引起大家的兴趣，因为人的精神追求更高的层次。《幽默与情商在商学中的运用》这个题目我从来没有考虑过，如何运用是你们的事情，我只是给你们讲幽默，包括这里面的点滴情商。

点　评

孙鹤：我跟姜先生最早的接触是在中国文艺志愿者工作当中，他给我的印象跟我在电视上看到的他以及我对相声行业的刻板认识有很大的距离。我对相声行业的认识可以说是非常不足的，相声演员给我们带来欢乐，而他们自己怎么对待生活，我们一概不知。但是从舞台上姜先生给我们带来的欢声笑语的背后，他对生活以及对艺术的追求，我都感觉到了。我曾参与过姜先生的文化扶贫工作，不管是在演出候场的时候，还是在吃饭闲聊的时候，抑或是在候机室候机的时候、坐车的时候，都能感受到姜先生谈吐间蕴含的内涵。一路上我听到姜昆先生讲颜真卿，特别是到敦煌、到延安的途中，他一直在讲颜真卿的书法。我们想象的相声演员之间的逗闹打趣都没有，姜先生还进行了诗朗诵，而且朗诵的不是打油诗，根本没有谁要求姜先生朗诵诗，这就是他的生活常态。

刚才有一个点，姜先生自己没有说，刘先生也不是特别了解，事实上，姜先生不仅是中国文艺志愿者协会的第一任主席，也是协会文化扶贫工作的发起人。在进行文化扶贫的地区，每一场演出结束之后，我听到当地人说得最多的话是："我们没有想到只是地域的演出，演出阵容就这么强大，不管是舞蹈团队还是说唱团队，不仅有中国的一流高手，还不乏国际一流高手。"我是后来才加入这个文化扶贫团队的，也得到了荣誉志愿者的证书，在参与扶贫的这个过程当中我受到很深刻的教育。大家看到姜先

第九篇
幽默与情商在商学中的运用

生每一次演讲都给大家带来欢乐，却不知道姜先生在呈现这些知识的背后有多少积累和付出。

在学艺的道路上，虽然是专攻某一个方向，聚焦某一个专业的表现形式，但艺术要求的是各种知识的融合。刚才听姜先生的演讲我也有一些感悟。对中国人而言，"幽默"一词并不陌生，汉语解释就是机智和风趣的合意。

但是在中国早期的社会历史发展过程当中，有没有出现过类似的有幽默性质的片段呢？确实是有的。我对书法比较熟悉，在书法的发展过程当中我们看到了一些历史事实，这个事实是什么？从西晋灭亡以后发展到东晋，儒家学说的尊崇地位降下来了，进入到道家学说、玄学等多个学说并举的阶段。儒家很多的观点被打碎了，从史料当中也可以看到这一历史事实的相关回应。刚才姜先生讲的几点，在《世说新语》里面称为太调，即中国幽默。姜先生提到领导干部要有幽默感，在历史上也有相关映射。书法大家王羲之家族广为人知，而王羲之的叔叔跟晋元帝之间是连襟关系。晋元帝得了一个儿子，很高兴，对所有的臣子都进行赏赐。有个大臣得到赏赐之后心里很忐忑："皇家添丁，普天同庆，但臣无功受禄，内心不安。"皇帝马上说："皇家生子，大臣要有功勋就麻烦了。"这就是领导干部的幽默。

另外一个就是姜先生刚才提到的，不同阶层的人幽默点是不一样的。曹魏时期有一个人叫钟会，他的父亲是钟繇。当时司马昭手下有两个大臣，分别叫陈迁和陈康，他们三人微服出巡，路过钟会家门时约钟会同游。三人下车邀约时，他们乘坐的牛车仍在行驶中，钟会出来时车已经走远了。三人调侃钟会，说："你看你怎么回事，遥遥不见身影，怎么才来?!"这里提到的"遥遥"两个字，实际上是说到了钟会父亲钟繇的"繇"字（同音）。当时钟繇已经去世了，这个时候不避讳地提他的名字，是非常不礼貌的行为。司马迁的父亲是司马谈，司马迁在编写《史记》的时候，涉及司马谈的部分留白不写，是对父亲的尊重，也是一种避讳。

钟会非常机灵，说："皎然同时，你得于我。"钟会的回答只有这八个字，却同时把这三个人父亲的名讳都带进去了，巧妙地回敬了对方三人的攻击。司马昭不甘心落于下风，又追问钟会："你知道皋陶吗？这个人怎么样？评价一下他。"这里又提到钟会父亲的名字了，钟会答道："这个人我知道。我这么告诉你，他往上比尧舜不足，往下比周孔也有不足。但是在那个年代，这个人是有懿美之德的人。"这种幽默是中国人特有的品质，但这种幽默在老百姓当中极难被运用起来，为什么呢？就像姜先生刚才说的，幽默是分品类的，也是分阶层的，不同阶层的人，他的幽默点或者是兴奋点是不一样的，就像姜先生提到的老太太，跟大家的笑点就是不一样的。

所以幽默不是简单的调侃，幽默含有许多机智的成分、智慧的成分。姜先生给我们带来的不是哪个特定学院所需要的幽默成分，也不是哪一个特定学校所需要的幽默成分，而是任何一个人在人生当中、在生活的各个场所当中共同需要的成分。

李东方：我认为今天的讲座唯一一点缺憾就是，情商这一块涉及不够，幽默不好学，但是情商一定是可以立竿见影地提高的，所以我讲讲儒商同仁堂。大家把同仁堂的文化理解悟透并且贯彻到自己的行为当中，情商就一定可以提高了。情商用一句话来说就是诚实守信，同仁堂的堂训是什么？"炮制虽繁，但不敢省人工；品味虽贵，但不敢减物力，修和无人见，存和有天知。"用法学语言怎么表达？就是尽最大善意。法律上有一个词叫作"善意取得"，也是同样的意思。

同仁堂重在"仁德"二字，这也是情商的真正要义所在，大家在为人处世时把握好这二字，就能实现情商的真正提高。